PSYCHOLOGY OF
MONEY IN
EVERYDAY LIFE

身边的
金钱心理学

周欣悦 / 著

机械工业出版社
CHINA MACHINE PRESS

不管是支付宝里的钱还是"白花花"的现金,你的生活离不开金钱。你可能会觉得,金钱只是一种交换工具。事实上,金钱本身也有七情六欲,还会影响你的爱情、亲情、友情,甚至道德水平。本书从心理学的角度出发,让你重新认识金钱、认识自己,做金钱的主人,做自己的主人。

图书在版编目(CIP)数据

身边的金钱心理学/周欣悦著. —北京:机械工业出版社,2020.3(2020.6 重印)
ISBN 978-7-111-64784-3

Ⅰ.①身… Ⅱ.①周… Ⅲ.①货币-社会心理学

Ⅳ.①C912.69

中国版本图书馆 CIP 数据核字(2020)第 028697 号

机械工业出版社(北京市百万庄大街 22 号 邮政编码 100037)
策划编辑:仇俊霞 张清宇 责任编辑:仇俊霞 张清宇
责任校对:朱继文 责任印制:孙 炜
北京联兴盛业印刷股份有限公司印刷

2020 年 6 月第 1 版·第 2 次印刷
170mm×230mm·19.5 印张·1 插页·271 千字
标准书号:ISBN 978-7-111-64784-3
定价:69.80 元

电话服务 网络服务
客服电话:010-88361066 机 工 官 网:www.cmpbook.com
010-88379833 机 工 官 博:weibo.com/cmp1952
010-68326294 金 书 网:www.golden-book.com
封底无防伪标均为盗版 机工教育服务网:www.cmpedu.com

关于金钱，你应该知道的那些事

四千多年前，"钱"在人类历史的舞台上闪亮登场，开始在社会生活中扮演举足轻重的角色。我们的生活离不开钱，但我们又不能仅为钱而活着。我们当然知道金钱很重要，但是重要也不能让金钱成为我们的唯一目标。有人说"只有你爱钱，钱才爱你"，但是我们对自己的爱钱之心与金钱的爱我之意，真正知道多少？

除了上面的问题，当我们想到金钱的时候，还会出现一大堆平时好像听过，可又从来没有认真思考过的问题。例如：金钱与人究竟是何种关系？金钱怎样影响着人的情感、道德以及消费行为？人们应该如何正确地对待金钱？人们究竟赋予了金钱何种意义？还有，你肯定不知道金钱本身也有七情六欲这件事儿吧！我想，到这里，你已经对这些与金钱直接相关的问题产生困扰了。

钱，究竟是什么？

幸运的是，通过阅读《身边的金钱心理学》，你终于有机会和周欣悦教授一起探究这些有趣又重要的问题了。

周欣悦教授是学术圈里出了名的"女神教授"，颜值高又幽默。她的这本书，饶有趣味又引人深思。这本书从心理学的角度出发，用有趣的心理学实验，通俗易懂的生活案例，鲜活有趣的故事，带你既客观又感性地认识形象丰满的金钱，与你携手共同揭开金钱的神秘面纱。并且每个人都可能在书中找到自己的影子，思考自己是否做了金钱的奴隶，又如何才能成为金钱的主人。

这本书的价值不只在于让你重新认识金钱，更重要的是在此基础上帮助你重新认识自己，找到那个真正"站着就把钱挣了"的幸福而成功的自己。你怎样看待钱，就会得到怎样的人生。让这本书帮助你重新树立金钱观念，捡到六便士，也看到月亮。

金钱是万恶之源吗？除了作为一般等价物具有交换价值，金钱对你来说还意味着什么？"钱要花在刀刃上"，那么刀刃究竟意味着什么？从这本书里，你会找到这些答案，并且懂得金钱也是有"生命与感情"的，金钱在影响你的情绪、人际关系、消费行为和决策等方面一点也不含糊。

这还是一本会颠覆你某些固有认知的书。生活中很多人都是这样认为："时间就是金钱""有钱会让我成为更棒的父母""赔偿都可以用金钱来解决"，但周欣悦教授在这本书里将告诉你，这可不是什么好事，这可不是什么靠谱的事，这可不是什么值得宣扬的事……

你和金钱的关系还好吗？它对你来说只是支付的工具还是欲望的傀儡？是你控制着它还是它牵着你走呢？人们常说三观很重要，世界观、价值观、人生观是相辅相成的，一个人对金钱的态度也能反映出一个人的性格。一般来说，研究金钱的往往是经济学家和金融精英，但对于这个时代的大多数人来说，更需要的是从心理学的角度了解金钱，并把那些曾经的观点放到日常生活中进行检验。听一听融贯中西的金钱心理学专家怎么来理解金钱，我想，这不管是对于正在"月光"边缘挣扎的你，还是"数钱数到手抽筋"的你，都会受益匪浅。

周欣悦教授长期思考人与金钱的关系，这本书里集合了她大量的研究和很多有趣的结论，更凝结了她强烈的人文关怀与科学意志。开卷有益，相信这本书一定会让你重新认识金钱，认识金钱编织的这张社会大网。更为重要的是，这本书提供了这样一个视角：当人们把金钱的意义从市场转移到每个人的心中时，金钱就不只是购买货物、保存财富的媒介那么简单了。在人类的主观世界里，与钱有关的事情，从来都浸满着人性的色彩。

彭凯平

清华大学社科学院院长、心理学系主任

2020 年 5 月

金钱读心术

心理学是一个"读心术"的江湖，江湖里的各大门派都有自己的读心绝技。情绪专家用微表情推测人们的所思所感，人格专家用问卷和测验将人分门别类，认知神经科学家用脑成像设备为自己换上透视心灵的火眼金睛……江湖中的各路好手无不使尽浑身解数，通过行为、生理上的蛛丝马迹来窥探人们心智运转的奥秘。

周欣悦教授是这个江湖中的顶尖高手，而她的独门绝技乍一听颇有点另类。她使用的读心道具，是金钱。

周欣悦教授以她的一系列"金钱研究"独步天下，盛名远播。在我印象中，虽然近年来已有越来越多的国内心理学科研工作者能做出比肩国外学者的顶级科研成果，但像周欣悦教授的研究这样，既能在学术质量上无比"硬核"，又能"破圈"而出，被国内外媒体竞相报道，被网友津津乐道的，却是凤毛麟角。

最早"破圈"的，当属"数钱可以镇痛"的研究。什么？数一数钱就可以缓解痛苦？没错。周欣悦教授和她的合作者通过这项发表在顶级心理学期刊《心理科学》（*Psychological Science*）上的研究发现，数钱可以缓解人们的生理痛苦，降低人们被社会排斥的焦虑感，还能提升人们的精神力量，让人变得更为自信和满足。在感叹研究结论有趣之余，我们细想下去就会发现，这个研究揭示出金钱可能提供了一种广泛的心理保护，置于这层保护之下，人的心智和行为就会发生一系列微妙的变化。

周欣悦教授后来的不少研究都自带这种"乍一听有反直觉的趣味，细思下去发人深省"的属性。这也就难怪她的研究成果屡屡成为媒体宠儿，被包括《自然》（*Nature*）、英国广播公司（BBC）在内的国内外媒体广泛报道了。

那么，周欣悦教授手中的这柄神兵利器——金钱——可以用来"读心"，用来帮助我们增进对自身的理解吗？当然可以。

世俗智慧告诉我们：钱乃身外之物，生不带来，死不带去。可当我们读完周欣悦教授的这本书后就能深刻体会到，金钱可远不止是身外之物，它会在我们活着的每时每刻塑造我们的心智；而人性中有些不易被观察到的隐蔽面，也往往会在与金钱的互动中显露得淋漓尽致。

人的心智既被金钱塑造，也借金钱显露。所以想要了解一个人的话，那就不妨去看看他如何与金钱互动。从人与金钱的互动中理解人性，便是周欣悦教授在这本书里展示的"金钱读心术"。

"金钱读心术"一方面可以观察心智如何被金钱塑造。

比如，我们已经从"数钱可以镇痛"的研究里领悟到，金钱可以给人提供强大的心理安全感，"家有余粮，遇事不慌"。那么，这份安全感又会把人们的行为导向何处呢？有些富人会因为这份安全感变得自信而富有魄力。这份魄力，就根植于金钱提供的安全感。但也有些富人会因为这份安全感而变得以自我为中心，失去同理心。书中列举的数项研究表明，一些富人在思考问题时很少能做到换位思考，这让他们在很多场合显得目中无人。为什么会这样？因为既然钱能帮助他们解决大部分问题，那其他人对他们来说也就不太重要了，他们便丧失了理解他人的动机。

我们或许早已听说过"穷人思维""富人思维"这些词汇，对金钱如何左右人的行为也有些许模糊的印象，但当我们读完书中这方面的研究案例后，还是会对金钱如何微妙而复杂地影响人的心智感到惊讶。

"金钱读心术"另一方面可以观察隐藏的心智如何借金钱显露。

比如，书中提到一个消费行为中的有趣现象，叫"功能性借口"——如果商家在宣传奢侈品时附加一些实用性功能，人们就会更加愿意购买。消费者购买奢侈品，明明看重的是品牌溢价，但似乎只有在为自己找到了一个"为功能买单"的借口时，他们才能更理直气壮地下单。原因何在？这可能是因为多数消费者都默认"节俭"是社会认可的美德，所以在打算购买奢侈品时就不自觉地背负上了罪恶感。而实用性功能正好给了他们一个自欺欺人的借口："我买这块名表可不是为了显摆，而是因为它计时精确。"这样一来，购买奢侈品的罪恶感便大幅消减了。借由这样一个消费行为，隐藏在人们心中的道德制约得以清晰地显现。

人心难测，而这本书里的大量研究和案例向我们生动地展示了如何从人们赚钱、花钱、看待钱的方式里挖掘出他们内心的"真实"。

"君子喻于义，小人喻于利"，钱是俗物，古时的体面人对钱不屑一顾。可在金钱无孔不入的现代世界，不理解金钱，我们谈何理解自己，理解世界？

这本书带领读者喻义于利，于大俗中悟大道。它展示的正是一个生活在现代世界的体面人应有的金钱观。

魏知超

心理学科普作家

2020 年 5 月

金钱不只是一种工具

你经常看到钱，想到钱，说到钱。你也经常会为金钱驱使，去做很多事情。

那么金钱会对你的心理、行为产生什么样的影响呢？

你可能会觉得，金钱无非是一种交换工具。我们追求金钱，是因为它很有用。

但是对心理学家来说，金钱不只是一种工具那么简单。

在日常生活中，我们也并不是简单地把钱当作一种工具。比如说，朋友帮助我们搬家，我们可以花钱买点礼物送给他，但是不能掏出钱包来拿点钱给他。

在人际交往中，我们经常要掩盖金钱的交换。可以叫彩礼、束脩、缠头，但是不能直接叫钱。例如春节时，我们不能直接给现金，而是递一个红包过去。对方拿到之后，也不能马上打开红包，拿出来数。有一些孩子不懂事，拿到红包就马上打开，这就让人很尴尬。

这就是为什么我们看到有些人高调做慈善，给过路的人发现金，还让大家举着现金拍照时，觉得怪怪的，还感觉他没有真正的善心。但是如果他发的是红包，或者低调一点，我们就会觉得好多了。因为并不是我们把钱给对方，就能够得到对方的感激，有时还会遭到对方的反感、厌恶，甚至仇恨。

金钱如何影响人际关系，我们如何用钱来提升而不是损害人际关系，这

是本书的一部分内容。

另外，我们还可以用金钱来治愈自己的痛苦。我在 2008 年的一项研究就表明，金钱就好像是止痛药，让人们变得麻木，但是也可能让人们上瘾。而缺少金钱的保护，人们就可能感受到更多的痛苦。2009 年，诺贝尔经济学奖得主丹尼尔·卡内曼（Daniel Kahneman）和一家知名咨询公司盖洛普（Gallup）一起对美国 4.5 万名居民做了一项调查。他们发现，同样一个负面事件，比如头痛，如果是有钱人，痛苦会平均增加 19%，但是如果是穷人，痛苦就会增加 31%。

虽然生活中 80% 的喜剧跟金钱没有关系，但似乎 80% 的悲剧都跟金钱有关系。金钱和情感的关系是本书的一个重要内容。

本书还有一个重要内容，就是如何花钱。怎样花钱才能让自己感受到的幸福最大化？怎样花钱更加明智？花钱同时又是一件很痛苦的事情。经济学家乔治·罗文斯泰恩（George Lowenstein）曾经举过一个例子，当你去国外观光，坐在一个很贵的计程车上时，计价器每嘀一声你就觉得心痛一下，根本无心欣赏沿途的风光。

梁实秋说，爱钱的人，就好像孔方兄一个一个地穿挂在他的肋骨上，取下一个都是血丝糊拉的。英文里也有类似的比喻，形容一个人勉强拿出一块钱，叫作"咳出一块钱"。

花钱是非常痛苦的事情，但商家有的是办法来降低消费者的支付痛苦，让消费者感觉不到痛。**到底有哪些让人心甘情愿花钱的套路呢？这也是本书的一个核心内容。**

我的几项金钱研究被广泛传播之后，经常有人来问我："周老师，你为什么研究钱啊？你是不是很爱钱啊？"我就很不高兴，有这么说话的吗？我当然也不是不爱钱，但是我不喜欢别人说我爱钱。我们说一个人爱钱，像是骂人的话，跟说他道德败坏没什么两样。有钱人的道德会更加败坏吗？为什么人们会觉得金钱很肮脏？如何用钱来提升道德？**金钱和道德的关系，也是本书**

的一个重要内容。

金钱远远不只是一种工具那么简单，于是出现了金钱心理学这个领域，研究目的就是考察金钱对我们的情绪、人际关系、行为和决策到底产生了哪些影响。本书会展示一系列跟金钱有关的有趣现象，以及这些现象背后的人性。

默顿·米勒（Merton Miller）说，想要了解一个人，就看他的钱去了哪里。本书能帮助你了解自己，掌控自己；**做金钱的主人，做自己的主人。**

最后，感谢我的学生何琳、李婉悦、莫田甜、肖春曲、熊希灵、闫霄、于文环、张璇、赵雪莹、赵玉杰（按姓氏音序排列）在本书编写过程中的付出。

周欣悦

2020 年 4 月于浙江大学

目录 Contents

你以为金钱不会哭或笑，本身不具有人类的悲欢，其实它也有七情六欲。

第二章
金钱与社会生活

金钱在一定程度上支撑起了人类文明,与人情构成了这个社会,但我们需要的还有很多别的东西,理想、权利、欲望、控制、爱情。

第三章
金钱与消费行为

你以为你花钱很理性，其实你经常都在被套路。

第四章
金钱与家庭生活

生活中 80% 的喜剧跟金钱没有关系，但 80% 的悲剧都跟金钱有关系。

第五章
金钱与道德评判

贫穷限制了你的想象力，那么金钱是否会限制你的道德水平呢？

第一章

金钱与个人情感

你以为金钱不会哭或笑，本身不具有人类的悲欢，其实它也有七情六欲。

01　五种金钱病态人格类型，有你吗？

你和金钱的情感关系决定了你是金钱的主人还是金钱的奴隶，决定了你如何花钱，如何存钱，如何投资。

你有没有这样一个朋友，虽然他不是"家里有矿"，但聚会时总抢着买单？你是不是像强迫症一样，频繁查看支付宝账单和电子银行账单？你是不是热爱货比三家，总想找到比别人更便宜的价格？为了占便宜，你是否买了很多根本不需要的东西？你的消费，在真实需要之外，有多少是出于炫耀、孤单、焦虑，或者缺乏自尊呢？

你跟金钱的关系，到底是怎样的？会不会有点病态呢？

这决定了你是金钱的主人还是金钱的奴隶，决定了你如何花钱，如何存钱，如何投资。你的个人理财情况通常只有你自己知道，因此如果你和金钱的关系有问题，外人并不能够轻易发现。你需要把它诊断出来。

我们根据中国人的理财行为，结合我们和金钱的关系，把人们的金钱病态人格类型分为五种。你有没有这样的问题呢？

（1）焦虑型

这类人对待金钱就像热锅上的蚂蚁。他们经常查看自己的账户，非常热爱看支付宝账单和电子银行账单。就好像有些人热衷于记录自己摄入食物的热量，有些人喜欢记录自己走了多少步，有些人喜欢查看自己的睡眠记录。这类人特别精细地理财，在意信用卡的积分，也会用很多比价网站来比较各种价格，生怕自己比别人多花了钱。如果买股票，他们会更频繁地交易，认为这样做很明智。但是他们没有意识到，频繁交易需要支付更多的手续费。这些人对待金钱的态度是倾向于做事情，而不是不做任何事情。也就是他们做不到"无为而治"，以不变应万变，很容易受到外部经济环境的影响。

你对自己的财务生活控制得非常严格，可能是因为你在人生某个重要方面缺乏控制。例如，有一些饮食障碍患者就会非常严格地理财，这可能是他们想要从金钱上找回控制感。当你太频繁地查看账户时，你可能只关注树木而忘记了森林。你需要退后一步看看广阔的画面。你的长期目标是什么？你在理财上花的时间是不是太多，导致自己没办法好好享受生活？

（2） 囤积型

这类人对待金钱的态度可以用一个词来形容：难以割舍。对他们来说，金钱就是安全感。他们厌恶风险，大量地储藏金钱或者物质；他们舍不得花钱，也舍不得投资。英国伦敦大学学院的心理学教授艾德里安·弗恩海姆（Adrian Furnham）曾经遇到过一个 94 岁的人，还会把退休工资的一半都存起来，舍不得花。英国 2015 年开始实施的退休金自由提取计划，使得人们在 55 岁之后就可以把退休金提取出来。结果发现，有 1/3 的人把钱取出来之后，转头又把这些钱存在银行里面。虽然利息非常低，他们也舍不得拿去投资。

如果你小时候家庭的财务状况很紧张，入不敷出，那么你就可能把金钱当作安全感的来源，出现在家里囤积现金、金条的行为。只有把钱放在眼睛能够看到的地方才会让你觉得安心。

（3） 快感型

这类人在买买买的时候有一种快感。虽然这种快感跟肥皂泡一样，会在东西到手之后很快破灭，但是他们又会开始下一轮的追逐，新目标将再一次让他们兴奋起来。他们心情不好的时候就去买买买,试图用购物来治疗自己,却没想到自己已经陷入了一个恶性循环。购物疗法只能有短时间的作用,有时候还会把自己推入更深的内疚之中。有些人甚至会把买回来的一包一包的新衣服藏起来不让别人看到,连标签都没有剪掉。

当你收到礼物时你觉得自己被爱。你感到如果你拥有合适的物质,就会被某个群体所接受。并不只有女性会购物成瘾,虽然女性更有可能对购买衣服或者化妆品成瘾,但是男性也可能因为快感而购买,例如一辆昂贵的车子。这类人需要谨慎对待债务问题,不要害怕看到自己的账单,而要反复查看自己冲动购买到底花了多少钱。

(4) 炫耀型

这类人花钱就像洒水车一样,一边洒水一边还要大声按喇叭提醒别人注意。这类人更有可能是男性,他们希望用花钱来赢得别人的关注。在每顿饭的开头他们就喊着要买单,然后他们就变成了这顿饭的主角,大家都知道他们是多么慷慨大方。请注意,这跟悄悄地去买单的行为完全不一样。

这类人认为自己非常大方,他们会用金钱来让别人对自己高看一等。他们会在捐款时喊出一个惊人的数目来得到关注,也会在拍卖时争强好胜。他们会买一些炫耀性的消费品,例如豪车或者俱乐部会员。这类人渴望得到别人的崇拜和关注,他们中的很多人还有自恋倾向。这类人需要知道,如何在不花钱的情况下获得别人的认可。

(5) 逃避型

这类人就像鸵鸟一样,宁可把头埋在沙子里,也不愿意查看自己的账单。他们很少点击支付宝的账单功能。有一些人还算有钱,但是他们却不想去关心自己的财务状况。这种行为也是因为金钱焦虑引起的。不做任何决策当然比可能做错决策容易多了。这类人在做理财决策时，从来都是选择默认选项。因此英国政府明智地决定，让雇员默认加入退休金计划，除非他们自己选择不要。这样一来这部分"鸵鸟"就自动"被加入"了。还有一种更加高级的"鸵鸟"，把财富交给顾问去打理，自己不闻不问。建议这类人每两周花一个小时看一下自己的财务状况，支出和收入，搞清楚自己的钱都在哪里。

有了网络之后，网上的商店、银行从不关门，24 小时营业，我们的金钱病态也被进一步放大了。如果我们理解了金钱会如何影响我们，就能更好地控制自己的钱，而不是被金钱所控制。我们可以变成更理性的投资人，更加成功地存钱，减少冲动购买。了解我们和金钱的关系，可以帮我们认清自己的不健康行为，例如购物成瘾或者病态债务。我们还可以进一步了解到底是什么促发了自己的病态行为。

在谈恋爱时，我们也需要知道自己和对方的金钱类型是否匹配。如果一个是焦虑型，另外一个是逃避型，就可能很匹配。但是如果一个是快感型或者炫耀型，另外一个是囤积型，那双方的关系很可能会因为金钱而破裂。

02 如何保护你的感情不被金钱所伤害?

你无法做到一边谈钱,一边含情脉脉。金钱和爱情,似乎有点水火不容。那要怎样才能正确地跟你的爱人谈钱呢?

在婚姻里面,有一件事情不能轻易做,那就是提离婚。有些人一吵架就提离婚,对感情造成很大的伤害。但是,这样的伤害还是可以被修复的,另外有一件事情才是千万不能做的,那就是分家产。一旦两个人坐下来分家产,说这是你的,这是我的,你应该给我多少钱,这样的话一说,即使将来又和好了,感情也会有很大的裂痕。

很多人都听说过"谈钱伤感情"这句话。朋友帮助你搬家,你可以送水果给他,也可以请他吃饭,但是如果你掏出钱包来给他点现金,这就很不礼貌了,还可能惹他生气。金钱心理学的研究发现:**每一次你跟别人谈起钱时,你们的关系就发生了变化。**

有人说,交往之前一定要谈钱,就像各地兴起的公园相亲角,哪一个不是把自己的经济条件摆在显眼的位置?事实上,当我们需要建立起一段新的感情时,最好不要谈钱。

来自美国科罗拉多大学博尔德分校的万博文(Van Boven),肯贝尔(Campbell)以及康奈尔大学的季洛维奇(Gilovich)在 2009 年发表了一项研究。研究人员让一些彼此不认识的陌生人在一起成对聊天。

聊天时,其中一半的人需要跟对方谈论和金钱、物质相关的话题,而另外一半的人需要跟对方谈论和体验、经历相关的话题。这样的谈话进行了 20 分钟以后,每个人都需要给对方打分,评估一下刚才的谈话有多愉快。

结果表明，如果对方谈论的是体验，那么人们对对方的整体印象更好，达到了 6.52 分（总分 7 分）。而如果对方谈论的是金钱物质，人们对对方的印象打分更差，只有 5.42 分。不仅如此，人们在谈论体验时更加愉快，达到了 6.52 分，但是谈论金钱物质就会导致愉快程度大打折扣，只有 5.69 分。

相亲时，如果双方一坐下来就谈你赚多少钱我赚多少钱，那么要碰撞出爱情的火花几乎是不可能的。你可以暗暗估量一下对方到底赚多少钱，比如看他开的车子，住的小区。但是你不能赤裸裸地跟你的相亲对象谈钱，除非，你本来想要的就不是一段感情关系，而是一段经济关系。

不光爱情和婚姻会受到金钱的伤害，友谊也会受到金钱的伤害。2013 年上映的电影《中国合伙人》其实在某种程度上就向我们展示了这个道理。三位主人公成东青、孟晓骏、王阳从上大学以来就一直是好兄弟，可是一起创业之后差点分道扬镳。为什么呢？

金钱心理学中有一个理论，叫作金钱单行道定理。我们的生活中有两种关系：一种是感情关系，比如你跟你的朋友、你的情人，这些都是感情关系，靠着感情在维持；还有一种是经济关系，比如你跟你的老板、你的同事、你的合伙人，这些都是经济关系，靠着金钱在维持。什么叫作单行道呢？就是，**从感情关系转变成经济关系很容易，但是要从经济关系转变成感情关系就很难。**

当你和朋友决定一起做生意，或者你开了一个公司，聘请他成为公司里的员工，你们就从感情关系转变成了经济关系。这很容易，但是想要从经济关系再变回感情关系就很难了。现实生活中这样的例子屡见不鲜，朋友之间合伙做生意，不管生意成功还是失败，很多人的友谊都破裂了。想要重新拾起当年的友情会变得很难，因为他们已经走上了这条单行道。

再如文章一开头的例子。夫妻本来是感情关系，但是一旦坐下来分家产，就从感情关系变成了经济关系，再想变回感情关系就很难了。就像是走上了一条不归路，没办法回头了。

有人说："周老师，我觉得伴侣谈钱不伤感情，没钱才伤感情。俗话说得好，贫贱夫妻百事哀。"

我就问他："你觉得，是贫贱夫妻一直在谈钱和想着钱，还是有钱的夫妻一直在谈钱和想着钱呢？"

答案不言而喻，当然是贫贱夫妻谈钱更多。2019 年诺贝尔经济学奖得主班纳吉（Banerjee）就发现，穷人一直都需要想钱和谈钱，这个账单怎么付，那个账单怎么付。有钱人才有自由不谈钱。**谈钱让人变得理性，因此会伤害感情**。这就是为什么贫贱夫妻百事哀。

不但是谈到钱伤感情，看到钱或者想到钱，也会伤感情。2006 年，我的一个合作者，明尼苏达大学的福斯（Vohs）进行了一系列实验研究，研究成果最后发表在《科学》（Science）上面。他们发现，当看到或想到钱之后，人们会变得更加不愿意帮助他人，在自己需要帮助时也更不情愿向他人求助。其中一个实验很有趣，他让助理故意在一个人面前掉了一盒铅笔，结果发现，如果之前看过钱的图片，这个人就更加不愿意帮助别人捡起铅笔。**金钱让我们感觉自己很强大，觉得自己就够了，不需要跟他人建立联系**。

谈钱伤感情，那怎么办呢？这里我告诉你两个办法。

第一个办法，**把钱变得不像钱**。这是我们经常做的事情。比如过年发红包时，按照习俗要把钱放在一个红色的信封里藏起来。如果你刚好没有红包，只把赤裸裸的一叠现金递过去，气氛肯定会变得很尴尬。包上一个红包，这并不完全是因为讨吉利，而是**金钱的交换需要被掩盖**。

想一想，如果有个孩子一拿到红包，就当着别人的面打开红包，把钱拿出来数一数，现场气氛会不会有点尴尬？某些企业家回到家乡给每个人发一万元现金，还让大家举着现金拍照。这本来是一件好事，可是这样的新闻怎么听都觉得像是负面新闻，反而抹黑了这些企业家。如果换成给每个人发两袋米，听起来就好多了。金钱的交换需要被掩盖起来，才显得含情脉脉。

我们经常通过钱来表达爱。钱不仅仅是社会交换的工具，还是我们表达对他人情感的媒介。益博咨询公司（IFOP）在 2002 年的一项调查发现，大多数法国人认为追求女人是一件关于钱的事情。一个人的经济能力是吸引异性的王牌。你当然需要花钱，但是不能赤裸裸地丢一叠钱给你的女神，说"今天没给你买礼物，所以这个钱给你花"。这样做很不明智。你最好把钱用某种形式掩盖起来，让钱变得不像钱再送给她，给她买鲜花、钻石、包包、车子、房子。这听上去很虚伪，其实很有必要。在中国什么时候可以赤裸裸地给钱呢？一种是血缘关系，一种是法律关系。这两种关系足够牢固，赤裸裸地给钱也不会伤害到关系。

第二个办法，**建立一个自动管理金钱的机制，以便于我们不需要谈钱。**事实上，钱是离婚的一个重要原因，比重仅次于出轨。夫妻双方不应该让钱变成关注的中心，也就是不要太多地去关心钱。怎样处理钱，哪些事情怎样付账，需要**尽快达成一个理财共识，建立起规则，并让它自动运转。**

什么样的婚姻关系可以减少考虑钱呢？有三种情况：第一，双方收入平等时，考虑钱考虑得更少；第二，双方拥有共同账户时，谈论钱谈论得更少；第三，双方的理财观相似时，更少考虑钱和讨论钱。

首先建立一个共同账户，夫妻合账是一种信任的证明，是夫妻共同实现人生目标的具体体现，是夫妻共同意志的担保。与此同时，夫妻双方都留下一部分自由支配的收入，各种账单也都事先讨论好自动处理的办法。这样就可以在夫妻生活里更少地谈钱。

📌 参考文献

［1］VAN BOVEN L, CAMPBELL M C, GILOVICH T. Stigmatizing materialism: on stereotypes and impressions of materialistic and experiential pursuits ［J］. Personality and social psychology bulletin, 2010, 36（4）: 551 – 563.

［2］VOHS K D, MEAD N L, GOODE M R. The psychological consequences of money ［J］. Science, 2006, 314（5802）: 1154 – 1156.

03　有钱可能会让你无趣

乔布斯说过，"无休止地追求财富，只会让人变得贪婪和无趣"。如果你觉得自己过得无趣，那有可能是因为你有钱了。

如果要选择一个终身伴侣，你是想要找一个有钱的，还是找一个有趣的呢？你可能觉得这个问题有点奇怪：为什么就不能找一个既有钱又有趣的呢？然而心理学研究告诉我们，有钱可能会让人变得没那么有趣。

2010 年，来自庞培法布拉大学的教授霍尔迪巴克（Quoidbach）等人对这个问题展开了研究—金钱真的会把人变成无趣吗？他们调查了 374 个人，让这些人想象了一些生活中的有趣情境。例如，完成了一项重要任务，度过了一个浪漫的周末以及登山时发现了一片瀑布。然后让这些人判断一下自己会从这些事情中感受到多大的乐趣。结果发现，**越是有钱的人，越无法从有趣的事情中得到乐趣**。

比方说出门约会，进行一次短途旅行，或者品尝一根巧克力棒，这些能够让平常人感受到有趣和愉悦的体验，对于有钱人来说，却并没有什么滋味。

那有钱是如何让人变得无趣的呢？

想想财富能给你带来什么，无非是常人得不到的丰富物质体验。霍尔迪巴克在 2015 年的研究中发现：**富足也有隐藏的代价**。什么都不缺的人往往感受不到平常人的乐趣，因为他们不会留意身边的"小确幸"。

生活在贫穷的条件下，一碗清粥甚至一颗糖，都能让你破涕为笑。但当你拥有大笔财富后，哪怕是一个三层大蛋糕，你也无动于衷。

其实，不光是有钱会让你变得无趣，看到钱或者想到钱都能让你变得无趣。霍尔迪巴克接下来又做了一个实验，他找了一群英属哥伦比亚大学的学生来填写问卷，其中一部分人看到的问卷中印有一张欧元图片。填完问卷之后，每个人都拿到了一块巧克力并被要求当场吃掉。研究者记录了每个人吃巧克力的时间和面部表情。

结果发现，看到欧元图片的大学生在吃巧克力时表现得更加不享受，味同嚼蜡，他们平均只用了 32 秒就吃完了巧克力；没看到欧元图片的大学生在吃巧克力时更加享受，细细品味，事实上，他们平均花了 45.4 秒时间吃巧克力。这就说明，一旦金钱在人们脑海中浮现，生活中的"小确幸"就会"食之无味"。

想到钱，我们就无法耐心地品味生活中那些美好的事情。看到路边的鲜花，我们也匆匆走过，不愿意驻足闻一下花香。

得到一笔很大的钱之后，小小的幸福不再能够满足我们，我们需要更大的刺激才能让自己感到兴奋。就好像你刚刚坐了 10 次过山车，再坐过山车已经无法让你兴奋，你需要更大的刺激才行。

许多人都梦想着有一天买彩票能中大奖，从此过上无忧无虑的幸福生活。但是你有没有想过，**中了大奖之后，平凡的生活再也无法让你的大脑兴奋起来了**。这导致一些人会转而追求更大的刺激来让自己兴奋，例如酗酒和滥用药物。

1961 年，尼克尔森（Nicolson）成为英国最大头彩得主，奖金相当于今天的 600 万美元。一夜暴富让她不知所措，遇见的每一个人，她都要说"我要花钱，花钱，再花钱"。渐渐地，她和朋友疏远，对平凡的生活提不起兴趣，于是开始疯狂购物甚至酗酒成性。这导致她婚姻破裂，前前后后结了 5 次婚，其中一次只维持了 13 周。由于挥霍无度，钱财散尽，最终她只能靠跳脱衣舞维持生计。

同样，在 2002 年赢得了强力球（Powerball）彩票税前 3.14 亿美元最高奖的惠特克（Whittaker）也没躲开金钱的"诅咒"。首先被毁掉的是他的孙女布兰迪（Brandi），无节制地要钱，张口闭口 5000 美元让布兰迪变着法地花钱找乐子。后来将目光投向了毒品，从吸毒成瘾到离家出走，布兰迪最终死于过量摄入可卡因。随后，惠特克也堕落不堪，整天泡夜店、赌博以获得刺激，无心工作，妻离子散，最后形单影只，仅仅用了6年便不名一文。

近几年出现的房屋拆迁风潮也暴露了财富背后相似的问题。许多人得到一笔厚重的拆迁款，却无处"施展"。找不到原本生活的乐趣，于是拿钱去酗酒、赌博，寻求更大的刺激。2017年6月，南京一男子王某拿到100多万元的拆迁补偿款后，沉迷赌博，短短两个月就将钱输光，最后选择了服药自尽。

因此，金钱能让你过上前所未有的生活，也可能让你无法从平凡中品味乐趣。

反过来，贫穷才可能让你细细品味生活。

有一家专门策划惊讶事件的公司，联合创始人是TED上著名的演讲人露娜（Luna）。她出生在一个非常贫困的家庭，1岁时遇到了历史上最严重的核电事故——切尔诺贝利核事故。因此她们家不得不离开家乡，搬迁到美国。她和祖母来到纽约的第一天，就在收容所的地板上发现了一便士，尽管它又脏又锈，但在露娜眼中，它是闪闪发光的。她用这一便士买到了心心念念的火箭牌泡泡糖，在那一瞬间，她觉得自己就是个百万富翁。但对于一个真正的富翁来说，地板上的一便士，他可能看都不会去看一眼，更无法体会到穷人拿到这一便士后的满足和快乐了。

有钱和有趣，就像鱼和熊掌，很难兼得。

参考文献

[1] QUOIDBACH J, DUNN E W, PETRIDES K V, et al. Money giveth, money taketh away：the dual effect of wealth on happiness [J]. Psychological science, 2010, 21：759 – 763.

[2] MACHT M, MEININGER J, ROTH J. The pleasures of eating：a qualitative analysis [J]. Journal of happiness studies, 2005, 6：137 – 160.

[3] QUOIDBACH J, DUNN E W, HANSENNE M, et al. The price of abundance how a wealth of experiences impoverishes savoring [J]. Personality and social psychology bulletin, 2015, 41 (3)：393 – 404.

[4] QUOIDBACH J, DUNN E W. Give it up：a strategy for combating hedonic adaptation [J]. Social psychological and personality science, 2013, 4 (5)：563 – 568.

04　有钱人更幸福是"聚焦幻觉"惹的祸

你无法想象有钱人的幸福？其实你更无法想象有钱人的烦恼。

猜猜看，那些亿万富翁们，一天 24 小时当中，有多少时间开心？又有多少时间不开心呢？

普林斯顿大学的克鲁格（Krueger）在 2006 年调查了 83 名职业女性，让她们估计一下收入 10 万美元以上的人在前一天的情绪。结果显示，她们估计这些人在前一天当中只有 26% 的时间不开心，有 70% 以上的时间都比较开心。但是，当她们估计年收入 2 万美元以下的穷人在日常生活中的开心程度时，她们认为穷人只有 42% 的时间是开心的。也就是人们常认为有钱人比穷人的开心时间更长。

但事实并非如此，人们高估了金钱对于幸福感的影响。研究者让年收入 10 万美元以上的人回顾自己前一天的情绪，发现他们好心情的时间占 80%，但是年收入 2 万美元以下的穷人，好心情的时间也占到了 68%。也就是说，收入可能会影响我们的幸福感，但是这种影响没有我们想象中那么大。

例如你可以回忆一下 40 年前人们的生活状态，现在的我们比起 40 年前的人来说，富裕了很多，但是我们真的比 40 年前的人更幸福吗？许多国家都进行了长达十余年的调查，结果发现，虽然人们的收入水平不断提升，但是人们的幸福感和生活满意度并没有显著的变化。也就是说，收入的增加并没有带来幸福感的增长。

既然这样，为什么在生活中人们还是觉得有钱人比穷人更幸福呢？这都是"聚焦幻觉"惹的祸。

所谓聚焦幻觉，指的是当我们把注意力放在哪里时，就会夸大这一部分的重要性。就像诺贝尔经济学奖得主，著名心理学家卡尼曼（Kahneman）所说，一件事最重要的时刻就是你想到它的时刻。

为了揭示这个幻觉，心理学家斯特拉克（Strack）调查了伊利诺伊大学180名大一和大二的学生，问了他们两个问题。下面你也来试着回答这两个问题吧。

如果我问你：你认为自己有多幸福？

等你回答之后我再问你：上个月你约会了几次？

当我这样问你时，你约会几次跟你幸福的程度之间没有太大的关系。看起来，约不约会不会影响你的幸福感。

但是如果我先问你：上个月你约会了几次？

等你回答之后我再问你：你认为自己有多幸福？

这样一来，你的幸福感在很大程度上取决于你上个月的约会次数。这就是聚焦幻觉。

我用第一个问题，把你的注意力聚焦到约会次数上面，当你在回答幸福感的问题时，就会根据约会次数来判断自己是否幸福。因此，"聚焦幻觉"会让我们高估一件事的重要性。

想想看，如果一个大龄单身青年的家庭环境和社会环境让他每天都聚焦于自己的婚姻大事，这时，当他问自己是不是幸福，很自然地就会觉得自己的幸福跟婚姻有很大的关系。聚焦于婚姻，就会以为自己的幸福依赖于婚姻。

另外，如果全社会都在关注和讨论房价问题，房子就是注意力的焦点。如果这时做一个幸福感的调查，让人们判断自己是不是幸福，那么人们自然而然地就会根据自己是不是拥有房子来判断自己是不是幸福。虽然幸福和房子可能没什么关系，但是聚焦于房子，人们就会觉得有没有房子是幸福与否的决定性因素。

金钱也是一样。金钱是我们日常生活中一个重要的聚焦点，我们会经常谈到钱，会经常想到钱，会经常看到跟钱有关的新闻，工作、生活中都离不开钱。这样一来，当扪心自问是否幸福时，我们就会以为金钱是影响幸福感的重要因素——我到底幸福不幸福呢，这要看我有没有钱了。

我们正在注意什么，就会觉得什么重要。如果聚焦于金钱，那么我们就会觉得金钱对于幸福来说必不可少。如果没有钱还要去关注钱，没有房子还要去关注房子，这注定会带来很多不快乐。如果希望自己变得更幸福，可以调整自己的聚焦点，聚焦到自己拥有的那些东西上面。这样一来，你的幸福感就能大大提升。

▶ 参考文献

[1] DUNN E W, GILBERT D T, WILSON T D . If money doesn't make you happy, then you probably aren't spending it right ［J］. Journal of consumer psychology, 2011, 21（2）: 115 - 125.

[2] DIENER E, BISWAS-DIENER R. Will money increase subjective well-being? ［J］. Social indicators research, 2002, 57（2）: 119 - 169.

[3] STRACK F, MARTIN L L, SCHWARZ N. Priming and communication: social determinants of information use in judgments of life satisfaction ［J］. European journal of social psychology, 2010, 18（5）: 429 - 442.

[4] KAHNEMAN D, KRUEGER A B, SCHKADE D, et al. Would you be happier if you were richer? a focusing illusion ［J］. Science, 2006, 312（5782）: 1908 - 1910.

[5] SCHKADE D A, KAHNEMAN D. Does living in california make people happy? a focusing illusion in judgments of life satisfaction ［J］. Psychological science, 1998, 9（5）: 340 - 346.

05 金钱不会改变你，金钱只会放大你

所谓的财务自由，就是做你自己的自由。

有人说过，这个世界上 80% 的喜剧都跟金钱没啥关系，但是 80% 的悲剧都跟金钱有点关系。当痛苦降临时，金钱就变成了"救世主"。真的是这样吗？

2009 年，我们做过这样一个实验[1]。首先，我们告诉参加实验的大学生，我们需要测试他们的手指是否灵活。因此，我们要求他们尽可能快地用手指数东西。其中一组大学生数 80 张 100 元的钞票，而另外一组大学生则数同样大小的 80 张纸。

接下来，我们用一个常见的热水任务来诱发疼痛。一组大学生将手指放到 50 摄氏度的水里 30 秒，另一组大学生将手指放到 43 摄氏度的水里 30 秒。要知道，50 摄氏度已经超过了人们皮肤可以承受的限度，会带来强烈的疼痛感，而 43 摄氏度则是非常舒适的温水。然后我们让他们汇报感受到的疼痛感。结果发现，那些之前只是数了白纸的大学生，在 50 摄氏度的水中浸了 30 秒之后，汇报的疼痛感非常强。但是，那些数过钱的大学生，即使把手放到了 50 摄氏度的水中，也不会觉得有多痛。另外，无论是数钱还是数纸，他们把手放到 43 摄氏度水中时汇报的疼痛感没有太大差异，都很低。

数钱可以降低人们对疼痛的感受。这个实验因为比较有趣，被 BBC 的一个科学纪录片所收录。他们在伦敦的一个实验室复制了这个实验，用被试者在冰水里的持续时间作为因变量，得出了相同的结论。数过钱的被试者能够将手放到冰水里持续更长的时间。这个结果跟我们的结果是相互印证的，也就是说，

数钱之后的被试者，不但感觉到的疼痛感更低，而且对疼痛的耐受力会更高。

英国著名心理学家保罗·韦伯利（Paul Webley）认为，金钱是一种毒品，也是一种药物。你如果问我，金钱到底是什么药，我会告诉你，止痛药。

金钱可以止痛，这个发现不光在实验室可以看到，在现实生活中也已经被验证。当一件不幸的事情降临时，你觉得是有钱人更容易受到影响，还是穷人更容易受到影响呢？

2010 年，诺贝尔经济学奖得主，心理学家丹尼尔·卡尼曼（Daniel Kahneman）和盖洛普（一家知名的咨询公司）一起对美国 4.5 万居民做了一个调查[2]。他们发现，同样一件让人难受的事情，在穷人身上产生的痛苦要大于在有钱人身上产生的痛苦。例如，当人们的月收入在 3000 美元以上时，不头痛的有钱人在日常生活中的难受分数是 19 分（满分为 100 分），但是头痛的有钱人的难受分数是 38 分。也就是说，头痛会把有钱人的难受程度增加 19 分。另外，对于那些月收入低于 1000 美元的穷人来说，日常生活中的难受分数是 38 分，但是头痛的穷人，难受分数会上涨到 70 分，增加了 32 分。不光头痛是这样，其他疾病、离异、孤独等生活中的各种痛苦也是一样，这些问题给穷人带来的心理痛苦更大。当这些问题发生在有钱人身上时，产生的痛苦都似乎都变小了。金钱可以帮助人们抵御人生中的各种痛苦。

我们的这个研究发表之后被 11 个国家的媒体所报道，引起了很大的反响，国内的很多媒体也有报道。当时很多人提出批评，说我们在鼓吹拜金主义和物质主义。其实我们的结论是"金钱可以镇痛"，并不是"金钱可以带来幸福"，这两者是完全不一样的。就像我说"服用止痛药可以镇痛"，并不意味着是让人们去追求止痛药。

金钱能保护你，帮你缓解痛苦。这样一来，你就会有一种自由感。

美国第二任总统亚当斯曾说："我必须研习政治与战争，这样我的儿子才能有自由学习数学和哲学。我儿子学了数学、哲学、地理、自然、历史、造船、航海、商业和农业后，我儿子的儿子才有机会学绘画、诗歌、音乐、建筑、雕塑、挂毯和瓷器。"所谓财务自由，就是你有充饥的面包、取暖的壁炉，它让你有底气、有自由去学习这些"浪漫又无用"的诗词歌赋、音乐戏剧。所谓财务自由，就是你知道自己可以对哪些不好的事情说"NO"的自由。

当金钱给了你足够的安全和自由时，你会觉得自己非常强大，可以随心所欲；就更加不用顾及别人的眼光，或者世俗的标准；你是可以给自己的人生制定规则的人。这就是所谓的财务自由。

经常有人说，男人有钱就变坏。就好像是钱改变了男人的人格一样。其实金钱不会改变你，金钱只会放大你。

看看最新出炉的"财务自由"标准："奶茶自由""星巴克自由""车厘子自由"。财务自由意味着你可以毫不犹豫地喝最香甜的奶茶，选最大杯的星巴克，吃最大颗的车厘子，俯仰之间，你的心也会跟着膨胀起来。

2006 年，明尼苏达大学市场营销学教授凯瑟琳·沃斯（Kathleen Vohs）曾发表在《科学》（Science）上的一项研究发现：金钱会让人自我膨胀[3]。他们邀请了一群大学生来到实验室，首先在电脑上完成一个不相关的任务，任务结束后，大学生们就会看到电脑屏幕上出现了屏保画面。

凯瑟琳·沃斯在屏保上做了手脚：一半的大学生看到的屏保画面是成群结队的热带鱼，而另外一半的大学生看到的屏保画面是一堆一堆的钞票。研究者这样设计，主要是想让这一半的大学生看到钱或者想到钱。

然后研究者告诉这些大学生，接下来他们需要完成另外一个任务，和另一个实验参与者进行讨论，但是这个人现在还没来，他们可以先拿两把椅子进去，供双方就座。

于是，这些大学生就把两把椅子放在一个空房间里。他们没想到的是，研究者记录了这两把椅子之间的距离。

结果发现，看到热带鱼的大学生平均会把两把椅子的距离设在 80 厘米左右，看到钞票的大学生会把两把椅子放得更远，距离长达 118 厘米。

一般来说，一个人需要的个人空间不会超过 100 厘米。但是当你看到钱或者想到钱之后，你需要的空间就变大了。

金钱会让你把现有的自己放得很大。如果你脾气很差，那么金钱会让你的脾气变得更差；如果你内心是个自恋狂，金钱会让你更加自恋。但是，如果你很善良，金钱会让你变得更加善良；如果你内心很低调，金钱会让你变得更加低调。

参考文献

［1］ ZHOU X，Vohs K D，BAUMEISTER R F，et al. The symbolic power of money：reminders of money alter social distress and physical pain ［J］. Psychological science，2009，20（6）：700 – 706.

［2］ KAHNEMAN D，DEATON A. High income improves evaluation of life but not emotional well-being ［J］. Proceedings of the national academy of sciences of the United States of America，2010，107（38）：16489 – 16493.

［3］ VOHS K D，MEAD N L，GOODE M R，et al. The psychological consequences of money ［J］. Science，2006，314（5802）：1154 – 1156.

06 金钱也有"七情六欲"

人有悲欢喜乐，但是你可能想不到，钱也是有情绪的。

2016年3月24日下午，郭言的父母将246万多元的善款全部捐给红十字会，成立郭言小巨人爱心资助项目，用以救治贫困家庭的恶性肿瘤患儿[1]。郭言是谁？她是一个可爱的小天使，因不幸罹患眼癌，6岁就离开了人世。这笔钱是来自全国各地的善款，当得知小郭言的悲惨遭遇后，人们纷纷伸出援手，资助她去美国治疗。可惜还未成行，小郭言就被病魔夺去了生命。

"只要一想到这个钱，我就想起女儿，伤疤就一次次被揭开。"郭言的父亲郭玉慧如是说。所以他和妻子决定将所有善款捐出，这对于他们而言，更是一种解脱。事实上，很多人都会选择将亲人去世之后留下的遗产部分或者全部捐出来。

试想一下，如果这笔钱不是这样一笔伤心的钱，而是一笔努力工作得到的奖金，那么人们还会把这笔钱捐出来吗？

情绪账户

1985年，范德比尔特大学心理学副教授史密斯（Smith）指出，一笔钱能引发各种情绪，快乐、伤心、愤怒、厌恶，人们会根据金钱所引发的情绪对金钱进行归类。[2]

斯坦福大学经济学教授莱文（Levav）于2009年首先正式提出了情绪账户（Emotional accounting）的概念[3]。人们会给金钱打上不同的情感标签——

积极的、消极的……对于那些印有积极情绪标签的钱，人们更愿意把它花在享乐消费项目上；对于那些打上消极情绪标签的钱，人们则不愿意把它用来享乐，而更愿意用它来做一些实用的或者帮助他人的事情。

上面的案例中，父母离世后留下的钱使三姐弟在处理这笔钱时总是触"钱"生情，不免为遗产打上"悲伤"的标签。他们会用这样一笔钱去声色犬马，买鞋子、包包、豪车、名表吗？当然不会。但是如果是工作得到的奖金，则会激起人们回忆事业取得的成就与被肯定的快乐兴奋，那么这笔钱就被标记成了"快乐"，用来享受，慰劳自己似乎也是再合适不过了。

我开心不起来，所以我拒绝享乐

莱文教授召集了 648 名本科生作为被试者参与了一个实验。下面是实验中的两个场景。

场景一：你检查邮箱时发现叔叔的邮件，里面有 200 美元的现金卡作为庆祝你毕业的礼物。

场景二：你检查邮箱时发现叔叔的邮件，里面有 200 美元的现金卡作为庆祝你毕业的礼物。当你读完卡片后，你接到母亲打来的电话，通知你这位叔叔刚被诊断出患有非常严重的疾病。

那么，问题是，你会怎样花掉这 200 美元呢？

研究人员发现，当祝贺金来自健康的叔叔时，只有 36% 的被试者会拒绝进行享乐消费；而当祝贺金来自生病的叔叔时，拒绝享乐消费的人数就上升到了 66%。

那么，这 200 美元，你愿意花多少钱来购买享乐产品呢？莱文教授发现，对于快乐的钱，人们平均愿意花 115.51 美元在享乐消费上；如果是悲伤的钱，人们平均只愿意花 65.12 美元。人们都不可能心安理得地把从身染重病的患者那里得到的钱用来享受。

除了这个实验外，莱文教授还设计了其他有趣的实验。

假如公司给你发了500美元的奖金，同时你有一个和你一样勤勤恳恳的同事，你们的业绩也差不多，但他只得到了100美元的奖金，这时你拿到的这500美元会让你多少有些不安。在这种情况下，你愿意把这500美元用来享乐吗？

当然不会。这样的500美元被贴上了"内疚"的标签，这样的不开心的钱，你也更不愿意进行享乐性消费。

那么另一个问题随之而来，难道我们要一直封存这些贴有坏情绪标签的钱，任由它埋藏在记忆深处被浪费掉吗？

为了开心，所以我愿意捐钱

既然拒绝享乐不能帮人们摆脱消极标签和坏情绪，那么总要主动出击做点什么改变这个坏透了的状态，因此人们衍生出了"洗涤金钱"的行为。

洗涤金钱是指人们通过将金钱花在道德高尚或者实用的地方，从而消除掉金钱携带的悲伤、内疚、焦虑等负面情绪。譬如捐赠、支付学费这样一些道德高尚，符合社会规范的行为，就可以把钱"洗干净"了。

莱文教授让被试者通过填问卷获得2美元的酬金，并告诉其中一组人这项研究的经费来自一家个人电脑公司，但是告诉第二组人这项研究的经费来自一家烟草公司。

接下来，这些人要选择是用这2美元购买实用性的产品（一个笔记本或者一支笔），还是购买享乐性产品（一个冰激凌或者一块巧克力）。结果发现，如果是用电脑公司的钱，大多数的人会用来购买冰激凌或巧克力，只有22%的人用电脑公司的钱购买了笔记本或笔；如果花的是烟草公司的2美元，则有44%的人选择购买笔记本或笔。

有趣的是，当人们把痛苦挣来的钱用于正当的用途之后，例如用在教育或者文具上面，心情会因此变好。这就是"洗钱"——做正确的事情，把钱携带的负面情绪给洗掉。

在真实世界里，我们处处都可以看到贴着不同情绪标签的金钱。贴着快乐标签的钱会花得更快，经常用于享乐。例如，1949 年 11 月，美国行政管理和预算局宣布给那些光荣的，为胜利做出巨大贡献的二战退役老兵们发一笔钱。因为这些老兵在二战期间购买了军事保险，当时预估的死亡人数比较多，所以收的保险费过多。现在把这笔钱以及产生的收益（共有 28 亿美元）退还给老兵们，平均每人可以拿到 175 美元。想必每个收到这笔钱的老兵都开心坏了。这笔钱的情绪标签是开心的，是因为死亡率很低得到的钱。那么这笔钱是花得快还是慢呢？宾夕法尼亚大学的博德金（Bodkin）通过调查 1414 个收到意外之财的老兵家庭之后发现，他们花掉这笔钱的速度比他们平常花工资的速度可要快多了。

但是贴着痛苦标签的钱，人们通常不愿意去花它。例如，二战后，以色列的二战幸存者收到了一笔来自德国政府的赔偿金。有 4% 的以色列人收到了德国政府平均每人 2000 以色列镑的赔偿，对比当时每家每户平均 3400 以色列镑的可支配收入，这绝对是一笔不小的意外之财。然而研究者发现，收到这笔钱的以色列人并没有立即把它花光，事实上，他们根本就不会去动用这笔钱。

金钱自己当然不会哭或笑，它本身不具有人类的悲欢喜乐，可是它却能够承载你的情绪，影响你的消费行为。当你有一大笔贴有"开心"标签的钱时，用来享乐是人之常情；当你有一笔贴有"悲伤"标签的钱时，也不必郁闷。赠人玫瑰，手有余香。不妨从这个情绪账户里抽一些钱出来帮助他人，把悲伤的金钱洗涤成快乐的金钱。

▶ 参考文献

[1] 女儿患癌去世 父母将 246 万善款全数捐给红十字会环球网. https：//m. huanqiu. com/article/9CaKrnJUNFL.

[2] SMITHC A, ELLSWORTH P C. Patterns of cognitive appraisal in emotion［J］. Journal of personality and social psychology, 1985, 48（4）：813 – 838.

[3] LEVAV J, MCGRAW A P. Emotional accounting：how feelings about money influence consumer choice［J］. Journal of marketing research, 2009, 46（1）：66 – 80.

07 小心用炫耀性消费吸引你的男生

用炫富方式吸引女生注意的男生，只是在找一个短期暧昧对象，而不是结婚对象。

"炫富"是男生经常用的一招吸引女生注意的方法：耳机、名车、名表……不同的人有不同的炫法。但是，如果女生看到有人在你面前这样花钱，一定要警惕——因为他可能没想着和你白头到老。

2011 年，由得克萨斯大学市场营销系的桑迪（Sundie）教授领衔的研究团队发现，男性的烧钱行为，其实只是为了吸引暧昧对象，并不是想要跟她相守一生[1]。这一研究发表在《人格与社会心理学杂志》（*Journal of Personality and Social Psychology*）上。

研究者首先从一所大学里募集了 243 名大学生参加实验。这些充满荷尔蒙的大学生被分为两组。研究者告诉其中一组大学生，学校想建立一个官方的线上约会平台，现在想让他们体验一下这个平台，看看是不是还有改进的地方。然后，每一名大学生都会在约会平台上看到 8 名有吸引力的异性的照片，然后评价他们的吸引力。另外一组大学生则被告知，学校要搭建一个宿舍分配平台，他们在平台上看到了 8 张宿舍的照片。

随后，每一名大学生都要想象自己得到了一张 2000 美元的代金券，如果今天不花掉就过期了。这张代金券可以兑换 36 种不同的商品，其中既有高档太阳镜这样的炫耀性商品，也有烤箱这种很常见的日用品。他们需要从中选择自己想要兑换的产品。

最后，研究者还测量了每一名大学生对待感情的认真程度。他们只是想要玩一玩，还是想要找一个伴侣共度余生呢？

结果发现，那些在感情上认真的男生，无论是看到了约会平台还是宿舍分配平台，炫耀性消费意愿都保持在 5.5 分上下（满分 7 分）；而那些谈恋爱只是为了玩一玩的男生，如果被点燃了约会的冲动，他们的炫耀性消费指数就会上涨到 5.9 分。但是，跟男生完全不同，对于女大学生来说，她们的炫耀性消费不会受到影响。

在接下来的一项研究中，240 名大学生被分成三组。

第一组大学生读到了一个类似"一夜情"的故事：在假期的最后一天，你和校花（校草）一起，躺在异域海岛的沙滩上……你们在月光下相拥，亲吻。但在以后的日子里，你们很可能见都见不到了。

第二组大学生读到了一个相守一生的故事：你和校花（校草）度过了一个难忘的夜晚，并相互约定终身。

第三组大学生作为比较组，只是读到了一个很普通的没有浪漫情节的故事：你在自己的房子里到处找东西。

读完故事之后，研究者测量了每一名大学生的炫耀性消费倾向，以及他们对于感情的认真程度。结果发现，对待感情认真的男生无论读到了什么故事，都不太会影响他们的炫耀性消费倾向，得分在 5.0 左右。但是，那些"大猪蹄子们"，读完平淡故事之后的炫耀性消费倾向得分只有 4.7；读完"约定终身"故事后就上涨到 5.3；而他们读完了"一夜情"的故事后，炫耀性消费倾向的得分就会上升到 5.9。

所以，如果一个男生用炫富的方法来吸引女生注意，那他很可能不是想和她过一生，而是只想和她度过一段短暂的浪漫关系。

为什么会这样呢？我们先来思考一个问题：为什么会有渣男？

哈佛大学的特里弗斯（Trivers）教授指出，这是因为男女双方在生育上付出的代价不同：男性在交配之后，就可以直接拍拍屁股走人了，而女性却要经历痛苦的"十月怀胎"才能生下小宝宝[2]。因此，在求偶的过程中，一般是男性发起追求，而女性需要谨慎选择。

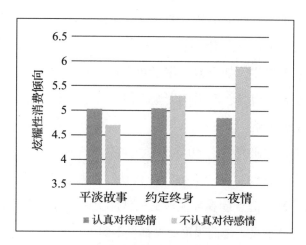

图1-1 不同情况下的男性炫耀性消费倾向[1]

自然界也是如此，外表光鲜亮丽的常是雄性动物：雄孔雀有色彩鲜艳的大尾巴，雄狮有威武的鬃毛，雄性麋鹿有更大的角……因为它们都需要努力展示自己的优良基因，才会有雌性愿意"委身下嫁"。

然而，基因是自私的，它会让自己尽可能多地传递下去。因此，"聪明"的男性就想出来了一个办法：吸引尽可能多的女性来给自己生孩子，然后一走了之。因为一次成功受精就足以产生新的后代。

这些男性在人类社会被称作"渣男"，他们所采取的这种策略，被叫作"短期择偶策略"。那些被始乱终弃的女性，就是他们的"短期配偶"。但是，对人类来说，这种策略有很大的副作用：更容易染上性病，更容易被其他男性攻击，"渣男"的名声会让他们更难找到好的长期配偶……所以，并不是所有的男性都会倾向于短期择偶策略，只有一定比例的男性会采取这种策略[3]。

雄孔雀是动物界"渣男"的代表，在交配结束后，雄孔雀就会抛弃雌孔雀，让雌孔雀变成单身母亲抚养后代。而男性的炫耀性消费，和雄孔雀漂亮的大尾巴一样，也是为了吸引短期配偶。

桑迪教授解释到，男性的炫耀性消费会让他们显得"有钱又任性"。所以，当男性想吸引一个短期暧昧对象时，他才会在女性面前"烧钱"。而如果他想吸引的是相伴一生的人，就不会做出这种炫耀性消费行为——要是一辈子花钱都这么大手大脚，正常人怎么吃得消啊[1]！

女性也会意识到，进行炫耀性消费的男性最好只停留在暧昧对象这一层。

在另一个实验中，研究者让女性阅读一名追求自己的青年男性的材料。其中一半的女性看到材料中写着，这名男性刚刚买了一辆本田思域，而另一半的女性看到的材料里写着，这名男性买的是保时捷跑车。阅读完材料之后，女性需要评价这名男性是想跟自己约会还是想跟自己结婚。结果发现，女性认为买保时捷跑车的这名男性只想跟自己短期约会，而不是想跟自己结婚。也就是说，女性似乎也没那么容易上当。

所以，男生们，如果你真心想追到心仪的女生，并给她长久的幸福，那就不要像电影《夏洛特烦恼》中的男主角一样，开着从洗车店"借"过来的玛莎拉蒂在她面前炫耀。你应该展示的，是你对她的真诚与关心。而女生们，如果有男生用"烧钱"的方法吸引你，一定要多留个心眼，因为他很可能是个"大猪蹄子"！

➤ 参考文献

[1] SUNDIE J M, KENRICK D T, GRISKEVICIUS V, et al. Peacocks, Porsches, and Thorstein Veblen: conspicuous consumption as a sexual signaling system [J]. Journal of personality and social psychology, 2011, 100 (4): 664 – 680.

[2] ROBERT T. Parental investment and sexual selection [J]. Sexual selection & the descent of man, Aldine de gruyter, New York, 1972: 136 – 179.

[3] BUSS D M. The strategies of human mating [J]. American scientist, 1994, 82 (3): 238 – 249.

08 以"貌"取钱，金钱的外在会怎样影响你？

金钱变得"肮脏"时，也会让你变得更加自私和贪婪。

每个人都拿到过那种脏兮兮的纸币，可能是菜市场的小贩递给你的，也可能是出租车司机找回给你的。

理性来说，钱的外貌不同，它会变"脏"、变"丑"，但价值并没有发生变化。而研究者却发现，当你拿到一张脏钱时，你的行为会发生一些意想不到的改变。

温尼伯大学工商行政管理系的穆拉（Muro）和圭尔夫大学管理与经济学院的诺斯沃西（Noseworthy）2013 年做了一项实验，他们发现，人们真的会以"貌"取钱。

实验者首先让参与实验的人玩一个解字谜的游戏，然后作为报酬，这些人会得到 10 元钱，其中一组人得到的是干净的 10 元钱，另外一组人得到的是脏的 10 元钱。当钱到手之后，实验者问他们是否愿意用手头的 10 元钱参加一个赌博游戏。结果发现，拿到脏钱的人中有 80.1% 的人选择参加赌博游戏，而拿到干净钱的人中只有 22.7% 的人选择参加赌博游戏。也就是说，人们嫌弃脏钱，不想要保留自己手里的脏钱。

人们想要把脏钱尽快花掉，这听起来很合情合理，你可能觉得压根没有研究的必要。但是接下来的一项研究可能会让你有点意外了。这项研究发现，你用脏钱和干净的钱来买的东西就很不一样。

同样的 50 元钱，人们真的会用脏钱和干净的钱买不同的东西吗？美国西北大学营销系的盖隆尼（Galoni）和诺斯沃西 2015 年发表在《消费者心理学报》（*Journal of Consumer Psychology*）的一篇文章研究了这个问题。其中有一项实验，一半的人拿到一张破旧的 50 美元，另外一半的人拿到一张崭新的 50 美元。这些人用这个钱在一家超市随意购买东西，购买的东西和剩下的钱都归自己所有。结果发现，拿到脏钱的人平均会花掉 5.85 美元，购买 2.89 件商品；而拿到新钱的人平均会花掉 4.25 美元，购买 2.14 件商品。也就是说，人们在花脏钱时不但花得更快，而且买东西的数量也更多。

另外还有一个有趣的发现，就是用脏钱购物的人们，虽然买得更多，但是他们觉得买到的东西更加不值钱。例如在上面的实验中，用脏钱买东西的人认为自己买到的物品值 5.39 美元，而使用新钱的人认为自己买到的东西值 5.8 美元。

上面的研究表明，人们会把手头的脏钱更快地花掉。但是研究者还发现，有时人们会反过来，不愿意花脏钱，而是先花干净的钱。你可能觉得难以置信，怎么会这么干呢？

研究发现，当人们觉得有其他人正在观察自己时，他们就不愿意用脏钱付账。参与实验的消费者的钱包里面放了 5 张新的 1 元和 1 张新的 5 元。除此之外，其中一半的消费者还有 1 张破旧的 10 元，而另外一半的消费者有一张崭新的 10 元。所有的人都拥有 20 元纸币，他们需要用这些钱来买东西。其中一组人以为自己的购买过程会被录像，会被其他人看到；另外一组人则不知道会被录像这件事。结果发现，当人们不知道自己被录像时，大多数人都愿意先花掉脏钱，有 36.7% 的人会优先使用破旧的 10 元钱，只有 10% 的人会选择先花掉崭新的 10 元钱。但是，当人们以为自己被录像时，这一现象发生了反转——有 23.3% 的人选择先使用崭新的 10 元钱，而只有 3.3% 的人选择先花掉破旧的 10 元钱。

脏钱会让我们更快地把它花掉，还会让我们觉得买到的东西更加不值钱。脏钱还会影响我们哪些行为呢？接下来的研究表明，接触到脏钱会让我们做出更多不道德的行为。

我们的研究团队在菜市场进行了实验。一名女博士生去农贸市场里买一斤蔬菜，然后递出一张又脏又旧的10元钱，然而当摊主刚拿到这张钱时，她就把钱要了回来，表示要再多买一斤蔬菜，并且拿出一张正常的20元付钱，于是摊主就又称了一斤蔬菜给她。离开市场后，她会称一称买回来的蔬菜的重量，看是否缺斤短两。研究团队在不同的摊主身上多次进行实验，有时最开始递给摊主的是脏的10元钱，有时递给摊主的是干净的10元钱。结果发现：接触过脏钱后，摊主更容易虚报蔬菜的重量。接触过脏钱的摊主一斤蔬菜平均会少给4%，而接触过干净钱的摊主一斤蔬菜平均会多给3%！

也就是说，接触干净的钱会激发公平、诚实的行为，接触脏钱则会引发自私、贪婪的行为。

我们还做了几个实验室实验来进一步验证这个结论。我们告诉参与实验的大学生，他们需要完成一个手指灵活度的测试。其实他们不知道自己已经被分配到四组中的一组。第一组数干净的钱，第二组数脏钱，第三组数脏纸，第四组数干净的纸。

接下来，每个大学生都会玩一个分钱的经济游戏。在这个游戏中，他们需要将30元钱分给自己和另外一个陌生人。之前数脏钱的大学生在游戏中表现得更加自私，而数干净钱的大学生在游戏中更加公平。数干净钱的大学生平均分给游戏伙伴17.78元，而数脏钱的大学生平均只分给游戏伙伴13.69元。

另外，如果数的是脏纸和干净的纸，就不会产生这样的结果。

在接下来的实验中，接触过干净钱的大学生表示，至少要100万元才愿意在与陌生人玩牌时作弊，而接触过脏钱的大学生只需要10万元就愿意做这件坏事；接触过脏钱的大学生认为，自己为了100万元愿意在一个陌生小孩的手掌上扎一根针，而接触过干净钱的大学生就不愿意为了100万元做这件坏事。也就是说，脏钱可以使人们的道德水平降低，为了更少的钱做道德败坏的事情。

➡ 参考文献

[1] MURO F D, NOSEWORTHY T J. Money isn't everything, but it helps if it doesn't look used: how the physical appearance of money influences spending [J]. Journal of consumer research, 2013, 39 (6): 1330 – 1342.

[2] LERNER J S, SMALL D A, LOEWENSTEIN G. Heart strings and purse strings: carryover effects of emotions on economic decisions. [J]. Psychological science, 2010, 15 (5): 337 – 341.

[3] YANY Q, WU X, ZHOU X, et al. Diverging effects of clean versus dirty money on attitudes, values, and interpersonal behavior [J]. Journal of personality and social psychology, 2013, 104 (3): 473 – 489.

[4] GALNOI C, NOSEWORTHY T J. Does dirty money influence product valuations? [J]. Journal of consumer psychology, 2015, 25 (2): 304 – 310.

<u>09</u> "颜值"到底值多少钱？

长得好看能让你赚更多的钱吗？

"颜值"代表一个人容颜的数值和价值，通常指的是外貌、体型、皮肤、气质等身体特征的组合。"颜值"一词诞生于日新月异的互联网"大爆炸"时代，是近年来最具影响力的新兴词语之一。从古代的"容颜"到今天的"颜值"，这两个字一直保持着特殊的吸引力。

那么颜值到底有多重要呢？1831 年，达尔文得到了改变他人生轨迹的机会——乘坐"贝格尔"号军舰远行。然而，船长菲茨洛伊在端详了达尔文之后，竟然说达尔文的鼻子太难看，恐怕会影响这次航行，达尔文差一点因为颜值不够而被拒绝上船。可见一个人的颜值有多重要。

（1）颜值可以预测你的赚钱能力

拥有一个漂亮的脸蛋儿，不但赏心悦目，还可以真的给你带来更多的金钱。美国经济学家哈默迈什（Hamermesh）和比德尔（Biddle）就认为颜值和个人收入直接相关。他们的研究表明，颜值低于平均值会导致人们平均每小时少赚9%的薪水，而颜值高于平均值，人们每小时会多赚5%的薪水。也就是说，颜值高的人和颜值低的人之间的收入差距是 14%。终其一生来看，14%的收入差距是难以衡量的。因此，《经济学人》也发文称，"权力属于颜值更高的领导人，不管在大猩猩社群还是今天的西方发达国家，领导人要达到职业生涯的最高点，长相和成就一样重要"。

有人说现在是一个看脸的社会，在职场上，颜值对就业、收入、地位等成功的衡量指标也有重要影响。颜值不仅会影响个人的就业机会，还会影响个人在特定工作中的成功程度。德国某大学的研究人员曾经做过一项调查，他们收集了3000多名职场人士的事业发展情况，并给他们的颜值打分，再将二者进行比较。结果发现，工资、津贴和晋升都和一个人的颜值有关，颜值比平均分高出1分，被雇用的概率就会增加3%。

更高颜值能够带来更高的收入，这在经济学上叫作"美貌溢价"（Beauty Premium）。奎因（Quinn）采用美国劳动力市场指数研究发现，高颜值的人不论在被录用的概率上，还是在初始工资的水平上都较高。罗斯泽尔（Roszell）等人研究加拿大的数据发现，颜值与收入增长率之间呈正相关关系，高颜值的人不但收入更高，而且收入增长得也更快。弗里兹（Frieze）等人研究MBA毕业生的数据发现，好看的男人不但一开始薪水更高，而且增加速度也更快；而好看的女人一开始的薪水并不会更高，但是她们的工资增长更快。

还有研究表明，CEO的颜值能够预测公司利润！2008年，来自美国塔夫茨大学的鲁莱（Rule）和阿姆巴迪（Ambady）在《心理科学》（*Psychological Science*）上发表的研究发现，CEO的面部特征与公司盈利能力有关。研究者从2006年财富500强的榜单中找到了排名最高和最低的25家公司的CEO照片，以及每家公司的财务数据。接着，研究者让50名大学生仅仅看了CEO的照片，然后评价他们的总体领导力。结果发现，CEO的长相和公司利润相关，那些照片被认为更有领导力的CEO，其公司的盈利能力也的确更高。2009年，鲁莱和阿姆巴迪这两位学者又发现，女性CEO的颜值也能够预测公司利润。也就是说，无论男女，CEO的颜值都和他们公司的赚钱能力紧密相关。

颜值会在整个生命周期中影响我们对一个人的印象，并影响他人的行为。不管是年轻时的容颜，还是老了之后的容颜，都可以用来预测你的赚钱能力。例如，一项研究找了美国100强律师事务所管理合伙人的照片，结果发现，这些人的颜值可以用来预测公司利润。更有趣的是，如果用的照片不是这些人现在的照片，而是他们在本科毕业纪念册上的照片，也可以预测现在公司的利润。因此，鲁莱和阿姆巴迪两位学者在 2011 年的研究认为，在整个生命周期（20～50 年）内，不管你是年轻人还是老人，颜值都可以预测你现在赚多少钱，也可以用来预测你将来赚多少钱。

（2）颜值可以预测你的领导能力

什么样的长相更好呢？对男性来说似乎是越阳刚越有男子气概的长相越好。那么对于女性来说是否也是这样呢？2006 年，来自瑞士伯尔尼大学的斯齐斯尼（Sczesny）等研究者在《瑞士心理学杂志》（*Swiss Journal of Psychology*）上发表的研究发现，人们认为长得比较男性化的人领导能力更强。研究者在大学招募了 72 名参与者，让他们随机看了一张人脸照片。人脸照片有四种：长相男性化的男性和女性，长相女性化的男性和女性。然后，参与者评价了照片中这个人的领导能力。结果发现，人们认为长得比较男性化的人比长得比较女性化的人有更高的领导能力。也就是说，不单单男性长得有男子气概会加分，女性长得比较男性化也会被认为领导能力更强。

因此，女性化外表的女性通常被认为颜值更高，但也经常被认为是更糟糕的领导者，而男性化外表的女性虽然看上去没有那么漂亮，但是却会被认为是更好的领导者。

颜值对领导者成功的影响存在着性别差异。虽然总体来说，好像都是长得越好看越好，但在商界女性领导者中却存在着颜值与成功之间的反向关系。1985 年，来自纽约大学的海尔曼（Heilman）和托佩克（Stopeck）曾在《应用心理学杂志》（*Journal of Applied Psychology*）发表了一项研究，对人们的颜值和成功的关系进行了探索。研究者找了 113 名上班族，首先让他们阅读了关于一名高管工作经历的简短描述，并看了这名高管的照片。参与者被随机分为 8 组，他们需要评估一些因素对这名高管升职的重要性（如工作能力、努力、运气等），并评估哪个因素最重要。结果发现，颜值和成功的关系受到性别的影响。男性领导者颜值越高，会被认为能力越强，工作更成功；但是女性领导者颜值越高，反而会损害人们对她们能力的感知。

(3) 颜值太高不一定是好事

当然，颜值并不总是起到积极作用。2011 年，来自德国慕尼黑大学的阿格斯（Agthe）等学者在《人格与社会心理学公报》（*Personality and Social Psychology Bulletin*）发表了一项研究。他们通过实验发现，当评估者和被评估者为同性时，高颜值可能起到负面作用。也就是说，如果让男性去评估一个帅哥，或者让女性去评估一个美女时，他们就可能因为对方长得好看而给对方更低的分数。

另外，男性的颜值虽然很重要，但颜值太高也不一定是好事。2012 年，来自德国吕内堡大学的普法伊费尔（Pfeifer）在《应用经济学快报》（*Applied Economics Letters*）发表了一项研究。研究者采用了德国 2008 年一项对 3000 多名上班族的调查数据，数据中包括这些上班族的颜值打分（范围是 1 ~ 11 分）、工作和收入情况。结果发现，颜值在 7.8 分左右的男性收入最高，颜值超高的男性的收入反而低于颜值较高的男性。也就是说，男性的收入和颜值并不是线性关系，长得最美的一群男性的收入反而会低于次美者。

综上所述，颜值到底值多少钱？有几个重要的结论：①长得好看的人一般收入更高，收入增加得更快；②女性领导者不一定要特别好看，如果长得比较男性化反而会加分；③如果你的领导跟你是同样性别，长得好看反而会变成你的短板；④男人的颜值很重要，但是如果高出天际，那反而不见得是好事，除非你从事的是演艺事业。

🔜 参考文献

[1] HAMERMESH D S, BIDDLE J E. Beauty and the labor market [J]. The American economic review, 1993, 84 (5): 1174 – 1194.

［2］QUINN R E. Productivity and the process of organizational improvement: why we cannot talk to each other ［J］. Public administration review, 1978, 38（1）.

［3］ROSZELL P, KENNEDY D, GRABB E G, et al. Physical attractiveness and income attainment among Canadians ［J］. The journal of psychology, 1989, 123（6）: 547 – 559.

［4］FRIEZE I H, OLSON J E, RUSSELL J, et al. Attractiveness and income for men and women in management1 ［J］. Journal of applied social psychology, 1991, 21（13）: 1039 – 1057.

［5］RULE N O, AMBADY N. The face of success inferences from chief executive officers' appearance predict company profits ［J］. Psychological science, 2008, 19（2）: 109 – 111.

［6］RULE N O, AMBADY N. She's got the look: inferences from female chief executive officers' faces predict their success ［J］. Sex roles, 2009: 644 – 652.

［7］RULE N O, AMBADY N. Judgments of power from college yearbook photos and later career success ［J］. Social psychological and personality science, 2011, 2（2）: 154 – 158.

［8］SCZESNY S, SPREEMANN S, STAHLBERG D, et al. Masculine = Competent? Physical appearance and sex as sources of gender-stereotypic attributions ［J］. Swiss journal of psychology, 2006, 65（1）: 15 – 23.

［9］HEILMAN M E, STOPECK M H. Attractiveness and corporate success: different causal attributions for males and females ［J］. Journal of applied psychology, 1985, 70（2）: 379 – 388.

［10］AGTHE M, SPORRLE M, MANER J K, et al. Does being attractive always help? Positive and negative effects of attractiveness on social decision making ［J］. Personality and social psychology bulletin, 2011, 37（8）: 1042 – 1054.

［11］PFEIFER C. Physical attractiveness, employment and earnings ［J］. Applied economics letters, 2012, 19（6）: 505 – 510.

10 身高与赚钱能力的隐性关系

每超出平均身高 1 厘米，收入就可以增加 0.6%。那么你的身高值多少钱？

2019 年 6 月，优衣库的门外上演了一场大戏：还没有开始营业，店外就排起了长队，开门的一瞬间消费者蜂拥而入……其实都是为了抢一款优衣库全新推出的 T 恤。优衣库 1984 年在日本广岛成立，发展至今，已经在全球 15 个国家拥有了 2000 多家门店。其中中国门店则达近 600 家。它能在全球风靡离不开它的创始人——柳井正（Tadashi Yanai）。他所提出的品牌打造、门店管理、零售效率正影响着当代的销售业。可是，如果我告诉你，柳井正的身高只有 155 厘米，你会不会有些失望？这些远大的战略、数不尽的财富，竟然和一个身高只有 155 厘米的人有关？

"美国队长"是一个深入人心的超级英雄形象，可是主角史蒂夫·罗杰斯在变成身材魁梧、肌肉发达的万人迷英雄之前，长得又瘦又小，追心仪女生时毫无自信。

这年头，做什么都要求身高。相亲节目里女嘉宾们纷纷要找身高 180 厘米的老公，就连饭店招聘服务员时也强调"身高不低于 160 厘米"。身高真的这么重要吗？

1990 年，匹兹堡大学心理系教授艾琳·汉森·弗里兹（Irene Hanson Frieze）曾和他的同事通过调查来自中亚特兰大大学的 MBA 毕业生，收集了上千份样本。他们发现：对于男性而言，身高会直接影响他们工作的起薪[1]。数据显示，在控制了年龄、体重、社会阶层、宗教信仰之后，一名男性的身高每增加 1 英寸（2.54 厘米），他们在刚开始工作时的年薪就能上涨 570 美元。雇主愿意为身高更高的男性支付更多的薪资。

不光普通工作是这样，就连在"世界巅峰"的工作也是这样。1998 年，来自内布拉斯加州的托马斯·杨（Thomas J. Young）与来自西新墨西哥大学的教授劳伦斯·富兰克（Laurence A. French）曾对 1948—1996 年的美国总统身高进行了分析，发现美国总统的身高显现出持续增长的趋势[2]。1948 年，通过电视进行竞选得到全面普及，竞选者们需要频繁地抛头露面，向民众传达自己的伟大抱负。在这样的环境下，竞选者的身高就变得很重要了。他们在电视里的形象越高大挺拔，得到的民众支持就越多。

如此看来，长得高的人似乎掌握了一定的优势，总是更容易在选拔中脱颖而出，并从中获得更多的薪资、奖赏。

但是，我们是否真的能够信赖这些个子高的人？身高越高的人真的就有更好的职业表现？他们真的值得我们为其砸钱吗？我们来看下面几项研究。

1989 年，来自匹兹堡大学的唐纳德（Donald）和劳埃德（Lloyd）教授调查了 201 名来自世界五百强公司的雇员，收集了他们的职位信息和身高信息。结果发现：管理层员工的身高的确高于同性别的基层员工的身高[3]。例如，女性基层员工的平均身高为 162.56 厘米，而女高管的平均身高为 165.10 厘米；在男性雇员中，基层员工的平均身高为 177.90 厘米，而身处管理层的雇员则有着平均 181.10 厘米的身高。

1996 年，托马斯·杨与劳伦斯·富兰克对比了美国民众心目中"最成功的总统"（林肯、罗斯福、华盛顿、杰弗逊）和"最失败的总统"（约翰逊、布坎南、格兰特、尼克松、哈定）"的实际身高，发现了这样一个有趣的现象：四位深得人心的总统平均身高为 74.63 英寸（约 189.6 厘米），而五位在民众心中糟糕透了的总统平均身高竟然只有 70.80 英寸（约 179.8 厘米）[4]。

到了 2016 年，来自埃克塞特大学医学院的杰西卡·泰利尔（Jessica Tyrrell）和同事们采用了更先进的技术探究身高的魔力[5]。这项基因分析技术叫作"孟德尔随机化"（Mendelian Randomisation），可以避免一些误差和无关因素的扰乱，使结果更加可信。他们从 UK Biobank（一个存有 50 万条成年人信息的生物数据库）中选取了年龄在 37 岁到 73 岁之间的 119669 人，重点关注了与身高、BMI（身体质量指数）有关的基因。为了考查身高和 BMI 是否对社会经济地位有直接的影响，研究者使用了五个指标来衡量社会经济地位：完成全日制教育的年龄、完成的学位、工作类型、家庭年收入和匮乏指数。

结果显示：控制了其他因素后，身高与收入有着直接联系；在男性中，两者的相关性高达 50%。在这份样本中，男性的身高标准差为 6.3 厘米，而当男性的身高每高出这样一个标准差，他们的年收入就会上涨 2940 欧元。当然，你可以说，这两者之间的相关性可以由很多其他因素造成，比如这个人家庭环境优越，因此营养充足，自然就长得高，而且家庭经济条件好的孩子本来长大之后就更会赚钱。也就是说，身高跟收入的关系可能是后天环境造成的虚假关系。

为了排除后天环境的干扰，在这个研究中，研究者还通过基因分析技术来看由基因决定的那部分身高，而不是由后天环境决定的身高。结果发现：只看由基因决定的那部分身高，男性的身高依旧和其年收入存在着正相关关系。他们每长高 1 厘米，年收入就会上涨 179 欧元。

长得高大本身就是一种优势，它让你备受关注，让你脱颖而出，让你赚到更多的钱。这是为什么呢？

2009 年，阿姆斯特丹自由大学的皮特（Petter）教授等人对 45 万名瑞典男性进行了采样，再次为身高和收入的正向关系结论提供了新的证据[6]。此外，为了解释身高和收入之间的联系，他们用三类变量和身高做对比研究。这三类变量为：

(1) 控制因素（家庭背景和认知）

选择家庭背景和认知作为控制因素变量，是因为家庭背景和认知可以在孩子年幼时进行干预，如营养、教育及父母造成的家庭环境等因素。这些因素对孩子的身高和认知能力都有正向影响。

(2) 中介因素（非认知能力）

选择非认知能力作为中介因素变量，是因为诸如动力、坚持、魅力、领导力等个性对孩子成年后的工作收入都会有正向影响。

(3) 选择倾向（接受歧视）

选择接受歧视作为选择倾向变量，是因为往往矮个子的男性会顾虑到某个工种倾向于雇用高个子的人，而决定不找这类工作。当然，也有可能是因为某些公司对矮个子的求职者有歧视，往往只会雇用高个子的员工。

这些从瑞典收集的 448702 个数据和前面的发现一致：男性身高每增加 10 厘米，收入就会增加 6%。而且，皮特还用这些男性的兄弟的情况来进行对比。结果发现：这些兄弟样本所得出的身高和收入的相关性与原样本的调查结果是一样的。这再次验证了，在瑞典，男性身高每增加 10 厘米，收入就会增加 6%。

但是研究显示，身高和收入的正向关系其实会受到家庭背景的影响：家长的政治经济因素（如家长的收入和受教育程度）每增加 1 个系数，身高和收入的正向关系就会减少 1/6 个系数。所以，只要你的父母受教育程度高或者收入高，即使你个人不太高也没关系，你不会受到身高的限制。

这项研究还有一个结果：收入受身高影响最大的人群是低于平均身高的样本男性。也就是说，对于身高超过了平均数（在这个国家是 180 厘米）的男性，再高一点也不会带来更高的收入。但是对于身高低于平均数的男性来说，身高每增加 1 厘米，收入就会上涨 0.5%。

有趣的是，那些成功的人，在人们心目中的形象会更加高大。所以如果让你猜测一下比尔·盖茨或者马云这些人的身高，你会猜测一个比他们实际身高更高的数字。也就是说，人们会通过成功程度来判断一个人的身高。

来自澳大利亚国立大学的心理学教授保罗·威尔逊（Paul R. Wilson）在 1986 年做过这样一个实验[7]，他将参加课程的 110 名本科生随机分成 5 组，并分别向他们介绍了下次课堂的主讲人：

英格兰先生是一位来自剑桥大学的学生……

英格兰先生是一位来自剑桥大学的助教……

英格兰先生是一位来自剑桥大学的讲师……

英格兰先生是一位来自剑桥大学的副教授……

英格兰先生是一位来自剑桥大学的教授……

Wilson 告诉学生：由于下节课将涉及一些数据统计的知识，现在请你根据英格兰先生的信息估计一下他的身高。

结果发现，当英格兰先生的身份是一名学生时，身高被估计为 69.5 英寸（176.53 厘米）；而随着英格兰先生的学术地位不断上升，其身高也逐步上升；当英格兰先生被描述为一名造诣深厚的教授时，他便被认为应该有 72.3 英寸（约 183.64 厘米）。

所以，长得矮不可怕，只要你的学术能力足够强、文章发得足够多，你在人们心目中的形象就会变得高大起来。

现在，请你回想一些政治家，想想他们的治理能力。接着，分别估计一下他们的身高。你是否意识到了什么？

1992 年，加拿大麦克马斯特大学的菲利普·哈曼（Philip A. Highman）教授与威廉·卡门特（D. William Carment）教授做了这样的研究，巧妙地展示了政治成功如何影响人们对于政治家身高的判断[8]。

他们收集了来自渥太华的官方数据，这些数据囊括了1988年加拿大大选前后，民众对加拿大领导人身高的估计。对比发现，在落选前，人们对特纳（Turner）和布罗德本特（Broadbent）的身高估计分别为71.99英寸（约182.85厘米）和69.79英寸（约177.27厘米）。可当他们竞选失败的消息一经传出，民众对他们的身高估计竟然变成了71.49英寸（约181.58厘米）和69.12英寸（约175.56厘米）。相反，在竞选成功前，人们对马尔罗尼（Mulroney，1984年9月当选加拿大总理）的身高估计是71.52英寸（181厘米），竞选成功后，马尔罗尼变成了身高72英寸（183厘米）的人。在人们的印象里，那些拥有远大谋略、深得民心的人似乎也拥有着高大的身躯。

这大概就是"拿破仑情结"的由来。第二次反法同盟战争期间，拿破仑率领4万大军登上险峻的阿尔卑斯山，奇袭奥地利军队。拿破仑面容冷峻，不仅完全驾驭了他那匹前脚腾空的战马，也控制了整个战势。尽管身高不足170厘米，拿破仑还是骄傲地说："我比阿尔卑斯山脉还要高！"

"拿破仑情结"指的是一些小个子男人的成就动机特别高，非常渴望成功。因为他们想要用事业上的成就来让自己在别人眼中显得高大。这样一来，即使你个子矮小，只要你足够强大，政治、文化、艺术……任何领域的任何成就都将为你带来令人瞩目的荣耀，将你衬托得高大无比。

综上，你就可以理解为什么在各种场合都能看见对身高的要求了。"越高即越好"会让别人对你形成更好的第一印象，进而帮助你获得更好的职位，甚至收获更多的财富。

当然，如果你不是很高，也可以通过努力拼搏来弥补身高的不足。当你的地位或成就变得更高时，自然就会显得高大无比。

➡ 参考文献

[1] FRIEZE I H , OLSON J E , GOOD D C . Perceived and actual discrimination in the salaries of male and female managers [J]. Journal of Applied Social Psychology, 1990, 20 (1): 46 – 67.

[2] YOUNG T J, FRENCH L A. HEIGTHS of U. S. Presidents: a trend analysis for 1948 – 1996 [J]. Perceptual and motor skills, 1998, 87 (1): 321 – 322.

[3] EGOLF D, CORDER L E. Height differences of low and high job status, female and male corporate employees [J]. Sex roles, 1991: 365 – 373.

[4] YOUNG T J, FRENCH L A. Height and perceived competence of U. S. presidents [J]. Perceptual and motor skills, 1996, 82 (3): 1002 – 1002.

[5] LUNDBORG P, et al. The height hremium in earnings: the role of physical capacity and cognitive and non-cognitive Skills [J]. Social science electronic publishing, 2009.

[6] TYRRELL J, JONES S E, BEAUMONT R N, et al. Height, body mass index, and socioeconomic status: mendelian randomisation study in UK Biobank [J]. BMJ, 2016.

[7] WILSON P R. Perceptual distortion of height as a function of ascribed academic status [J]. Journal of social psychology, 1968, 74 (1): 97 – 102.

[8] HIGHAM P A , CARMENT D W . The rise and fall of politicians: the judged heights of Broadbent, Mulroney and Turner before and after the 1988 Canadian federal election. [J]. Canadian journal of behavioural science/revue canadienne des sciences du comportement, 1992, 24 (3): 404 – 409.

11 不会花钱，会让你成为金钱的奴隶

购物可带来短暂的兴奋，却无法带来长久的快乐。购物成瘾无异于饮鸩止渴。

马云曾经说过一句话："花钱比赚钱还难！"听了这句话，很多人都想要去帮助他把钱花掉。我们都以为自己是花钱小能手。

其实我更喜欢的一句话。马克·吐温曾经说过："如果你会花钱，你就是金钱的主人；如果你不会花钱，你就是金钱的奴隶！"你可能以为，花钱总是一件快乐的事情。有些人心情低落时，就会去买买买。不是有一个词语叫作"购物疗法"吗？

你可能不相信，花钱也能让你陷入痛苦，不能自拔。我们来看看一种叫作"购物狂"的心理疾病。

"购物狂"可不是最近才有的现象。历史和文学作品中充满了著名的购物狂人，富凯、路易十六、米拉波伯爵、巴尔扎克，还有超级"剁手党"包法利夫人都是这种类型的人。在 19 世纪，心理医生就称他们为"购物成瘾"（Oniomanes）。

就像酒精成瘾的人无法摆脱喝酒的欲望，赌徒无法摆脱赌博的欲望，购物成瘾的人也无法控制自己买买买的冲动。大脑奖赏区的激活会让人们产生一种狂热的欲望，驱使人们去喝酒、赌博和购物。这时，人们就会被物品控制，失去自由。

根据克里斯坦森（Christenson）和法勃尔（Faber）等人在 1994 年的研究[1]，大多数购物成瘾患者最喜欢买的是衣服、鞋子、玩具和美容护肤品，

而且这个群体主要是女性，人数占到90%。你可能以为女性真的喜欢衣服和鞋子，所以才会患上这种疾病。事实上，她们依赖的其实不是衣服和鞋子本身，她们极度痴迷的是买到东西时的快感。然而这种快乐又能持续多久呢？

2013年，瑞金斯（Richins）调查了174名密苏里大学的学生。研究者首先根据他们的价值观把他们分为高物质主义者和低物质主义者。简单来说，高物质主义者认为金钱和物质是唯一能给自己带来幸福的东西；低物质主义者就不持有这种价值观。

研究者追踪了这些学生在购物前、购物时和购物后的情绪变化。在学期初，研究者让学生写下这个学期计划要购买的一件对自己来说比较重要的东西（买了之后至少要保留6个月），并记录了学生在购买之前和购买之后的情绪。在学期中和学期末，研究者又询问了这些学生是在哪一天买到了自己想要的东西，买到之后有多开心。

结果发现，在购物之前，高物质主义者会比低物质主义者更加快乐，他们一想到自己即将拥有某件东西，就会无比兴奋。而且高物质主义者在这个时候更加容易相信，一旦买到这件东西，他们的人生就会发生某种改变。这让他们无比期待。

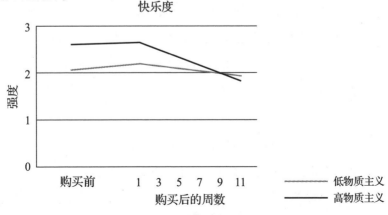

图1-2　购物的快乐会从刷卡的那一刻起断崖式下跌[2]

　　但问题是，这种快乐会从他们刷卡的那一刻起跌落谷底。高物质主义者在东西到手的那一刻就会感到空虚，而且会慢慢感到失望。因为买到这件东西似乎并没有给自己带来什么变化。比起低物质主义者，高物质主义者在购物之后幸福感下降得更快！

　　可怕的是，这种兴奋的高峰和低谷的循环会一而再，再而三地出现。高物质主义者在情绪低落时，会寻找下一个目标，再一次让自己兴奋起来。因此他们会陷入一个恶性循环，不停地买买买，却永远也买不到自己想要的幸福生活。

　　购物可以给购物成瘾患者带来短暂的兴奋，却无法让他们获得永久的快乐。他们会一直不停地购买，然而这无异于饮鸩止渴。正如《还要更多：赌博，性，工作，钱》这本书里所说，人们感到抑郁，所以试图用购物去治疗自己的抑郁，之后立即陷入更深的抑郁。

　　购物成瘾类似一种强迫性行为。这种强迫念头产生的焦虑感会在购物时得到平息，但是很快又会卷土重来。大多数有病态依赖的人都是焦虑感很重的人。他们用不停查银行账户、不停购物、不停看手机这些依赖行为来暂时缓解紧张和焦虑。购物狂、赌徒、卡奴都知道，惩罚会不可避免地到来。一旦意识到自己已经透支了却还在购买，他们就会产生犯罪感和情感颤动。有趣的是，这种犯罪感也是快感的一部分。但他们也会因此陷入一种深深的自我厌恶中。有些人在购物之后会马上远离这些"战利品"，我的一个朋友把自己买的包包都堆在衣柜最深处，好让自己不要看到。很多购物成瘾患者会把一大堆吊牌都没有剪掉的衣服藏在某个地方。购物成瘾患者从购买中感受到的是一种愉悦和厌恶混合的感觉。

　　贝尔克（Belk）1988 年的一项研究表明，我们会用购买的东西来彰显自己的身份[3]，我们满柜子的衣服、鞋子、手表、帽子，都是我们的"保护色"。

　　在罗马尼亚，懂英语的人非常少，但是可口可乐投放在罗马尼亚的广告一直都是英文的。为什么不用本地语言呢？格尔（Ger）和贝尔克研究了这个问题。他们发现，罗马尼亚消费者对西方品牌的评价非常高，他们认为西方的消费文化是一种"高地位"的象征[4]。罗马尼亚消费者的这一心理特征，让可口可乐公司放弃使用当地语言做广告，转而完全采用英文。因为罗马尼亚消费者买的不是可乐，而是"地位"，只有用纯正的英语打广告才能满足当地消费者对于身份地位等"保护色"的心理需求。

需要"保护色"的还有另外一种人，就是自我评价很低的人。这也是为什么自卑的人很容易变成购物狂。因为他们感觉不到自己的价值，而购物给他们提供了一个工具。他们在买买买中感到了自我的重要和强大，躲在物质堆砌的堡垒之下可以让自己觉得更安全。

曾经有一个中年男人来找我咨询。他老婆非常会赚钱，但是他却因为公司破产而失业，于是他就开始花很多钱买各种各样的东西。这是他不满妻子强势地位的一种发泄，把攻击性转移到了物质上面，本质上只是一种自我防御机制。

那些崇拜物质的人在"保护色"的庇护下其实并不幸福。已经有大量的研究表明，越是崇拜物质，幸福感越低。与正常消费者相比，购物狂会更多地感到抑郁和焦虑，他们也更容易患其他心理疾病，例如饮食障碍。

购物成瘾患者就像是金钱的奴隶，他们沉迷其中无法自拔。但是购物成瘾是可以被治愈的，我们有几个方法很有效。

首先是识别什么情境会让这类患者燃起购物欲望。例如，和配偶争吵之后就想要进行补偿性购物，那么就要从吵架这个源头来解决问题。

其次，需要建立起个人的价值观，让这类患者从其他途径来找到自己的价值。最后，还应该给这类患者更多的关爱，让他们拥有倾诉的对象。这样能够帮助他们找回安全感，而不是从物质上面去找安全感。

除此之外，转移注意力也是一个好办法，有强迫性购物的念头时可以去听听歌、跑跑步，做点别的事情。歌，就可以从这一首听起。

Lately I've been, I've been losing sleep

最近我总是辗转反侧，难以入眠

Dreaming about the things that we could be

对我们曾有过的愿景，浮想联翩

But baby, I've been prayin' hard

但亲爱的，我早已在内心深处祈祷着

Said no more counting dollars

祈祷自己不再迷失于金钱的追逐中

We'll be counting stars

我们可以细数满天繁星

——节选自歌曲 *Counting Stars*

表1-1 测一测，你的物质主义程度有多高？[5]

请根据你的实际情况打分，（1＝完全不同意，3＝中立，5＝完全同意）

1. 我羡慕那些拥有昂贵的房子、汽车和衣服的人。	1	2	3	4	5
2. 我通常只买我所需要的东西。	1	2	3	4	5
3. 如果能拥有一些我现在还没有的物品，我的生活将会更好。	1	2	3	4	5
4. 比起我认识的大多数人来说，我不那么重视物质的东西。	1	2	3	4	5
5. 在物质生活方面，我试图保持简单朴素。	1	2	3	4	5
6. 即使我拥有更好的物品，我的生活也不会因此而更加幸福。	1	2	3	4	5
7. 获得物质财产是生命中最重要的成就之一。	1	2	3	4	5
8. 我喜欢花钱买一些不实用的东西。	1	2	3	4	5
9. 如果我能买得起更多的东西，我会更加幸福。	1	2	3	4	5
10. 我不太强调将人们拥有物质的多寡作为他们成功的标志。	1	2	3	4	5
11. 购物能给我带来许多快乐。	1	2	3	4	5
12. 一个人所拥有的物质在很大程度上可以说明他有多么成功。	1	2	3	4	5
13. 我喜欢我的生活中有许多奢侈品。	1	2	3	4	5

计分方法：2、4、5、6、10为反向计分题目。总分越高，表示你的物质主义程度越高。

➤ 参考文献

[1] CHRISTENSON G A, FABER R J, DE ZWAAN M, et al. Compulsive buying: descriptive characteristics and psychiatric comorbidity [J]. The journal of clinical psychiatry, 1994.

[2] RICHINS M L. When wanting is better than having: materialism, transformation expectations, and product-evoked emotions in the purchase process [J]. Journal of consumer research, 2012, 40（1）: 1 – 18.

[3] BELK R W. Possessions and the extended self [J]. Journal of consumer research, 1988, 15（2）: 139 – 168.

[4] GER G, BELK R W. I'd like to buy the world a coke: consumptionscapes of the "less affluent world" [J]. Journal of consumer policy, 1996, 19（3）: 271 – 304.

[5] BELK R W. Three scales to measure constructs related to materialism: reliability, validity, and relationships to measures of happiness [J]. ACR north American advances, 1984.

12 什么样的人会变得拜金？

当我们对别人失望时，我们就会投向金钱的怀抱。

在电影《了不起的盖茨比》里面，主人公盖茨比是北达科他州的一个贫穷的农家子弟。在一个军训营里任中尉时，盖茨比与南方的大家闺秀黛茜陷入爱河。可是当战争结束他归来时，黛茜已嫁给了一位极为富有的纨绔子弟汤姆。

爱情梦碎的盖茨比艰苦创业，由一个贫穷的军官奋斗成为百万富翁。他在长岛西端买下了一幢豪华别墅，挥金如土，彻夜笙箫。

这部作品被多次搬上银幕和舞台，作者将"美国梦"里人们对金钱的追逐进行了敏锐的刻画。

那到底是什么让人们如此拜金呢？很多人可能觉得这个问题很简单，我们爱钱，是因为金钱可以帮助我们得到我们想要的东西。这是经济学家的解释。他们认为金钱的魅力在于，它是一种强大的工具。

但是心理学家发现事实并没有这么简单。首先并不是所有的人都同样地爱钱，有些人其实要比另外一些人更加拜金。其次，如果我们只是简单地把钱当作一个工具来爱，就不会出现一些已经非常有钱的人，还会为了多赚一些钱而出卖自己的灵魂。

金钱不仅仅是一个工具，甚至有心理学家把金钱比喻成一种"毒品"。那么为什么有些人会变得如此拜金呢？心理学家发现，这是因为他们对人缺乏安全感。

想象一个学步儿童。下午，孩子正在房间里玩玩具，妈妈坐在一旁陪伴着他。突然，一个客人来访，在门口敲门。妈妈离开房间，开门，和客人交谈。在没有妈妈陪伴的这段时间里，孩子会心烦、焦虑，甚至表现出巨大的哀伤和愤怒，哇哇大哭。妈妈是他来到这个世界之后最亲近的人，他依赖着她；而现在，他不知道自己的妈妈去哪里了，多久会回来，是否会回来。这种强烈的不确定带来的便是人与人之间安全感的丧失。

一系列研究表明，人们对生命中重要的人缺乏安全感时，也就是缺爱时，人们就会更爱钱。2015 年，北京师范大学的心理学教授蒋奖做了这样一项研究[1]。他们让 149 名 13 ~ 15 岁的中学生中的第一组人回忆并写下自己"被同学们排斥"的一次经历，第二组则写下自己"被同学们接纳"的一次经历，第三组作为控制组写下上周末的一件普通事件。

接下来，所有的学生都会看到一份列表，列表中有一些兴趣活动，例如绘画、阅读，也有一些社交关系，例如妈妈、朋友，还有一些物质产品，例如新衣服、钱。这些学生需要把这个清单上面能够让自己觉得开心的东西选择出来。

接着，研究人员又告诉他们："现在，你必须把你刚刚选择好的东西中的一半去除，留下你最想要的那一半。"

研究结果发现：在回忆了自己被同学们排斥的经历后，学生们更多地选择了物质产品来让自己开心。他们不仅一眼就相中了这些物质产品，而且，当需要删掉一半时，他们也更加愿意保留物质产品。衣服、球鞋、钱是他们无法割舍的快乐。当人们被他人遗忘，被同伴孤立，金钱、物质便成了人们唯一的救命稻草。

明明缺失的是他人的爱，为什么人们要寄希望于冰冷的物质产品？

来自曼彻斯特商学院的伊沙克生（Isaksen）和罗珀（Roper）教授在 2012 年对超过 100 个年龄在 15 ~ 16 岁之间的英国青少年进行了采访[2]。采访以 6 人小组的形式进行，经过 50 ~ 60 分钟的交流，研究者发现：拥有多少零花钱、多少好玩的东西深深地影响着青少年的自尊。在青少年的世界里，你拥有怎样的东西就决定了你是怎样的人，而你是个怎样的人就决定了你会被这个团队排斥或是接纳。因此，当青少年被同学们排斥时，他们能想到的第一个解决办法就是通过物质产品获得自我价值感。最新流行的帆布鞋、名牌的书包，有了这些东西，即使没有友谊，也能感觉自己是一个有价值的人。

就像盖茨比在失去黛西之后对财富的追求：购买豪宅，添置豪车，夜夜笙歌。他将物质主义发挥到了极致，就是为了证明自己的价值。

在经历人际关系的分崩离析之后，人们会表现出对金钱的追求，这是人类的一种补偿机制。人类一生都在对安全感进行孜孜不倦的追求。当人际关系不能满足这一点时，人们就会去找别的东西——物质产品的意义便凸显出来。它们没有生命，完全受到主人的控制。人们非常确定：它们永远听命于自己，永远不会像其他人那样抛弃自己。就像婴儿断奶之后用的安慰奶嘴一样，根本就没有营养，但是婴儿还是拼命吸吮奶嘴，因为这让他觉得安全。在某种程度上，婴儿对安慰奶嘴的依恋跟成年人对金钱的依恋非常相似，金钱就是成年人的奶嘴。

2012 年，来自美国堪萨斯大学的基费尔（Keefer）教授等人发表在《实验社会心理学杂志》上的文章汇报了这样一项研究[3]：参与实验的一群大学生被分为四组，第一组被要求写下最近发生的在自己特别需要帮助时，亲近的人让自己大失所望的三件事情；第二组被要求写下在自己特别需要帮助时，最亲近的人陪伴在身边的三件事情。

接着，这些大学生填写了"物质依恋程度"测量问卷。问题如"我可以从拥有的东西上面获得安慰、鼓励或者安全感"，"当我不能拥有什么东西时，我觉得自己很脆弱"。

研究者发现：当人们想到在自己最需要支持的时刻，最亲近的人却不能及时出现时，便对物质表现出了更高程度的依恋，平均分为 3.16（满分为 4分）；如果人们回想起的是亲近的人在自己最需要的时刻也恰好在场的情景，他们的物质依恋得分降低了很多，只有 2.66 分。这一实验再次表明，当人们无法在亲密关系中获得安全感时，物质便成了他们的依靠。就像亦舒在《喜宝》中说的："你要很多很多的爱。如果没有爱，那么就很多很多的钱。"

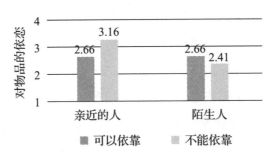

图 1－3　四组被试者对物品的依恋程度（分数越高，表示对物质的依恋越强烈）

当我们的社会关系破裂时我们更看重金钱，但是金钱真的可以缓解社会关系破裂造成的痛苦吗？我们在 2009 年做了这样一项研究[4]，让一组大学生数 80 张 100 元面值的人民币，而另一组大学生需要数 80 张同样大小的白纸。

接下来，这些大学生在电脑上玩了一个抛球游戏，每个大学生都跟另外两个玩家玩抛球游戏。结果玩着玩着，另外两个玩家开始互抛，再也不把球传过来了。这就跟小时候别的小朋友不肯跟自己玩了一样，人们受到了深深的伤害。结果发现，被队友孤立会让被试者心情变差，而且自尊水平也明显下降。

但有趣的是，如果在遭遇排挤前这些人数的是钱，那么排挤就不再会产生负面影响。也就是说，想到金钱，人们会不在意被别人排挤，而且自尊心也不会受到伤害。金钱能够抵御人们在破裂的人际关系中遭受伤害。

金钱可以保护你不受别人的伤害，但是对金钱的爱也会损坏你的人际关系。因为金钱会让你觉得社会关系并不重要，从而让你不愿意花时间和精力去维系重要的亲密关系。来自美国杨百翰大学家庭生活学院的迪恩（Dean）教授等人在 2007 年调查了 600 名已婚夫妇，他们研究发现，夫妻当中一方越爱钱，他们的婚姻满意度越低[5]。犹如披头士乐队的歌曲中所唱的那样："钱买不到我的爱。"对钱的爱会伤害到真正的爱。

当人们没法得到爱时，就会转而更加爱钱。那么你可能想问：如果给人们以爱，人们真的就能摆脱金钱的诱惑吗？的确是这样的。

说起那些爱财如命的人，你脑海里浮现的画面总是一些很小气的人。让他们请客很难，找他们借钱很难，他们有时对自己都斤斤计较。老葛朗台拥有万贯家财，却依旧住在阴暗、破烂的老房子中。这是因为钱对于他们来说太重要了，以至于撒手把钱送出去会让他们感到一股真切的痛苦，这就是心理学家常说的"支付的痛苦"（the Pain of Payment）。但是，爱能改变这个毛病。

我们在 2015 年做了这样一项研究[6]。在一家购物商场的门口，我们随机找了 80 名刚刚采购完的消费者。首先，我们让其中一半的消费者写下 3 个曾经给予他们支持的人的名字，这些人给过他们帮助、指导；另一半的消费者则写下 3 个他们喜欢的名人，例如历史人物、明星等。这样，一半的消费者会由于想到了那些关心、帮助过他们的人，觉得自己被关爱着，而那些想到名人的消费者则没有这样的感觉。接着，我们问他们："此时此刻，你觉得钱对你来说有多重要？"他们可以按 1～10 分对钱的重要性进行打分，分数越高，就意味着他们觉得钱对他们而言至关重要。最后，我们让他们按 1～10 分对此刻感受到的花钱后的痛苦进行评价，分数越高，则表明他们对于刚刚在商场里的消费越感到后悔、焦虑、痛苦。

结果发现，那些感受到了人际温暖的人并不觉得花出去的钱让他们有多么痛苦，分数为 5.10 分，而那些没有感受到社会支持的人，却在这个问题上给出了 6.75 的平均分。

这是为什么呢？"金钱重要性"给了我们答案。当人们感受到浓浓的爱意时，就会觉得自己是安全的、被保护的。就像被妈妈一把抱在怀里后，婴儿便不再需要安慰奶嘴了。当人们联想到那些关爱自己的人时，金钱对他们而言也不再那么重要了。他们在"金钱重要性"上的给分为 5.65 分，远低于那些联想到其他人的名字的人给出的分数（7.23 分）。而当金钱变得无关紧要时，把它花出去以购买自己需要的事物也就不会让人感到那么痛苦了。因此，爱是一张保护网，它让我们远离"金钱的陷阱"。

当人们缺爱时，会有一种不安全感，这种不安全感会点燃人们对金钱的欲望。但是，当人们拥有了爱，有勇气战胜一切时，金钱便失去了魔力。

参考文献

[1] JIANG J, ZHANG Y, KE Y, et al. Can't buy me friendship? Peer rejection and adolescent materialism: implicit self-esteem as a mediator [J]. Journal of experimental social psychology, 2015: 48 – 55.

[2] ISAKSEN K J, ROPER S. The commodification of self - Esteem: branding and british teenagers [J]. Psychology & marketing, 2012, 29 (3): 117 – 135.

[3] KEEFER L A, LANDAU M J, ROTHSCHILD Z K, et al. Attachment to objects as compensation for close others' perceived unreliability [J]. Journal of experimental social psychology, 2012, 48 (4): 912 – 917.

[4] ZHOU X, VOHS K D, BAUMEISTER R F, et al. The symbolic power of money: reminders of money alter social distress and physical pain [J]. Psychological science, 2009, 20 (6): 700 – 706.

[5] DEAN L R, CARROLL J S, YANG C, et al. Materialism, perceived financial problems, and marital satisfaction [J]. Family and consumer sciences research journal, 2007, 35 (3): 260 – 281.

[6] XU Q, ZHOU Y, YE M, et al. Perceived social support reduces the pain of spending money [J]. Journal of consumer psychology, 2015, 25 (2): 219 – 230.

13 什么样的人最容易有中产焦虑?

雄性荷尔蒙越高的人越关注地位,也越容易担忧自己地位不保。

这几年出现了一种新的焦虑,叫作"中产焦虑"。胡润百富发布的《2018中国新中产圈层白皮书》显示,源于对中产身份的焦虑,中国新中产担心"不进则退"。他们担心自己拥有的金钱会缩水而导致自己从中产阶层跌落;他们有高薪、有房产,却有朝不保夕的忧虑,不敢生娃、不敢生病;担心自己会"因房返贫"或者"因孩返贫"。

资深媒体人肖锋认为,中产阶级风光的背后其实还有"中残"的一面,而这一面往往被大家所忽略。他在《财经奇咖说》中这样说:"现在我们讲的五子登科,是车子、房子、儿子、票子和位子。对于中产而言,这五子每一科都不能挂科,哪一科挂科了都会变成中残。"任何经济形势的变化、家人健康上的变化,随时都可能让中产阶级一夕返贫,因此中产阶级确实不堪一击。

那么,什么样的人更容易产生这种中产焦虑,日夜担忧自己地位不保呢?得克萨斯大学奥斯丁分校的心理学家约瑟夫斯(Josephs)、塞勒斯(Sellers)和巴德学院的心理学家马修·纽曼(Matthew Newman)发现,雄性荷尔蒙会导致人们关注地位,让人们产生中产焦虑[1]。这一研究 2006 年发表在《人格与社会心理学杂志》(*Journal of Personality and Social Psychology*)上。

(1)雄性荷尔蒙越高,人们越关心地位

在一项研究中,73 位大学生参加了实验,其中有 39 名男生与 34 名女生。

研究者首先采集了他们的唾液样本，用来测定体内最主要的雄性荷尔蒙——睾酮（Testosterone）的水平。

随后，这些学生需要闯过研究者设置的四道关卡。

在第一关，一些学生被两两配对，在一个叫"看谁猜得准"的游戏中"单挑"。这个游戏的竞争性很强，并且会给学生排名，因此输了的学生会觉得"我比别人弱"，产生"我的地位低"的感觉。赢的学生则会有"我比别人强"的高地位感。另外一些学生则是一个人玩这个游戏，因此他们不会有输赢的感觉。

第二关叫作"比谁看得准"，学生们需要在一堆词语里又快又准地找出特定的词语。在其中，研究者偷偷放进去了一些比如"总统""主任"这种高社会地位的职业词语，用来测试他们潜意识里对地位的关注程度。

接下来的第三关，学生们还要完成来自 GRE（美国研究生入学考试）的10道原题，来测验他们的认知能力。

最后，所有人都需要报告自己当下的心情，是激动还是很平静。

结果发现，如果在第一关就打败了对手，那些雄性荷尔蒙水平较低的学生会更加关注自己的地位。这会导致他们的认知能力下降，表现在他们的 GRE 分数会平均降低 3.92 分。这些人在情绪上也更为亢奋。也就是说，成功，让雄性荷尔蒙低的人更加关注地位。

但是对于那些雄性荷尔蒙水平很高的学生来说，如果在第一关输给了对手，他们就会变得更加关心地位、头脑更不灵活（GRE 得分比低荷尔蒙的学生低 2 分）、情绪更亢奋。也就是说，失败，让雄性荷尔蒙较高的人更加关注地位。

对于那些一个人玩游戏，没有输和赢的学生来说，雄性荷尔蒙越高，他们越关心地位。

综合起来，这个研究表明：雄性荷尔蒙越高，人们越关心地位。而且，一个充满雄性荷尔蒙的人，如果不小心身处在较低的地位上，那么他就会非常焦虑不安。不但情绪更加低落，而且头脑也会变得更加不清楚。就像一只本应在天空飞翔的雄鹰被关到了笼子里，可能会疯狂地乱撞笼子。

（2）雄性荷尔蒙越高，人们越想追求高地位

在接下来的另外一项研究中，研究者换了一种方式来操纵人们的地位。研究者先将新招募的 17 名女生与 45 名男生按照雄性荷尔蒙水平分成两组。在被收集完唾液样本后，这些学生首先要和一个对手比赛——看谁能在 20 分钟内答对更多的 GRE 题目。其实，这个对手是研究者假扮的。在比赛前，对手会用语言影响学生的心境："哇，GRE 题目，我刚复习了一个月，这些题目对我来说太简单了！"或者是："呃，GRE 啊，我在这方面真的完全就是渣渣呢！"

这样一来，参加实验的学生们听到之后就会觉得："糟糕了，对面看起来是个高手，可能赢不了了。"或者："对手好像水平不高呢，这把有希望赢啊。"也就是，一种情况下，学生们以为自己可能会赢，另外一种情况下，学生们认为自己可能会输。

接下来，在做 GRE 题目的过程中，研究者还会监控学生们的心率和血压变化。

结果发现，雄性荷尔蒙水平不一样的学生，在听到对手"逞强"或者"示弱"之后的反应也不一样。当他们以为对手很强时，雄性荷尔蒙水平高的学生会表现不佳：他们的 GRE 成绩是 11.81 分，血压升高，心率加快。雄性荷尔蒙水平低的学生更加平常心，发挥得也更好：GRE 得分为 15.52，血压、心率也很正常。

然而，如果对手示弱，雄性荷尔蒙高的学生腰杆子就硬了，他们面对弱者，成绩更好，也更加冷静：他们的 GRE 得分提高到了 14.13，心率放缓，血压降低。有趣的是，对方示弱对于雄性荷尔蒙低的学生来说反而不是好事，

他们的 GRE 分数下滑到了 13.67，心率加快，血压升高。

这个结果说明，当雄性荷尔蒙水平高的人处于支配者的位置，也就是地位更高时，他们会更舒服：情绪更稳定，在任务中表现也更好。但是雄性荷尔蒙水平低的人在处于被支配者地位时，反而更加如鱼得水。所以，雄性荷尔蒙水平高的人更加想要让自己处于高地位，而雄性荷尔蒙水平低的人更想走上平凡之路。在人类社会，获取高地位的最主要方式是什么呢？当然是变得比别人更厉害，让别人崇拜自己！因此，人们对自己地位的焦虑，罪魁祸首就是雄性荷尔蒙。

（3）为什么雄性荷尔蒙会让人产生地位焦虑

雄性荷尔蒙是人体激素，为什么能和地位联系这么紧密呢？我们需要将目光转向非洲大草原。一群狮子正在树阴下乘凉，看起来非常安静。但是，你绝对不会想去打扰它们，特别是狮王。它看起来是体格最健壮、最有攻击性的那一个。

狮王的这些特征得益于雄性荷尔蒙的分泌。雄性荷尔蒙水平越高，生物的肌肉越结实，骨骼越健壮，也越有攻击性。1996 年，巴塞罗那公立大学的生物学家路易兹德拉托雷（Ruiz-de-la-Torre）和曼特卡（Manteca）发现，给小羊羔注射睾酮，会让它更喜欢和同伴打架[2]。在动物界，"打架厉害"就意味着能更容易捕捉到猎物，对抗天敌时更有优势，也更不容易被同类欺负。这么厉害的基因，当然不容易被自然选择淘汰，更需要被传承下去。于是，雄性荷尔蒙水平较高的生物，就在族群中获得了更多异性的青睐，也获取了更高的地位。

人类社会其实也是如此。特别是男性，会通过攻击行为抢夺他人的资源，或者防止自己的资源被抢走。而雄性荷尔蒙水平高的男性，身体更加强壮，能表现出更强的攻击性、支配欲和控制欲，在资源抢夺战中也更容易出人头地。小到斗殴，大到战争，那些勇猛作战的人们（绝大多数是男性）总是能获得更多的荣耀、地位与女性的青睐。在当代社会，职场就是新的战场，其中的佼佼者也经常是那些雄性荷尔蒙水平高的人。佐治亚州立大学的心理学家达布斯（Dabbs）教授等人研究了一群律师，他们发现这些律师当中，雄性荷尔蒙水平高的人通常地位也会更高[3]。

有趣的是，不止男性律师，女性律师的雄性荷尔蒙水平越高，她们的地位也越高。这是为什么呢？因为虽然女性的雄性荷尔蒙水平只有男性的1/20，但是科学家依然发现，她们血液中的睾酮含量也会与攻击性行为有正相关关系[4]。多数情况下，女性的攻击方式比男性要文明许多，她们会采取社交攻击，而不是暴力攻击。宫斗剧里的各种花招就源于此。但是我们也能看到《权力的游戏》里一些女性角色，更加反传统，也善用暴力攻击，例如，龙女就摧毁了整座城市以图霸业。

在人类社会中，雄性荷尔蒙水平高的人攻击性更高，从而导致他们社会地位也更高[5]。就像《权力的游戏》中的龙女，她一心想要坐上铁王宝座。一旦遇到挫折，被人蔑视，她就会变得头脑不清楚，反而容易做出不明智的举动。这跟前面实验里那些雄性荷尔蒙水平高的学生一样，在遇到对手趾高气扬时，会自乱阵脚，表现一落千丈。

而如果雄性荷尔蒙水平低的人身居高位会发生什么呢？大概就跟《权力的游戏》里的雪诺一样，明明可以权倾天下，却头脑发热捅死了龙女，从而导致自己只能被流放去边境长城。

有一句话叫"当你的才华支撑不了野心时，你就该认真学习了"。但看完了这些研究，我们应该说："当你的地位支撑不了荷尔蒙时，你就该努力奋斗了。"在一些公司中，领导总会给员工"打鸡血"，让他们激情澎拜，目的就是激励员工分泌出更多的雄性荷尔蒙，让他们不甘人后，拼命工作。

参考文献

[1] JOSEPHS R A, SELLERS J G, NEWMAN M L, et al. The mismatch effect: when

testosterone and status are at odds [J]. Journal of personality and social psychology, 2006, 90 (6): 999.

[2] RUIZ-DE-LA-TORRE J L, MANTECA X. Effects of testosterone on aggressive behaviour after social mixing in male lambs [J]. Physiology & behavior, 1999, 68 (1-2): 109-113.

[3] DABBS JR J M, ALFORD E C, FIELDEN J A. Trial lawyers and testosterone: blue-collar talent in a white-collar world 1 [J]. Journal of applied social psychology, 1998, 28 (1): 84-94.

[4] GRANT V J, FRANCE J T. Dominance and testosterone in women [J]. Biological psychology, 2001, 58 (1): 41-47.

[5] BUSS D M. Conflict between the sexes: strategic interference and the evocation of anger and upset [J]. Journal of personality and social psychology, 1989, 56 (5): 735.

14　贫穷限制想象力，有钱会限制"视力"

有钱可能会让你"视力"变差，忽视他人的存在，仿佛这个世界就只有你一个。

我们经常说"贫穷限制了我们的想象力"。其实有钱也会限制我们的视力。

狄更斯的小说《双城记》中描绘了这样一幕：

那些王公贵族，时常在没有人行道的狭窄街道上驱车乱撞，野蛮地危害小老百姓，使他们致伤致残。侯爵的马车当街压死了一个穷人的孩子，他一面破口大骂人们没有管好自己的孩子，一面从车里抛出一枚金币。"好像偶然打破一件平常东西，已经赔了钱就够抵偿了似的。"

王公贵族驱车行驶时，仿佛看不到路人的存在。接下来我要讲述的一系列研究就是基于这个主题：有钱，会让你更加"目中无人"。

2016 年，纽约大学心理学家迪亚兹（Dietze）和诺尔斯（Knowles）找了 61 名纽约市民，让他们戴上新潮的谷歌眼镜走过曼哈顿街头。研究者分析了谷歌眼镜的影像记录，他们想要知道：人们在街头走路时是否会把目光投向路上的其他行人。结果发现，有钱人对路上的其他人根本视而不见。也就是说，他们看路人的时间要比穷人看路人的时间更短。有钱人会更加"目中无人"，只有穷人才会去花更多的时间关注别人。明明是在同一条街上走路，有钱人和穷人却好像是生活在不同的世界一样。

接下来这个团队又做了一项实验，他们招募了 397 个人来玩一个类似"大家来找茬"的游戏。每个人首先会看到一张图片，这张图片里面包括六种东西：一张人脸和其他五件物品。对着这张图片观看 0.5 秒之后，就会出现一张新的图片。新图片跟旧图片类似，只是六种东西中的一种变成了新的物品。这时观察者需要判断出新图片和旧图片的不同之处是什么。实验结果发现，如果新图片和旧图片之间的不同之处是人脸，那么有钱人就很难发现两张图片的差异。也就是说，穷人会对人脸有更多的关注和记忆，但是有钱人就不太注意别人的脸。

图 1 – 4　"大家来找茬"实验素材，这两张图中人脸被换掉了[1]

这其实是一个很奇怪的现象。因为通常情况下，人们对别人的脸特别敏感。相对于看到其他东西来说，看到一张脸会让人们的大脑更加兴奋，记忆也会更强。有很多研究发现，出生几小时甚至几分钟的婴儿都会更多地看别人的脸而不是其他东西。

例如，1996 年意大利帕多瓦大学的瓦伦扎（Valenza）等人给出生约 3 小时的 20 个婴儿看了两张图，一张图是比较像人脸的样子，用三个黑方块表示嘴巴和两只眼睛，另一张图把眼睛和嘴巴的位置颠倒过来，就不像人脸了。婴儿坐在实验人员的大腿上，在距他们 20 厘米远的屏幕上会同时出现这两张图片，屏幕后的摄像机会记录下婴儿的眼睛到底在看向哪里。结果发现，当婴儿第一次盯着人脸图片看时，平均看了 8.8 秒才去看别的东西，而第一次把目光投向非人脸图片时，他们平均只看了 2.6 秒就去看别的东西了。

我们刚刚来到这个世界时就会对面孔有更多的关注，这是与生俱来的本能。然而当我们有钱以后，似乎就忘记了这个习惯。金钱仿佛拥有改变人们"本性"的力量，让有钱人更加"目中无人"。

图 1-5　实验中使用的比较像人脸的图片（左）和不像人脸的图片（右）[2]

还有一些研究发现，金钱不但会让人们变得"目中无人"，无视别人的存在，还会让人们变得以自我为中心，拒绝站在他人的角度考虑问题。

美国西北大学的亚当·加林斯基（Adam Galinsky）和他的合作者曾经做过一个"额头画 E"的实验，想要看看社会地位高的人到底能不能站在别人的角度思考问题。有下面这样两种画法，按左边的画法，别人根本看不懂；要想让别人看懂，就要像右边这样去画。也就是说，左边的画法是以自我为中心的体现，右边的画法是站在别人的角度思考的表现。你会怎样画这个 E 字呢？

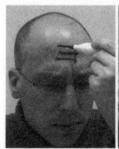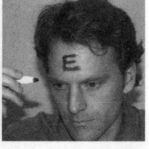

图 1-6　左边的画法是以自我为中心的体现，右边的画法是换位思考的体现[3]

在这项实验中，研究者让大学生们想象自己有权有势或者无权无势，之后让这些学生在自己的额头上画一个 E。结果发现，把自己想成有权有势之后，学生就变得更加以自我为中心，更有可能会画一个别人看不懂的 E。

为什么有钱人不会换位思考，更加"目中无人"呢？当缺乏资源时，我们关注他人是因为跟他人的关系对我们来说至关重要。他人可能对我们造成伤害，但是也可能联合起来保护我们，给我们带来益处。但是如果我们有钱有地位，他人对我们来说就没那么重要了。

在金钱的武装下，人们的内心会变得足够强大，觉得没有必要浪费时间去关注他人，因为他人微不足道。这样一来，金钱会让人们更加不关注他人，更加不愿意站在他人的角度想问题。有了钱，我们看到的世界也会变得不一样。

参考文献

[1] DIETZE P, KNOWLES E D. Social class and the motivational relevance of other human beings: evidence from visual attention [J]. Psychological science, 2016, 27 (11): 1517 – 1527.

[2] VALENZA E, SIMION F, CASSIA V M, et al. Face preference at birth [J]. Journal of experimental psychology: human perception and performance, 1996, 22 (4): 892.

[3] GALINSKY A D, MAGEE J C, INESI M E, et al. Power and perspectives not taken [J]. Psychological science, 2006, 17 (12): 1068 – 1074.

15 "口红经济"的励志理由

经济不好时女性更爱购买化妆品，这不见得是为了取悦男人，更可能是在表达自己的价值。

有一种现象很奇怪：在经济形势不好，工资缩水，失业率上涨时，女性反而会更管不住手，买口红、买眼影、买新衣服。一些经济学家将这种反常的"口红经济"视作人类不理性消费的又一个例子。明明经济不景气，少花钱才是最理性的做法。但是心理学研究却发现，她们这么做可有一个十分励志的理由。

时间拨回到 2008 年。那时，金融危机波及了全世界。但是，美妆行业的龙头企业之一，巴黎欧莱雅却惊奇地发现：他们当年的营业额不但没有缩水，反而增长了 5.3%。西方记者将这一反常的现象命名为"口红效应"。德州基督大学的心理学家希尔（Hill）教授和她的研究团队用实验的方式，证实了"口红效应"的存在。他们发现，女性对经济危机产生焦虑时，就会更想要购买化妆品[1]。相关研究 2012 年发表在《人格与社会心理学杂志》（*Journal of Personality and Social Psychology*）上。

他们招募了 154 名学生来参加实验，其中女学生有 82 名，男学生有 72 名。他们首先需要阅读一篇文章。一半学生会看到《纽约时报》关于 2008 年金融危机的报道，这样，他们就会产生对经济危机的焦虑。而另一半学生看到的是《华尔街日报》上一篇介绍当代建筑风格的文章，这些学生的情绪没有被影响。然后，研究者会给学生们看两类商品，一类是能够让他们看起来更帅气/美丽的衣服或化妆品，比如男生的紧身牛仔裤和女生的口红。而另外一类只是普通的日用品（鼠标、订书机等），和个人形象没多大关系。学生们需要向研究者汇报他们有多想买这些东西。

结果发现，看到经济危机的新闻之后，男学生对所有商品的购买意愿都有所降低，他们停下了买买买的手。然而对女学生来说可不是这样。没读到经济危机新闻时，她们对普通日用品的购买意愿是3.98分（满分为7分），对美妆产品的购买意愿是4.97分。阅读了经济危机新闻之后，她们对日用品的购买意愿下降至3.47分，但是对美妆产品的购买意愿反而大幅上涨，达到了6.19分。这意味着，经济不景气时，女性反而会买更多的美妆产品。

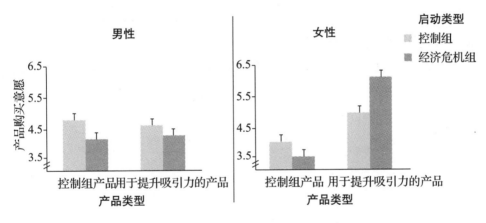

图1-7 经济危机对不同类型商品购买意愿的影响[1]

为什么经济危机来临时，女性不但不省钱，反而更爱花钱打扮自己呢？希尔教授和她的研究团队猜测，这是因为经济危机时，女性觉得自己需要加强魅力，来获得经济支持。当我们的老祖先还在非洲大草原披着兽皮撒欢时，就遇到过那个年代的"经济危机"——旱季。由于生理结构的差异，旱季时女性原始人要依靠身体强壮的男性原始人，才能获取足够的食物。而男性原始人喜欢帮助什么样的女性原始人呢？当然是长得漂亮的。所以，研究者提出，在经济形势不好时，女性需要用美貌吸引经济状况较好的男性，所以更加青睐购买化妆品。

但来自博科尼大学的内特查耶娃（Netchaeva）教授和美国圣母大学的里

斯（Rees）教授提出了不同观点：当代社会不是非洲大草原，在现代社会，传统的性别分工被打破，越来越多的女性走出家门，走上各行各业的工作岗位，靠自己的努力奋斗养活自己。如果真的有经济危机，女性也完全可以不依靠男性，靠自己的双手生存下去[2]。

那么内特查耶娃教授和里斯教授怎么解释"口红效应"呢？他们认为，对女性来说，美丽不但可以吸引异性，而且可以帮助自己取得职业成功。来自哈佛医学院的心理学家埃特考夫（Etcoff）教授和他的研究团队曾经做过一项实验，发现人们会认为化了"自然妆"或者"职业妆"的女性有更强的工作能力，并且，妆化得越好看，人们越觉得这名女性能力强。长得美，在职场上就能顺风顺水[3]。因此，内特查耶娃教授和里斯教授认为，经济形势不好时，女性买化妆品，不是为了吸引男性，而是为了让自己在职场竞争中更有优势。他们的研究 2016 年发表在《心理科学》（*Psychological Science*）上。

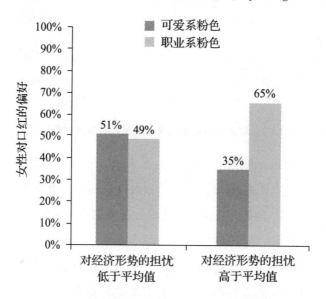

图 1-8　对经济形势的担忧影响了女性购买口红的偏好

内特查耶娃教授和里斯教授募集了 104 名女性，用实验来证明自己的解释。这些女性首先需要汇报自己对当前经济形势的看法：明天的经济会更好，还是会更差。随后，研究者会给这些女性推销两种口红。一种口红主打的是"吸引男性的可爱粉色"，它的广告词是"这支口红，它不能让你升职加薪，却能让你拿下梦中情人"；而另一种口红是强调"提升工作能力的职业粉色"，它的广告词是"有了这支口红，你也许会错过爱情，却能让你升职加薪"。参加实验的女性需要告诉研究者，自己更想买哪一款口红。

结果发现，那些对经济形势不怎么担忧的女性，对两种口红的选择基本是五五开，选择"升职加薪"与"吸引男性"口红的人数，分别占49%与51%。但是，那些觉得经济形势会变差的女性，选择"升职加薪"口红的人数达到了65%，选择"吸引男性"口红的女性则只有35%。也就是说，在面对经济压力时，女性更倾向于通过化妆提高自己在职场上的竞争力，而不是吸引高收入的男性。这完全推翻了希尔教授之前关于女性依靠男性的假说。

所以，如果有这样一位女性，明明今年经济形势不好，她却还在化妆品上花了很多钱，那有可能是她在投资自己。女人的打扮，不见得一定是为了取悦男人，更有可能是在表达自己的价值，向世界表达一个态度："我是一个优秀的女人，我配得上更好的生活！"

参考文献

[1] HILL S E, RODEHEFFER C D, GRISKEVICIUS V, et al. Boosting beauty in an economic decline：mating, spending, and the lipstick effect [J]. Journal of personality and social psychology, 2012, 103（2）：275.

[2] NETCHAEVA E, REES M K. Strategically stunning：the professional motivations behind the lipstick effect [J]. Psychological science, 2016, 27（8）：1157－1168.

[3] ETCOFF N L, STOCK S, HALEY L E, et al. Cosmetics as a feature of the extended human phenotype：modulation of the perception of biologically important facial signals [J]. PloS one, 2011, 6（10）：e25656.

<u>16</u> "运气投资"，你可以试试花钱做善事

想要幸运之神眷顾你，你可以试试这样花钱。

锦鲤横行朋友圈，已非一两日。"中国锦鲤""高校锦鲤""地方锦鲤"……他们欢快地在社交软件上"游来游去"。

我们似乎相信有运气这件事，相信有一些行为能够给我们带来好运，而有一些行为会招致厄运。

前 NBA 球星贾森·基德（Jason Kidd）在罚球前总是会摸一下自己的屁股然后对篮筐飞吻，以期投篮入筐。

网球名将拉斐尔·纳达尔（Rafael Nadal）会在场边摆放两个水瓶，水瓶的商标必须冲着他所在一边的底线。

阿姆斯特丹自由大学的心理学教授保罗·范·兰格（Paul van Lange）等人 2006 年发表于《应用社会心理学期刊》（*Journal of Applied Social Psychology*）上的一项研究，对 197 位来自足球、排球、曲棍球俱乐部的顶级运动员进行了问卷调查[1]。这项研究发现，比赛越是重要，越是需要好运气，运动员们就越是迷信。

哈佛大学的艾伦·兰格（Ellen Langer）教授将这些奇怪的迷信行为比喻为心理安慰剂。它们让运动员觉得自己能够控制自己的运气。足球教练米卢每逢重要比赛就穿上红上衣，他似乎觉得：只要我穿上红色的衣服，我的球队就能拥有好运气，球员们就能在比赛中稳定发挥，获得胜利。"锦鲤"背后，是人们内心按捺不住的对好运气的渴望。

有趣的是，研究发现，我们还有一种方式来"存运气"，那就是花钱做

善事。

2012 年，弗吉尼亚大学的心理学教授本杰明·匡威（Benjamin A. Converse）对此进行了研究[2]。

在一个真实的招聘会上，挤满了焦虑的寻找工作的毕业生。匡威教授找了 77 名正在找工作的人，让他们填写一个问卷。一半的人填写的问卷是"高控制"版，问卷中的问题都是引导他们去思考那些自己能够控制的事情。例如，为了进入心仪的公司，你能不能多打听一下这家公司的文化？你能不能找到他们的面试流程？你能不能找到一些在公司就职的学长或学姐进行咨询？

而另外一半的人看到的问卷是不一样的版本，里面包括的问题都是引导他们去想那些无法控制的事情。例如，你心仪的公司有没有足够的工作岗位？今年的就业形势如何？你会不会遇到强劲的竞争对手？面试官今天的心情如何？

回答了第一份问卷的人，觉得自己能在某种程度上控制找工作这件事。但是回答了第二份问卷的人，觉得找工作这件事不是自己能够完全控制的，光是努力不见得有用，还需要运气。

填写了问卷之后。研究者告诉这些人，会在所有参与者中间抽取一个人来获得 100 美元的奖励。这些人需要回答，如果自己中了 100 美元，愿意捐多少钱给一个慈善机构。

结果发现，那些觉得自己可以控制结果的人，仅仅愿意拿出 20.71 美元给慈善机构。而当人们意识到找工作需要运气时，就会变得更加乐善好施，捐款金额上升到 34.57 美元。也就是说，人们愿意花钱买运气。人们觉得自己花钱做善事，就好像往运气账户里存钱一样。这就是我们经常说的"每逢大事攒人品"。

那么，为什么人们会觉得做善事就能够增加自己的运气呢？这种心态反映了一种"善有善报"的美好愿景。善良的灰姑娘最终嫁给了王子，而恶毒的继母和姐姐受到了应有的惩罚；奥特曼会打败怪兽；夜王最终还是被艾娅一刀击溃……无论是童话故事还是现实世界，"好人有好报、恶有恶报"的信念已深深地根植于人们的心中，人们愿意相信这是一个公平公正的世界。

1980 年，美国心理学家梅尔文·勒纳（Melvin J·Lerner）提出了大多数人"相信这世界是公平的"（Belief in a Just World）[3]。最开始引发这个想法的是这样一个现象：人们总是会对受害者做出不好的评价。例如，穷人之所以穷是因为他们懒惰。这种信念显然不一定正确。

当这种信念遭到破坏时，人们会觉得很难受。还记得电影《复仇者联盟3》吗？反派角色"灭霸"一个响指，一半的超级英雄都化成了灰烬。这样的剧情几乎遭到了影迷的强烈批判，他们完全无法接受这样的结局，煎熬地期待下一部电影能够出现剧情反转。

我们相信，善良的人会被善待，作恶的人迟早会得到惩罚。这样的信念让我们有一种安全感。要是这个信念崩塌，那么我们该怎么生活呢？因此大多数人为了维持自己的心安，都会相信"善有善报，恶有恶报"。我们看到一个人遭遇不幸，就会试图去解释，这可能是因为他过去造了什么孽；我们看到一个人很幸运，就会试图去解释，这是因为他的祖宗积累了福报。事实上，我们不光会这样去解释别人的好运气和坏运气，也会用同样的方式来解释自己的好运气和坏运气。

来自韦仕敦大学的米歇尔·卡兰（Mitchell J. Callan）教授在 2009 年做了这样一项实验[4]。他告诉 156 个参与实验的大学生，由于这项研究非常有趣，报酬非常可观，吸引了很多大学生参与，已经达到了人数上限。因此他只能从中挑选一部分人来参加这项实验。那些学号后 3 位加起来是奇数的人可以参加实验，而后 3 位加起来是偶数的人则需要退出实验。

这样一来，被选中的人觉得自己更幸运，而没有被选中的人觉得自己不太幸运。

接着，不管选中没选中，所有的大学生都需要写下一些自己做过的好事或者坏事。比如，捐钱给一个流浪汉，在背后说同学的坏话，等等。

结果发现，那些被选中的人能够回忆起更多自己做过的好事，而没被选中的人则回忆起了很多自己做过的不道德的事。"好人有好报"这一信念又在发挥作用，它扭曲了人们的记忆，让幸运的人觉得自己的幸运就是因为之前做了好事，让不幸运的人把不幸运归结于自己以前做过的坏事。

人们坚信"好人有好报"，因此在极度渴望运气女神眷顾时会愿意花钱做善事。匡威教授将这种行为比喻成一种"运气投资"，此刻的善良付出，会换来好运。问题是，做了善事之后人们真的会预测自己的运气变好吗？

研究者再次来到一个大型招聘会现场，找了 327 位正在找工作的人。他让其中一部分人相信自己参加这个研究之后，研究者就会用他们的名义捐 50 美元到一个慈善机构。然后又让他们预测一下自己顺利找到一份心仪的工作的可能性有多大。也就是测量这些人找工作的乐观程度。

结果显示，那些认为自己刚刚做了善事的人，会变得更加乐观，他们更加相信自己能够顺利获得一份好工作。

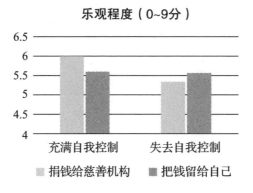

图 1 - 9 人们对于自己工作前景的乐观程度（分数越高，表示越乐观)

当你对未来感到忐忑不安时，当你急需一些好运气时，除了祈祷，你还可以做点善事，积攒一些运气。虽然这样不一定真的可以带来好运气，但是起码会让你晚上睡得更加安稳。就像把钱存到账户里可以带给你安全感一样，把运气存起来也会让你觉得信心满满，更加乐观地面对未知的未来。

参考文献

[1] SCHIPPERS M C, VAN LANGE P A. Superstition as a psychological placebo in top sport [J]. Journal of applied social psychology, 2006, 36 (10): 2532 – 2553.

[2] CONVERSE B A, RISEN J L, CARTER T J. Investing in karma: when wanting promotes helping [J]. Psychological science, 2012, 23 (8): 923 – 930.

[3] LERNER M J. The belief in a just world : a fundamental delusion [J]. Contemporary sociology, 1982, 11 (2).

[4] CALLAN M J, KAY A C, DAVIDENKO N, et al. The effects of justice motivation on memory for self- and other-relevant events [J]. Journal of experimental social psychology, 2009, 45 (4): 0 – 623.

17　面对死亡，你可以用金钱来降低焦虑

你怕死吗？在枕头底下放点现金会让你更安心。

如果我问你，这个世界上哪些人更怕死？你脑海中闪现的第一个答案是不是那些更有钱的人？想想电影《泰坦尼克号》里乘坐小船仓皇而逃的未婚夫卡尔，想想敛财无数的和珅临死前的自怨自艾，贪慕钱财和贪生怕死常常被放在一起。似乎在大家眼中，有钱人总是特别惜命。

但是，接下来介绍的研究却要告诉我们，与直觉相反，金钱会让人更加不怕死。这是真的吗？

死亡原本离我们非常遥远，可是有一天，亲人朋友意外患病的讯息，新闻里播报的某次山洪灾难，文学作品里虚构的离世……传递到我们眼前时，我们会突然意识到，对于自己以及世界上的任何人，死亡都是不可避免的。想到这一点，我们总会难以抑制地难过。我们努力地生活，却也不过是宇宙中的沧海一粟。如何抵御死亡？如何缓解死亡带来的焦虑？我们可能想不到的是，可以用金钱来降低死亡焦虑。

2018 年 9 月，来自《实验社会心理杂志》（*Journal of Experimental Social Psychology*）的研究发现：金钱可以抵御我们在死亡面前的无助与焦虑，防止我们产生更多与死亡相关的念头[1]。

作者是来自波兰华沙社会科学及人文学院的阿加莎（Agata）与美国威斯康星大学麦迪逊分校的托马斯（Tomasz）、菩林（Pelin）。他们招募了 76 名波兰人参与实验，这些人平均年龄为 36 岁，被平均分为四组。

首先，一半的人被引发了对于死亡的恐惧与焦虑。他们会看到一些句子，

例如"我很害怕死去"。另外一半的人作为对照组，也会看到一些描述其他焦虑体验的句子，例如对于牙医的焦虑，"我很害怕看牙医"。完成这项任务后，一半的人产生了对死亡的焦虑，另外一半的人产生了对牙医的焦虑。

接下来，研究者让这些人观察一张图片。每个人有 30 秒的时间观察图片并记住图片细节。而且这些人得知他们之后会被问到跟图片有关的问题，所以需要认真观察。不同的是，一半的人看到的是一张波兰钞票的图片，另一半的人看到的是一张和钞票相同大小的普通图片。

看完图片之后，研究者首先测试了一下，他们现在是否还会想着死亡这件事。怎么测试呢？研究者让所有人完成一份填补单词的波兰语测试，经过设计，其中的 9 道题目可以反映他们对死亡的恐惧。例如，T R _ _ _ A 可以被回答成 Tratwa（皮艇）或者 Trumna（棺材）。如果他们在这一题写下的是 Truma，则表明和死亡有关的想法仍然萦绕在他们心头。研究者对所有人写出的单词进行了统计，他们填写跟死亡相关的词汇越多，就表明他们现在更容易想到死亡。

结果发现，如果这些人在第一项任务中回答的是自身对死亡的焦虑，那他们在第二项任务中写出的与死亡相关单词就越多，平均为 2.42 个，而牙医控制组平均只写出 1.16 个。这个结果也很正常。

重要的是，那些在第二个任务中仔细观察过波兰钞票的人，不管在第一项任务中回答的是对死亡的焦虑还是对牙医的焦虑，他们在第二项任务中写出的与死亡相关的单词都很少，分别为 0.58 个和 0.84 个。

也就是说，看到金钱会让人们忘掉死亡。

研究者解释道，这就是金钱的魅力。除了用于交易，金钱其实充满了象征意义，它强大，它无所不能，它能建造起高楼大厦。以至于有时我们仅仅是看到它或者想到它，都能从中汲取力量。受到金钱的激励，我们会获得自我效能，相信自己，相信自我的存在是有价值的。而之前已经有很多研究都表明，当我们相信自我有价值时，我们就不太会想到死亡了。

　　如果你感到焦虑不安，如果你对生活没有安全感，那么或许你应该在枕头底下，放一些钱。我爷爷这样经历过战乱的人，常会在床底下放一根金条。

➡ 参考文献

[1] GASIOROWSKA A, ZALESKIEWICZ T, KESEBIR P. Money as an existential anxiety buffer: exposure to money prevents mortality reminders from leading to increased death thoughts [J]. Journal of experimental social psychology, 2018, 79: 394－409.

金钱与社会生活

第二章

金钱在一定程度上支撑起了人类文明，与人情构成了这个社会，但我们需要的还有很多别的东西，理想、权利、欲望、控制、爱情。

01 你是不是朋友圈里最穷的人？

看看朋友圈，你会不会觉得很多人比你有钱？他们买着你买不起的衣服，在你觉得很贵的餐厅就餐。

猜猜看，你所在的城市里面，有多少人比你更有钱？你会不会觉得身边的很多人都比你有钱？

不光你是这样，大多数人都有这个感觉。来自英国埃塞克斯大学的威廉·马修斯（William J. Matthews）教授在 2016 年的一项研究揭示了这个现象[1]。研究者招募了 190 个年龄在 18～67 岁之间的人，让他们估计一下，在这次参与实验的人当中，有多少人比自己有钱，又有多少人比自己更穷。

结果，大多数人觉得比自己有钱的人更多。他们估计有 59.1% 的人比自己有钱，他们觉得比自己穷的人只有 37.1%。参与这次实验的有年轻气盛的大学生，有历经人间百态的花甲之人，也有三十而立的壮年之人，可他们都觉得自己的钱不如其他人多。

我们为什么会错误地以为别人比自己有钱呢？一个原因是，我们经常看到和听到有钱人的新闻和消息。我们的朋友不会把自己节衣缩食吃泡面榨菜的照片分享到朋友圈，但是买了新车新房却会迫不及待地要让大家知道。另一个原因是，新闻记者喜欢报道有钱人的生活。媒体往往会花费大量篇幅描述其奢侈消费的行为，所以我们总是在新闻里听到那些富二代一掷千金的故事。

长此以往，就给我们造成了一个印象，那就是有钱人很多，穷鬼似乎只有自己一个。如果让我们想一个比自己有钱的朋友，我们可以一下子想起很多个。但是如果让我们想一个比自己穷的朋友，我们就需要绞尽脑汁才能想出来了。

这种很容易提取有钱人信息的记忆库就会让我们误以为身边的有钱人很多。

我们之所以会认为别人比较有钱，除了有钱人的信息更加泛滥以外，还有一个原因是社会比较。我们对事物的认知往往是相对的，是基于事物之间的比较得出的：今天比昨天更冷，飞机比火车更快。而我们对自己的了解，也需要通过跟别人比较来获得。如果我们每个月赚 2 万元，那么我们到底是一个成功人士还是一个失败的人呢？这就需要我们把自己跟别人进行对比。如果我们身边的人都是每个月才赚几千元，那么我们就很成功。如果我们身边的人都是年收入上百万元，那么我们就不那么成功了。

密歇根州霍普学院的著名社会心理学家戴维·迈尔斯（David Myers）研究了奥运会上的运动员，他发现铜牌选手比银牌选手要更加快乐，虽然他们的名次更低。这是为什么呢？因为比较的对象不一样。银牌选手喜欢把自己跟金牌选手比较，他会觉得自己很失败，因为差一点就拿到了金牌。但是铜牌选手喜欢把自己跟没有拿到奖牌的那群人相比，比起他们来说，自己太幸运了，因为差一点就没有名次了。

人们通过社会比较来衡量自己的价值。著名美国记者亨利·孟肯（H. L. Mencken）曾诙谐地调侃："人生赢家就是比你老婆的闺蜜的老公多赚100 美元的人。"

有趣的是，比较收入时，你更加倾向于去和比你赚得多的人比较。你的薪水可能仅仅是一些同事薪资的几个零头，也有可能是一些同事全部收入的好几倍。但你发现了吗？你总是喜欢拿自己跟有钱人比较，而不是跟穷人比较。尽管你知道手头拿到的这点钱已经远远胜过那些非洲国家的人们，也足够应付你偶尔燃起的消费欲了，但是只要想到那些肆意挥霍金钱的土豪，你还是会咽不下这口气。

1993 年，美国证监会发现了一件很可恶的事情：从 1978 年开始，上市公司 CEO 的薪水就上涨得很厉害，1978 年，CEO 的薪水只是普通员工的 36 倍，可是到了 1993 年，就变成了 131 倍，造成了巨大的贫富差异。为了让 CEO 们停止给自己加薪水，证监会想了一个好办法，其实也很简单，就是要求上市公司在财务报告中公布高管的薪水。

他们的想法是，该措施实施之后，所有上市公司 CEO 的薪水都被赤裸裸地展现在众人眼前。比起普通员工，他们的薪水的确是高得离谱。这样一来，CEO 们就不太好意思给自己太高的薪水了。

但是，事实却出乎他们的意料。自从该条例实施以来，CEO 的薪水一路狂飙，很快变成了工人平均薪水的 369 倍，几乎是之前的 3 倍。这是为什么呢？

正如我们上面介绍的那样，人们总是喜欢拿自己跟更有钱的人进行对比。CEO 们根本不会关心比他们收入低的人，他们眼里注意到的只有别家公司的 CEO 更高、更惊人的薪水。这样一对比，自己的薪水似乎不足挂齿，甚至有点儿少得可怜。于是他们纷纷上调自己的薪水。

这就是向上比较的力量。即使 CEO 的薪水已经是普通员工的 100 多倍，他们还是会觉得自己薪水太低。

这样的例子比比皆是。据《纽约时报》报道，Paypal（美国的支付宝）前执行总裁雷德·霍夫曼（Reid Hoffman）又开始了新的创业。经历了 eBay（美国的淘宝）以 15 亿美元的价格收购 Paypal，他可是早在 2002 年就坐拥上亿美元的男人。难道这些钱还不够他花吗？但是他仍然觉得自己很穷。他说："你身边不断地蹦出一些比你做得更好的人。看着他们就这样一夜暴富，富到超过你，你很难坐视不管。"无论你是贫穷还是富有，无论你是在商场叱咤风云的大佬还是在基层勤勤恳恳的员工，总有人比你好。而你的关注点，也总会被这些人吸引。

所以，你总觉得别人比较有钱，那是因为你眼里看到的只有那些比你更有钱的人。同事晒出的去新加坡环球影城的照片让你羡慕不已，你在心里想了这件事情好几天；但你没有发现，你国庆节去上海迪士尼时有些同事宅在家里哪儿也没去。

这样的社会比较不但会使你产生自己很穷的错觉，还会偷走你的幸福感。2010 年，法国巴黎高等经济学院的克拉克（Clark）教授与塞尼克（Senik）教授对一项名为欧洲社会调查（European Social Survey, ESS3）的第三波数据结果进行了深入挖掘[2]。数据收集工作在2006—2007年完成，来自18个欧洲国家的年龄在16~65岁之间的1.9万名民众参与了这项调查，他们均有着固定的工作收入。调查中，他们需要回答自己的生活满意度、工作满意度，并给出在"收入比较"（Income Comparison）上的态度与看法。对数据进行分析后，Clark教授发现：那些喜欢跟比自己有钱的人比较的人，生活幸福感比较低。

正如美国总统罗斯福所说的那样，比较就是一个小偷，它会偷走你的快乐。

你有没有觉得网络时代人们变得更加不快乐了呢？《纽约时报》曾经有一篇报道，讲到了这个话题。他们认为根本原因是网络让人们看到了更广阔的世界，人们的视野发生了变化。30年前，如果你是小县城的首富，那么你的日子相当惬意，觉得自己就像皇帝一样。但是在网络时代，你经常会看到马云，就忍不住把自己财富跟马云比较，觉得自己简直是个穷光蛋。在过去，你跟你的同学比成绩，跟你的邻居比财富。在网络时代，你跟世界上最聪明的人比成绩，跟"马云们"比财富。这样一来，自然幸福不到哪里去。

错误估计别人的有钱程度，还可能导致生活中的一些错误决策。例如，你开始创业，为产品定价时，如果目标客户是身边的人，你会错误地以为这些人比较有钱，就可能制订一个偏高的价格，导致产品无人问津。又比如，拍卖竞价时，如果你认定其他竞争者更有钱，会给出更高的价格，你就可能过早地放弃竞价或者盲目地开出高价。

所以，你绝对不是朋友圈里最穷的那个人。如果你这么想，那只是一种幻觉。

参考文献

[1] MATTHEWS W J, GHEROGHIU A I, CALLAN M J, et al. Why do we overestimate others' willingness to pay? [J]. Judgment and decision making, 2016, 11 (1): 21–39.

[2] CLARK A E, SENIK C. Who compares to whom? The anatomy of income comparisons in Europe. The economic journal, 2010, 120 (544), 573–594.

02 盲目 "秀晒炫" 很可能会让你没朋友

应该 "秀" 什么，不应该 "秀" 什么，你真的知道吗？

自从我研究金钱之后，经常有人问我："周老师，你为什么研究钱？你是不是很爱钱？"

听到这种话我当然很不高兴。说我爱钱，这听起来就像一句骂人的话。事实上，我们说一个人爱钱，就跟骂他道德败坏没什么两样。

我们在追求金钱的道路上表现得相当虚伪。一方面，我们为了赚钱，加班加点，殚精竭虑，出卖时间、身体，甚至生命。另外一方面，我们似乎对这件事都讳莫如深。为什么人们不敢勇敢表达自己的真实想法呢？心理学研究表明，那些热爱金钱的人，的确会被 "鄙视"！

研究发现：人们觉得热爱金钱、物质的人更加自私，更加以自我为中心。

来自美国科罗拉多大学博尔德分校的万博文（Van Boven），坎贝尔（Campbell）以及康奈尔大学的季洛维奇（Gilovich）在 2009 年发表了这样一项研究。参与实验的人需要回想起一个自己认识的朋友，一半的人需要回忆一个喜欢购买物质产品的朋友（例如衣服、包包、车子等），另外一半的人需要回忆一个喜欢购买体验产品（例如旅游、电影、游乐园等）的朋友。

自己想起的这个朋友到底具备哪些性格特点呢？参与者评价了自己想到的这个朋友是一个什么样的人。结果发现，人们认为喜欢金钱、物质的朋友更加自私和以自我为中心，而不是那么友好。

这项研究还发现，人们通常认为那个喜欢体验的朋友，具备一些积极的人格特点，例如幽默、友好、开放、智慧。可是那个喜欢物质的朋友，具备的人格特点是时髦、自私、缺乏安全感等，这些特点大多是负面的。

人们为什么会对热爱金钱、物质的人有这样的负面印象呢？这可能来源于"秀晒炫"。朋友圈如今已经变成了炫富的斗兽场，今天的包、明天的表、后天的豪车，巴不得"亮瞎"好友的眼。这就给人一个初步的印象，似乎那些热衷于物质财富的人，就是为了攀比。

德西（Deci）在 1975 年就提出，人们的行为动机主要包括内部动机和外部动机。消费行为的动机也是一样的，一种目的是基于外部动机，例如，你是为了让别人赞扬自己，为了让自己在别人面前更有吸引力，为了提升自己的社会地位，等等。另外一种目的基于内部动机，例如，你是为了充实自己的生活，为了让自己开心，等等。

如果你的一个朋友买了一个奢侈品包包，你认为这个朋友是基于外部动机还是内部动机呢？如果你的一个朋友去日本旅行，你认为这个行为是基于外部动机还是内部动机呢？研究发现：如果你看到一个人买了物质，那么你会推断这个人喜欢炫耀攀比；但是如果你看到一个人去日本旅行，你就不太会这样认为。

通过这些研究可以发现，人们通常觉得喜欢物质财富不是一件好事，这种人比较自私自利，而且热爱攀比炫耀。你可能觉得这样的结果也不算太严重。但是研究者又进一步发现，热衷于物质财富，很可能让你没朋友。

在另外一项实验中，万博文等研究者把参与实验的人分为两人一组，都互相不认识对方，一共有 24 组。研究者首先让他们在一起聊天，其中 12 组需要跟对方谈论与物质消费相关的话题，例如最近市面上有哪些新产品可以买，或者自己刚刚买了什么东西。而另外 12 组需要和对方谈论与体验消费相关的话题，例如去哪里旅行，有什么新鲜的体验。这样的谈话进行了 20 分钟以后就结束了。

接下来，每个人都需要给刚刚在一起聊天的对方打分。结果表明，如果参与者跟对方谈论的是与体验有关的话题，那么会给对方留下更好的印象，平均分数是 6. 52（满分为 7 分）；而如果参与者跟对方谈论的是与物质相关的话题，对方的印象就会变差，平均打分只有 5. 42。

不仅如此，人们在谈论体验时会觉得这段谈话更加愉快，达到 6. 52 分，但是谈论物质就会导致谈话的愉快程度大打折扣，只有 5. 69 分。

看到上面这些研究结果，你就明白在约会时该聊什么，不该聊什么了吧。你可以聊聊最近的旅行、看过的电影、读过的书，但是最好不要提到你买的车子、名牌衣物等。盲目"秀晒炫"，小心做一辈子"单身狗"呀。话说回来，难怪我研究金钱之后，朋友都少了好几个啊！

参考文献

[1] VAN BOVEN L, CAMPBELL M C, GILOVICH T. Stigmatizing materialism: on stereotypes and impressions of materialistic and experiential pursuits [J]. Personality and social psychology bulletin, 2010, 36 (4): 551 – 563.

[2] DECI E L. Intrinsic motivation. New York, NY, US [J]. 1975.

03 外貌和穿着如何影响别人对你的身价判断

三个秘诀，让你轻轻松松，看起来就很有钱。

有些人看起来很有钱，因此在情场上和职场上都是一帆风顺。如果你想要知道他们是如何做到的，那么这篇文章就会成为你的必杀秘籍。我会介绍三个秘诀，让你轻轻松松，看起来就很有钱。

第一个秘诀是脸。中国的面相学通过看脸就能推算出一个人的富贵贫贱。那什么样的脸才看起来有钱呢？虽然现在流行的是"锥子脸"，很多人也因此去打瘦脸针，但是，如果你想要自己看起来有钱，就必须反其道而行，打"宽脸针"，因为脸宽的人看起来更有钱。

已经有很多研究发现，脸宽的人会被认为更加具备领袖气质。我们所熟悉的中国优秀企业家，他们基本都是大宽脸。

下面来看几个例子。无论是改革开放初期崛起的老一辈企业家（如王健林），还是新崛起的互联网青年企业家（如马化腾），他们全都是大宽脸。如果直接搜一下胡润排行榜也会发现，上榜的企业家几乎全是宽脸。马云就长着一张异乎寻常的大宽脸，看来不是没有原因的。福布斯的财富榜，其实就是一个脸宽榜。另外，南开大学一项关于银行行长面部宽高比的实证研究也表明，脸更宽的行长绩效更好。

不光中国人是这样，美国人也是这样。美国的研究发现，绝大多数当选美国总统的人都是大宽脸。

为什么脸宽会让人觉得更有钱呢？这是因为脸的宽度跟人的雄性激素有关。2013 年，来自英国圣安德鲁斯大学的勒费夫尔（Lefevre）和她的合作者，在《进化与人类行为》（*Evolution and Human Behavior*）上发表了一项研究：脸越宽，男性的雄性激素越多[1]。

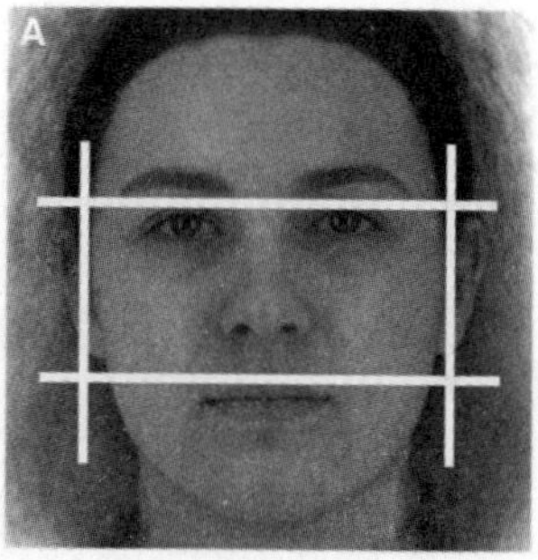

研究者找来了188名白人单身男性，通过拍照获取了他们标准化的面部图像，测量计算了他们的面部宽长比，即面部宽度（两侧颧骨点之间）与面部高度（从上唇到鼻根或眉中）的比值。

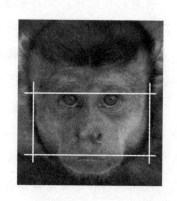

图2-1 面部宽长比测量的例子[1]

然后，这些男性需要参加一个约2小时的约会速配活动。在这个速配活动中，平均每个男性会遇到8~14位年龄相似的女性，并与每位女性有3分钟的交流时间。在速配活动前后，研究者采集了这些男性的唾液样本，测量他们的雄性激素水平。结果发现，在控制年龄因素后，雄性激素的变化与脸宽呈正相关。脸越宽的人，唾液里的雄性激素越多，也就会让人感觉这个人是条汉子，赚钱更多。

那在其他非人类物种中，是否也存在这样的现象呢？2014年，来自英国利兹大学的勒费夫尔（Lefevre）和她的合作者就在《公共科学图书馆》（*PLoS One*）上发表了一项有趣的研究[2]。他们找来了64只2~40岁的棕色卷尾猴，研究了猴子的脸宽与首领地位之间的关系。结果发现，无论性别，猴子的脸宽与首领地位和自信性格都呈正相关。也就是说，脸宽的猴子跟脸宽的人

图2-2 脸宽的猴子看起来更有自信[2]

一样，地位更高。那些猴王通常拥有一张大脸，他们看起来更自信，也拥有更多资源。

所以，脸宽可以让人看起来更有钱。但是如果你不幸长了一张小窄脸，又不想打"宽脸针"，那还有没有办法补救呢？

这里还有第二个秘诀：脸宽不够，身高来凑。

女性在找对象时，有时会碰到一个难题：180 厘米的丑男和 160 厘米的帅哥，选哪一个？总体来说，女性对男性身高的要求似乎明显超过了对脸的要求。女性的征婚广告中很多都会对男性身高提出要求，但是很少会对男性的长相提出要求。似乎"长得丑不打紧，但长得矮就不行"。为什么高个子这么重要呢？另外，高个子男性真的比较有钱吗？

数据显示，高个子的人在生活中赚钱能力更强。早在 2004 年，来自佛罗里达大学的贾奇（Judge）和北卡罗来纳大学的凯布尔（Cable）就发现了这一现象。他们在《应用心理学杂志》（*Journal of Applied Psychology*）上发表了一项研究：平均来说，高个子的人在职场中会更成功，收入会更高[3]。

首先，研究者通过文献回顾，选取了 44 篇与身高和职业成功（如领导力、绩效、地位、收入等）相关的文献进行了一项元分析（即对众多现有实证文献的再次统计）。结果发现，高个子的人更有领导力，而且工作绩效也更高。对女性来说，虽然高个子的这种优势也有，但不是很明显，而高个子男性的优势就非常明显了。高个子男性自尊更高，工作表现更强，从而收入更高、赚钱更多。

接下来，研究者又采用了来自美国劳工部的就业质量调查数据。通过对这些样本数据的分析发现，在控制了性别、年龄、体重之后，4 个样本中的身高和收入都呈现明显的正相关。结果发现：与一个 65 英寸（约 165 厘米）的人相比，72 英寸（约 183 厘米）的人在未来 30 年的职业生涯中，会多赚16.6 万美元。这一数字非常震撼，身高原来如此重要，怪不得有些女性很在意男性的身高。

但我们这里说的是平均数，这并不意味着脸窄的男性和矮个子男性不能逆袭。心理学上有一个效应叫作"拿破仑情结"（前文已提到）。一些矮个子男性会因为身高而自卑，而这种自卑会激励他们做出更大的成就，来超越自己的自卑。因此，基于平均数的结果不能概括所有的个案，不代表所有的人都会遵守这个规律。

脸宽的人看起来更有钱，高个子的人看起来更有钱，这些生理特征似乎都较难改变。如果你天生就是窄脸和矮个子，又不想打"宽脸针"或者穿"内增高"，是不是注定就会被看成是穷人呢？当然不是，心理学可以挽救你。

第三个秘诀，你可以通过穿着来调整别人对你的判断。

这里说的可不是要你一定穿得光鲜亮丽金光灿灿。恰好相反，你穿得越是奢华名牌，越容易被人看到你心中的不安全感，所以千万不能这么干。只需要一个简单的办法就可以让你看起来很有钱。

2014 年，来自哈佛大学商学院的贝尔扎（Bellezza）、吉诺（Gino）和凯南（Keinan）在《消费者研究杂志》（*Journal of Consumer Research*）上发表了一项研究，他们发现了一种"红色运动鞋效应"[4]。在一群西装革履的人中间，穿着一双球鞋和休闲装的人，会被判断成是终极大 BOSS。而那些穿着名牌西装的人，只会被看成是保镖或者随从。如果你在正式的场合也有胆量穿得很随便，这种不合常规的行为反而会让人推断你才是真正的大咖。

研究者在意大利米兰找了 52 名成年女性做了一项研究。这些参与者都是有丰富经验的高端奢侈品店的店员。她们随机被分为两组，首先都阅读了一个情景：在米兰的冬天，一名看起来约 35 岁的女性走进了一家高端奢侈品店。一组店员接下来读到的是"这名女性穿着运动服和夹克"，另一组店员读到的是"这名女性穿着连衣裙和皮大衣"。想象完这个情景后，店员们需要对这名女性会不会是奢侈品店的潜在顾客，会不会是贵宾或名人做出猜测。

结果发现，店员们预测穿着运动服和夹克的女性比穿着连衣裙和皮大衣的女性有更高的地位，更可能是贵宾或名人。也就是说，与合适的穿着相比，这种不合常规的穿着反而会让人看起来更有地位、更有钱。

为什么不合常规的穿着反而会让人看起来更有地位和能力呢？这些研究者在 Mturk（一项网络付费调查平台）上找了 141 名参与者，又做了一项研究。参与者被随机分为两组，同样需要阅读一个情景：一名 40 岁的男性要参加一个高尔夫俱乐部的黑领结派对。一组参与者接下来读到的是"这名男性戴着红色领结去了派对",另一组参与者读到的是"这名男性戴着黑色领结去了派对"。想象完这个情景后,参与者需要回答两个问题,对这名男性的个体自主性做出评价,并对这名男性在高尔夫俱乐部中的地位、高尔夫球技做出预测。

结果发现,和戴着黑领结的男性相比,参与者预测戴着红领结去黑领结派对的这名男性有更大的个体自主性,从而预测其更有地位和能力。也就是说,不合常规的穿着会让人们觉得这个人更有权力。因为这个人想怎么穿就怎么穿,不太关心别人看得顺眼不顺眼,只管自己的喜好。

还记得穿着一双球鞋和一件黑色 T 恤开新品发布会的乔布斯吗? 在他出现之前,美国的新品发布会上的 CEO 们都是西装革履。可是气场强大的他,用休闲穿着打破了这个常规习惯。

如果你长着一张宽脸,那么恭喜你,你看起来很有钱。如果你个子很高,那么恭喜你,你看起来很有钱。如果这些你都没有,那么你可以打宽脸针或者穿内增高。如果你不愿意,那么你也可以穿得很有钱。下次去相亲时,一定不要穿西装。

➡ 参考文献

[1] LEFEVRE C E, LEWIS G J, PERRETT D I, et al. Telling facial metrics: facial width is associated with testosterone levels in men [J]. Evolution and human behavior, 2013, 34 (4): 273 – 279.

[2] LEFEVRE C E, WILSON V A, MORTON F B, et al. Facial width – to – height ratio relates to alpha status and assertive personality in capuchin monkeys [J]. PLOS ONE, 2014, 9 (4).

[3] JUDGE T A, CABLE D M. The effect of physical height on workplace success and income: preliminary test of a theoretical model [J]. Journal of applied psychology, 2004, 89 (3): 428 – 441.

[4] BELLEZZA S, GINO F, KEINAN A, et al. The red sneakers effect: inferring status and competence from signals of nonconformity [J]. Journal of consumer research, 2014, 41 (1): 35 – 54.

<u>04</u> 女性性感自拍照背后的经济学逻辑

猜猜在哪些地区，女性更愿意发性感自拍照？

现如今，网络热词一茬又一茬，但是"自拍"却似乎没有要过气的意思。当你打开微博、微信朋友圈、抖音……到处都能看到小姐姐们性感的自拍。而只要自拍，必然化妆、修图，一定要让自己看起来是大眼睛、瓜子脸、大长腿……并且，穿着也越来越"清凉"。一些社交软件已经限制未成年人使用，理由是"频繁/强烈的色情内容或裸露"。

这些现象都是"性感化"（Sexualization）的体现。无独有偶，在西方国家，电视上、杂志上、网络上，也到处都是性感的女性形象。纽约州立大学的哈顿（Hatton）和特劳特纳（Trautner）教授在 2011 年分析了滚石杂志近 40 年的封面人物：在 20 世纪 60 年代，只有 44% 的女性封面人物展示了自己的性感；但是到了 21 世纪，这一数字变成了 83%，几乎翻了一倍。性感的女性照片越来越多，但是男性人物的"性感比例"一直都保持在 10% 左右[1]。

为什么只有女性越来越多地展示自己的性感呢？女权主义者认为，这是性别歧视导致的。在男权社会里，人们把女性当作兜售的物品，而不是一个人。佛罗里达大学的心理学家莫拉迪（Bonnie Moradi）等人的研究就发现，当这种"物化"（Objectification）的观点扎根在女性心中时，就会导致一种叫作"自我物化"（Self-objectification）的心理，也就是女人也会把自己的身体看作是一个工具[2]。自我物化的女性无论是化妆、美容，还是穿着暴露，都是在向男性"推销"自己的身体。有这种心理的女性会把精力花在自己的外貌上，努力获取男性的关注，而不是去学习知识、丰富内在，养活自己。

　　有趣的是，虽然男女的地位在很多国家变得越来越平等，但在这些国家里，女性对外貌的性感展示并没有变得越来越少，反而越来越多。这又是怎么回事呢？最近发表在美国科学院院刊（PNAS）上的一项研究发现，女性的性感展示，不只是男女地位的不平等造成的，还跟经济大环境有关系。

　　在一项研究中，新南威尔士大学的心理学家布莱克（Blake）教授等人在社交媒体推特（Twitter）和照片墙（ins）上抓取了 68562 张女性上传的"性感自拍照"——展示自己女性吸引力的照片[3]。这些自拍照分别来自美国的 5567 座城市与 1622 座乡镇，以及另外的 132 个国家。随后，他们收集了这些国家、城市、乡镇的"性别不平等指数"（包含三个方面：医疗、教育与就业）和经济不平等指数（基尼系数，意大利经济学家基尼提出的测量贫富差异的指标）。

　　通过数据分析，他们有两个发现。首先，一个地区的适婚女青年越多，就越爱发性感自拍照。其次，一个地区的女性收入越低，或者女性失业率越高，也越爱发性感自拍照。当女人到了适婚年龄，周围的同性竞争者越多，就越需要展示自己的吸引力。另外，当女性收入低时，就需要展示自己的吸引力来获得资源。

　　这项研究最有新意的发现是，一个地区的贫富差距越大，女性发的性感自拍照就越多。在美国境内，一座城市的基尼系数每增加 0.05，性感自拍照的数量就会增加约 30%。即使控制了女性的受教育程度、收入、性别比例之后，这种关系仍然存在。贫富差距越大，女性就越爱发性感自拍照。

　　不仅如此，他们的研究还表明，在经济发达的国家当中，性别不平等根本不会影响女性发性感自拍照的数量。也就是说，经济发达时，并不是因为男女不平等导致了女性发性感自拍照。事实上，在这些国家中，基尼系数和发自拍照之间的关系更强。

　　当然，性感自拍照的数量只是冰山一角。女性还会通过其他方式打扮自己，展示自己的性魅力。这些研究者又分析了来自 2498 个地区的美容院数据和来自 1503 个地区的女性服装店数据。他们发现，贫富差距越大的地区，美容院和女装店的营收越高，性别不平等则不影响美容院与女装店的业绩。女性在她们的外表上下功夫，不是因为女性的地位比男性低，而是因为社会上的财富分配非常不均等。

那为什么贫富差异会导致女性更加注重他们的外表呢？布莱克教授认为这是由人类的进化机制决定的[3]。这就必须先从人类的繁殖策略说起了。人类的幼年期非常漫长，需要父母投入的时间和资源很多。因此，人类不能像其他一些动物一样生育很多后代（比如一次可以产上百个卵的海龟）。人类所采取的策略是"一夫一妻，少生优生"。一般来说，人类在一段时间内会有一个稳定的配偶，并且后代的数量也较少。这样才能保证夫妻双方齐心协力，保证每个后代的成活率与竞争力。有人粗略计算过，把一个孩子养到大学毕业，平均要花 50 万元。如果人和海龟一样一次生上百个，那正常家庭肯定是供不起的。

繁殖策略决定了择偶策略[4]。抚养孩子需要很多资源，而在长期的进化中，大多数情况下都是男性掌握资源。因此女性就需要选择那些拥有丰富资源（金钱与权力）的男性，来保证自己的后代是个富二代。

在求偶的过程中，一般是男性进攻，女性防御。也就是说，女性就像公司，男性像应聘的员工。公司会收到很多份求职简历，但是只能选择其中的一人，而男性就可以到处去应聘。这就产生了一个问题：当经济形势糟糕，或者贫富差异悬殊时，应聘者的质量就会参差不齐，100 个男性应聘者中可能只有 5 个男性满足女性的条件。这样一来，女性就面临很严重的危机，那些少量优秀的应聘者可能会被对手公司抢走。

2018 年，麻省理工学院的奥特尔（Autor）教授等人的研究就发现，就业形势不好时，经济宽裕的优秀男性会变少，女性争抢配偶的压力也会变大[5]。结果，很多女性在择偶竞争中败下阵来，遭遇男性"跳槽"。

贫富差异悬殊的地方，优质男性是金字塔的尖顶，非常稀缺，这会导致女性和女性之间的竞争变得激烈。此时，女性必须要展示自己的性感外表才能取胜。性感的外表代表着生物繁衍最核心的资源——生育能力。例如，性感外表的一个指标是腰细臀肥，腰臀比接近 0.7 时最为性感（玛丽莲·梦露就拥有 0.7 的腰臀比）。这是因为女性的腰臀比越小（也就是腰越细屁股越大），雌激素分泌水平越高[6]。性感外表的另外一个指标是乳房大小，因为女性青少年时的乳房发育就是雌激素分泌的结果[7]。雌激素水平越高，女性的生育能力越强。从这个意义上说，展示性感自拍照，其实就是在展示自己的生育能力。

另外，女性红红的脸颊和嘴唇，也有代表健康和生育能力的作用。口红、腮红这些红色系的化妆品，就是通过模仿天然的面部红色，让女性变得更加性感美丽，帮助她们和其他竞争者争芳斗艳[8-9]。

2012 年，德州基督大学的希尔（Hill）教授等人发表在《人格与社会心理学杂志》（*Journal of Personality and Social Psychology*）上的一项研究指出，经济危机时，女性希望通过化妆品展示自己的"性感力"，从而在争夺优秀配偶的竞争中脱颖而出[10]。有趣的"口红效应"就是这样出现的。

所以，当贫富差距越来越大时，女性就会更多地去美容院，更多地穿性感动人的衣服，更爱发有吸引力的自拍照。从这点上看，"基尼系数"和"比基尼系数"居然是紧密相关的。如果你想要找一个地方推销美容、美妆产品，去基尼系数高的地区将会是不错的选择。

参考文献

[1] HATTON E, TRAUTNER M N. Equal opportunity objectification? The sexualization of men and women on the cover of Rolling Stone [J]. Sexuality & culture, 2011, 15 (3)：256-278.

[2] MORADI B, HUANG Y P. Objectification theory and psychology of women：a decade of advances and future directions [J]. Psychology of women quarterly, 2008, 32 (4)：377-398.

［3］BLAKE K R, BASTIAN B, DENSON T F, et al. Income inequality not gender inequality positively covaries with female sexualization on social media ［J］. Proceedings of the national academy of sciences, 2018, 115 （35）: 8722 – 8727.

［4］BUSS D M. The strategies of human mating ［J］. American scientist, 1994, 82 （3）: 238 – 249.

［5］AUTOR D, DORN D, HANSON G. When work disappears: manufacturing decline and the falling marriage – market value of young men ［J］. CEPR discussion paper, 2018, No. DP11878.

［6］SINGH, D. Adaptive significance of female physical attractiveness: role of waist-to-hip ratio ［J］. Journal of personality and social psychology, 1993, 65 （2）: 293.

［7］FURNHAM A, SWAMI V, SHAH K. Body weight, waist-to-hip ratio and breast size correlates of ratings of attractiveness and health ［J］. Personality and individual differences, 2006, 41 （3）: 443 – 454.

［8］张腾霄, 韩布新. 红色更性感: 影响因素与进化基础 ［J］. 心理科学进展, 2017, 25 （6）: 1069 – 1076.

［9］JONES A L, RUSSELL R, WARD R. Cosmetics alter biologically-based factors of beauty: evidence from facial contrast ［J］. Evolutionary psychology, 2015, 13 （1）: 210 – 229.

［10］HILL S E, RODEHEFFER C D, GRISKEVICIUS V, et al. Boosting beauty in an economic decline: mating, spending, and the lipstick effect ［J］. Journal of personality and social psychology, 2012, 103 （2）: 275 – 291.

05　从花钱保守或冒险，看出你与钱的心理距离

我们在为别人做选择时，会比给自己做选择时更加冒险激进。这背后的原因是心理距离。

想象一下一种疾病有两种治疗方案：第一种方案比较温和保守，没啥风险，但是治愈的可能性也不高；第二种方案很冒险，风险很大，可能导致严重的后遗症，但是治愈的可能性却很高。请问：

1. 如果你的亲人患上了这种疾病，你会选择冒险方案还是保守方案呢？
2. 如果一个陌生人患上了这种疾病，你认为他会选择冒险方案还是保守方案呢？

这两种情况下，人们的选择会一样吗？

1997 年，芝加哥大学的奚（Hsee）和俄亥俄州立大学韦伯（Weber）一起研究了这个问题[1]。他们发现，医生在给别人选择治疗方案时更偏好冒险，但是在给自己或者自己的亲人选择时更加保守。原因并不是医生不够关心自己的病人，而是人们都有一种认知偏见：认为别人比自己更爱冒险。如果是为自己选择治疗方案，人们会倾向于选择保守的，但当人们去预测别人时，结果就完全不一样了，会认为别人更加爱冒险。这被称为"基本预测偏差"（Fundamental Prediction Error）。

假如你收到一封信，通知你上周买的彩票中了奖，一千元。那么你是愿意直接拿走这一千元呢，还是愿意用这一千元去玩一个赌博游戏？芝加哥大学的研究者设计了一系列这样的题目来测量人们的冒险指数，这个冒险指数

最低是 0，代表一点也不爱冒险，最高是 5，代表非常爱冒险。

有趣的是，当人们自己做决定时，冒险指数是 3 左右，但是当人们预测别人会怎样决定时，会觉得别人的冒险指数是 4 左右。

我们不但会预测别人做决策时更爱冒险，我们为别人做决策时，也会变得更爱冒险。很多时候人们的重要决策都是别人帮忙做出来的。如果有人生病了，意识不清，医生和监护人就需要帮助他选择一种合适的医疗方案；理财顾问会为雇主毕生的积蓄做理财决策；负责公共建设投资的政府官员会用纳税人的钱做投资决策。这些决策在很多情况下都没有标准答案，因此，我们希望别人能替我们做一个满意的决策。但问题是，在这样的情境下，别人很可能会为我们做一个冒险的决策。

2012 年，来自纽约大学商学院的鲍曼（Polman）发表了一项研究[2]。84 个大学生参与了一个赌博游戏，游戏开始前，每个人会拿到 20 个筹码。如果一个人押了 7 个筹码而且赢了，那么他就能得到 14 个筹码。如果他押了 7 个筹码但是输了，那么他押的 7 筹码就会被拿走，还需要另付出 10 个筹码。也可以选择不下注，但是这样做筹码也会被拿走 10 个。

重要的是，第一组人是自己拿到 20 个筹码玩这个赌博游戏，但是第二组人是为下一个参加研究的人来玩这个赌博游戏。即使是为了别人玩赌博游戏，别人的输赢也跟自己最后拿到的钱有直接关系，大学生最后会得到跟这个人同样多的筹码。因此，每个大学生不管是在为别人玩还是在为自己玩，都有足够的动力做出最好的决定。从自己得到的利益来说，为自己做决定和为别人做决定这两组没有什么区别。赢了，两组人都能获得同样的奖赏；输了，都需要付出相同的代价。按理说，这两组人的决策应该没什么差别才对。

有趣的是，即使在这种情况下，人们为别人做决定时还是更加冒险，更多地选择了下注而不是不去下注，赌注也更大，平均下注 5.52 个筹码。但是在为自己下注时，平均下注 3.27 个筹码。

我们在花自己的钱时，会更加保守，但是花别人的钱就会更加冒险。这就是"赌场赢利效应"（house money effect）。如果赌徒一开始赢了一笔钱，他并不会觉得这笔钱是自己的，而是属于赌场的，既然是用别人的钱来赌博，当然可以疯狂一点，所以赌徒就会下更大的赌注。

2014 年，来自马里兰洛约拉大学的特朗普（Trump）及其合作者也发现同样的效应[3]。人们在用别人的钱做决策时，会更加容易冒险，但是用自己的钱时就比较保守。他们通过两个实验来证明了这个效应。

第一个实验是一项关于彩票的研究。研究者从亚马逊网站上招募了 199 名参与者，参与者被随机分为四组，第一组人为朋友购买金额比较小的彩票，只要 0.5 美元；第二组人为朋友购买金额比较大的彩票，需要 5 美元；第三组人为自己购买金额比较小的彩票，只要 0.5 美元；第四组人为自己购买金额比较大的彩票，需要 5 美元。

每个人都需要从两种彩票中选择一个：一种彩票比较冒险，中奖率只有 5%，但是一旦中奖就是巨额奖金；另外一种彩票比较保守，中奖率有 50%，但是奖金金额也不多。

研究结果发现，当彩票金额比较小（0.5 美元）时，不论是花自己的钱还是别人的钱，人们都更加愿意冒险。但是当彩票金额比较大（5 美元）时，人们花朋友的钱更偏爱冒险，花自己的钱更加保守。

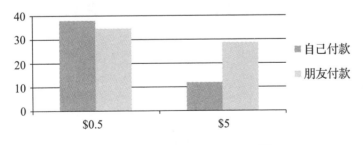

图 2-3　选择冒险的参与者比例[3]

为什么我们为别人做决策时更容易冒险呢？因为心理距离太远。当人们在为自己做决定时，心理距离很近，损失的风险是具体的、清楚的，让人痛心的。但是当人们在为别人做决定时，心理距离很远，损失的风险是抽象的，有时候只是一个数字而已，没办法让人感觉心惊肉跳。就像是到了游乐场，你可能自己不敢去坐过山车，但是你却会鼓励别人去坐。这并不是因为你对别人很冷漠，不顾他们的危险，而是因为你感受不到别人可能也很害怕。

另外，当心理距离很远时，人们会更加关注可能得到什么好处。但是当心理距离很近时，人们会更关注规避风险和不好的事情。如果你在选择明年的一次旅行，那么你会关注能看到什么美丽的风景和玩什么好玩的项目。但是如果你在选择明天的旅行，那么你会更加关注飞机会不会晚点，酒店会不会很脏这样一些负面的事情。

决策者在为心理距离近的人做决定时也会更加保守。研究者让参与者为一个好朋友或者一个陌生人选择彩票，从一张高风险彩票和一张低风险彩票中选择一张。结果发现，只有9%的人给好朋友选择了高风险彩票，但是有27%的人给陌生人选择了高风险彩票。

综上所述，人们对别人的风险偏好的预测是有偏差的——认为别人比自己更爱冒险。这种偏差会影响到别人为你做出的决定：帮你进行投资的人会更加偏爱高风险项目，帮你治疗的医生容易选择激进的治疗方案，营销人员会认为消费者喜欢某种大胆的设计。这些可能会带来巨大的损失。有一个办法可以降低这种感知偏差——拉近你与帮你决策的人之间的关系。你们的关系越紧密，他越能够体会和感受到你的恐惧、忧虑，才能做出你想要的决定。

参考文献

［1］HSEE C K, WEBER E U. A fundamental prediction error: self – others discrepancies in risk preference ［J］. Journal of experimental psychology: general, 1997, 126 （1）: 45 – 53.

［2］POLMAN E. Self-other decision making and loss aversion ［J］. Organizational behavior and human decision processes, 2012, 119 （2）: 141 – 150.

［3］TRUMP R K, FINKELSTEIN S R, CONNELL P M, et al. I will risk a stranger's money, but not my own or my friend's money: effect of proximity of the money source to the self on financial risk – taking ［J］. Marketing letters, 2015, 26 （4）: 501 – 512.

06 "隐形贫困人口"背后的心理学成因

你可知有一群人，一边吃着榨菜，一边买着爱马仕，这样的人被称作"隐形贫困人口"。在哪些地方这样的人会很多呢？

最近有一个新词，叫作"隐形贫困人口"，指的是有些人看起来每天有吃有喝，但实际上非常穷。他们的微博里晒着各地旅游照片，平常用着苹果手机，穿着时下最新款的潮流服装，化着精致的妆，时不时就吃一顿大餐，张口闭口都是谈论大牌奢侈品。表面上光鲜亮丽，背后却是名副其实的穷人。

中国第三方数据服务平台 MobData 发布的 2018 年第三季度中国智能手机市场调研报告显示，苹果手机的用户主要是女性和未婚族，尤其是月收入小于 3000 元的隐形贫困人口。

撇开有钱人不说，为什么没钱的人也经常谈论和使用奢侈品呢？这些隐形贫穷人口怎么来的呢？为什么穷人也要去买奢侈品从而导致自己更穷呢？

心理学的研究表明，一个社会的贫富差距越大，人们越会重视那些能够显示身份地位的产品。这些产品象征着更高的社会地位，由此引发的购买行为被称为"地位消费"。

来自英国华威大学的助理教授瓦拉塞克（Walasek）在 2015 年通过对谷歌搜索上的词频分析验证了这个结论。他以美国为样本，首先建立模型，以收入、人口量等作为变量来测量美国各个州的贫富差距，并绘制出了热量地图（颜色越深，表明该地区贫富差距越大）。结果显示，美国各个地区之间的贫富差异是不一样的。有些州的收入比较均衡，例如加利福尼亚州，但是有些州的收入差距比较大，例如纽约州和路易斯安那州。

接着，他们利用谷歌关联进行关键词的挖掘，从中筛选出了一些能够代表地位的奢侈品牌作为关键词，例如，高品质时装"拉尔夫·劳伦"，珠宝品牌"大卫·雅曼"。还找了一些跟地位没啥关系的关键词，例如"烤鸡""柠檬条"这样的普通食品。

然后，他们测算了每个州对各种关键词的检索频率，发现收入差距越大的地区，对代表身份、地位的奢侈品牌的检索频率也越高。也就是说，贫富差异越大，人们就越关注奢侈品。

2017年，瓦拉塞克又做了一项研究，他和来自宾夕法尼亚大学心理系的助理教授巴蒂亚（Bhatia）合作，以推特为载体，进一步研究了贫富差距是如何影响奢侈品消费的。这项研究发表在《消费者心理杂志》（*Journal of Consumer Psychology*）上。

他们首先调查了150人，让他们选出代表高地位的十大品牌和代表低地位的十大品牌。最后筛选出来的高地位品牌包括了古驰（Gucci）、梅赛德斯（Mercedes）、苹果（Apple）等十种时尚大牌，而低地位品牌则有沃尔玛（Walmart）、麦当劳（McDonalds）、汉堡王（Burger King）等。

接着，他们在推特上抓了几天内的数百万条微博，找出包括上述品牌的那些微博。同时也标记了发表微博所在地的贫富差距状况。通过数据的分析，他们发现贫富差距越大的地区，微博上出现十大奢侈品牌的频率越高；而收入越均衡的地区，微博上出现十大低端品牌的频率越高。也就是说，贫富差距越大，人们越关注奢侈品牌；贫富差距越小，人们越关注平民品牌。

来自圣三一大学的社会学教授莱特（Layte）曾发现，社会不平等会导致人们对自己的地位产生焦虑情绪，这样的慢性压力甚至会影响人们的健康。贫富差距越大的地方，人们的焦虑感越高。那么是不是因为这种焦虑情绪导致了人们更加关注奢侈品呢？为了回答这个问题，瓦拉塞克和合作者对每一条微博内容当中隐含的情感进行评分，来判断人们在提到不同品牌时情感到底是怎样的。结果让人很意外，即使在贫富差距很大的地区，当人们提到奢侈品牌时，他们更多地表现出了积极情绪，而非消极情绪。

这就说明，在贫富差距大的地区，人们对奢侈品的关注并不是因为焦虑感产生的，而更多是追求美好生活的积极情绪产生的。瓦拉塞克认为，出现这种现象的原因在于，谈及奢侈品能够让人们觉得美好生活触手可及，可以满足人们的梦想。贫富差距大的地区现实生活残酷，自己的梦想未必能够成真，因此就只能依靠这些奢侈品来获得一些虚幻的满足感。

贫富差距让人们将视线聚焦到奢侈品上，这会带来很多问题。

首先，这可能导致穷人的负债变得更大。美国联邦储蓄系统理事会的首席经济学家布里克（Bricker）在 2014 年发现，贫富差距增加了家庭的"地位消费"。贫富差距大的地方，人们更愿意购买那些能够彰显自己身份的东西。但是对于普通家庭来说，奢侈品的购买无疑会带来沉重的经济负担。洛桑大学教授克里斯汀（Christen）早在 2005 年就发现贫富差距会增加低收入家庭的负债。贫富差距越大，人们越会产生以炫耀为目的的消费行为，这就迫使低收入家庭使用债务来维持其奢侈品的消费支出。

其次，这还会减少储蓄。华盛顿大学经济学教授维斯曼（Wisman）发现了贫富差距会减少储蓄的比例，20 世纪 80 年代至 2007 年，美国的基尼系数（衡量收入差距的指标）从 0.4 增加到了 0.47，而居民的个人储蓄率则从 10.4% 下降到近乎为 0，甚至在 2005 年降为 -0.4%。也就是说，贫富差距越大的地区，家庭的平均储蓄率越低。

最后，人们为了购买奢侈品进行"地位消费"，还会增加工作时间。马萨诸塞大学阿默斯特分校的经济学教授鲍尔斯（Bowles）在 2003 年发现，一个地区的贫富差距越大，人们的平均工作时间越长。在贫富差距较大的美国，人们一年平均工作 1840 个小时；在贫富差距较小的意大利，人们一年平均工作 1650 个小时；而在人均收入普遍较高而且贫富差距很小的挪威，人们一年只需要工作 1480 个小时。

由此看来，贫富差距就像一个隐形的风向标，引导着人们将目光投向奢侈品，以抚平有形的对比和无形的伤害，满足人们小小的虚荣心。在贫富差距大的地区，就连穷人也可能热衷于购买奢侈品来进行"地位消费"。这可能导致穷人虽然表面上看起来有钱，但实际上可能会变得更穷。这就是隐形贫穷人口的来源。

参考文献

［1］WALASEK L, BROWN G D A. Income inequality, income, and internet searches for status goods: a cross-national study of the association between inequality and well-being ［J］. Social indicators research, 2016, 129: 1001 – 1014.

［2］WALASEK L, BHATIA S, BROWN G D A. Positional goods and the social rank hypothesis: income inequality affects online chatter about high-and low-status brands on twitter ［J］. Journal of consumer psychology, 2017, 28 (1).

［3］BRICKER J, RAMCHARAN R, KRIMMEL J. Signaling status: the impact of relative income on household consumption and financial decisions ［J］. Working paper, 2014 – 76.

［4］CHRISTEN M, MORGAN R M. Keeping up with the Joneses: analyzing the effect of income inequality on consumer borrowing ［J］. Quantitative marketing and economics, 2015, 3: 145 – 173.

［5］WISMAN J D. Household saving, class identity, and conspicuous consumption ［J］. Journal of economic issues, 2009, 43: 89 – 114.

［6］BOWLES S, PARK Y. Emulation, inequality, and work hours: was Thorsten Veblen right? ［J］. Economic journal, 2005, 115: F397 – F412.

07　罚款的副作用

你可能以为罚款是最有效的改变行为的办法，但是罚款并不总是有效，有时还会让人变得更加冷漠，更加不道德。

不管是国家、公司还是个人，都会使用一些奖惩措施来发挥金钱的激励作用，试图约束和鼓励人们的行为。税收、奖金、罚款、补助、退税等经济政策正是基于这一理念。罚款的作用似乎很显著，一些罚款政策的确取得了好的效果。

但是，金钱的惩罚措施总是有效吗？那可不一定。我们首先来看看发生在以色列一家托儿所的真实故事。因为家长在接孩子时经常迟到，托儿所的阿姨不愿意总是加班加点工作，所以实施了一项罚款措施，对于晚到的家长进行罚款。实施这个措施的目的是让家长能够准时接走孩子，却产生了意想不到的后果——家长迟到的时间比原先翻了一番。这个罚款措施实施 12 周之后，因为效果不佳被取缔了。可是即使如此，家长迟到的现象还是没有减退，甚至比实施罚款之前更加严重。也就是说，金钱的惩罚没有起到应有的效果。

鲍尔（Bowle）2008 年在《科学》（*Science*）上发表的一篇文章指出，基于金钱的激励或惩罚措施可能会削弱人们的道德情感。例如上面提到的以色列托儿所，在没有实施罚款措施之前，家长如果迟到会对阿姨有负疚感，这种负疚感迫使他们尽量避免迟到。但是当罚款措施实施之后，家长迟到时并不会感到内疚，因为他们感觉自己已经交了罚款，对阿姨的加班工作进行了经济补偿。这样一来，他们反而可以理直气壮地迟到了。

那么为什么罚款政策取消掉之后，家长的迟到时间还是居高不下呢？因为家长失去迟到的内疚感之后，想要让他们再恢复是很难的。人们一旦失去了道德底线，就很难再把道德情感找回来了。

2000 年苏黎世大学的法尔金格（Falkinger）和他的合作者曾让人们玩了一个名叫公众利益的经济游戏。在这个经济游戏中，个人利益和集体利益相互冲突，人们需要选择自己愿意为了集体利益牺牲多少个人利益。其中一部分人玩的游戏中有罚款，而另一部分人玩的游戏中没有罚款。一段时间之后，两组人都开始玩没有罚款的游戏。如果之前在玩这个游戏时有罚款手段，一旦罚款取消，人们做的贡献将比那些从来没有经历过罚款的人要少 26%。当罚款消失时，人们就不再愿意牺牲个人利益去为公众利益做贡献了。

罚款会让人们失去做一件事的内在动机。比如迟到时对老师的愧疚感，或者为公共利益牺牲个人利益的光荣。这些感情都会被罚款所剥夺。不仅如此，罚款还会剥夺人与人之间的信任和尊重。2006 年德国波恩大学的福克（Falk）以及合作者科斯菲尔德（Kosfeld）让参与研究的人玩了一个经济游戏。这个游戏中有两种角色，一种是老板，一种是雇员。雇员生产得越努力，就对老板越有利，但是超过一定限度会对自身产生一定的损害。

一开始，老板可以选择是否让雇员自己决定生产量。老板可以让雇员自己决定，或者由老板来规定一个雇员至少必须完成的生产量。没有达到这个产量，就可以对雇员进行罚款。

当老板决定完之后，就轮到雇员来决定自己要投入的工作量。结果发现，如果一开始老板选择为雇员规定一个最低产量，那么产量反而会下降。

此时雇员的生产量还不如那些老板没有任何规定的多。低规定的老板平均获利是没有规定最低标准的老板获利的 1/2，而中等规定的老板平均获利比没有规定最低标准的老板获利少 1/3。在游戏之后的访谈中，很多雇员表示，当老板制订一个最低生产标准时，他们感觉老板并不信任自己。

也就是说，罚款手段让雇员了解到老板对待自己的态度。瑞士经济学家费尔（Fehr）和洛克巴赫（Rockenbach）2003 年在《自然》（*Nature*）上发表了一项研究。德国学生们玩了一种名为信任的经济决策游戏。经典的信任游戏当中有两种角色，投资者和托管人。投资者得到一笔钱，例如 10 元，需要决定是否将这笔钱交由托管人管理。如果交给托管人，这笔钱就变为原来的 3 倍，也就是 30 元。此时托管人需要决定将这 30 元当中的多少钱交还给投资者。

在这项研究中，研究者将经典的信任游戏做了个变动，也就是当投资者将钱交给托管人时，投资者可以制订一个他们想要托管人返回给他们的金额。投资者可以选择如果托管人返还的钱低于这个金额就给托管人一个罚款，也可以选择不进行罚款。

结果发现，只有 1/3 的投资者信任度高，选择不采取罚款措施。2/3 的投资人都不太信任托管人，因此依赖于罚款措施来保障自己的利益。

但有趣的是，这部分信任度高的投资者最后赚到了更多的钱。对方返回给他们的平均金额比使用罚款的投资者多 50%。也就是说，当投资者用罚款措施来威胁托管人时，托管人返回的金额反而没有当投资者给予托管人足够信任时那么多。这是托管人对投资者不信任、不尊重自己的报复手段。

综上所述，罚款虽然是一种常见的激励手段，但是未必都能起到相应的效果，还可能适得其反，削弱人们的道德情感。

参考文献

[1] FALK A, KOSFELD M. The hidden costs of control [J]. The American economic review, 2006, 96 (5): 1611 - 1630.

[2] FALKINGER J, FEHR E, GACHTER S, et al. A simple mechanism for the efficient provision of public goods-experimental evidence [J]. The American economic review, 2000, 90 (1): 247 - 264.

[3] FEHR E, ROCKENBACH B. Detrimental effects of sanctions on human altruism [J]. Nature, 2003, 422 (6928): 137 - 140.

08 不是所有赔偿都可以用金钱来解决

金钱补偿有很大的魔力，但也不是万能的。金钱补偿有时无法提升民众对公共项目的支持率，反而还会降低支持率。

随着城市化进程的加快，电力供应、垃圾处理、污水治理等问题成为亟须解决的难点。然而类似核电站、垃圾处理厂等项目往往会因为周边居民的反对，陷入一种"一建就反对，一反对就叫停"的困境。

其实这一现象并非中国独有，世界各国在城市化进程当中都遇到了这样的问题。无论是垃圾处理场还是殡仪馆，人们认为"当然应该建设这些设施，只是不要建在我家附近就行"。这一现象被称作"邻避效应"（Not in my backyard）。

然而城市要发展，垃圾处理厂等项目终究也要推进。这时，政府通常选择采取"金钱补偿"周边居民来争取周边居民的接受。例如，广东汕头在 2016 年建成的垃圾焚烧发电厂项目，在项目动工前一次性向村民支付征地补偿费约 1197 万元，并且在项目运营后每年替村民支付养老保险等费用 400 多万元。

我们都知道，金钱补偿有很大的魔力。例如，近年来很多中国人就希望自家被拆迁，因为这样能获得高额的经济补偿。但是很多时候政府没那么多钱来赔偿，只能给一点小钱。在这种情况下，金钱补偿是不是最有效的手段呢？

瑞士巴塞尔大学的经济学家弗雷（Frey）等人在 1996 年的一项研究就表明，对于核电站这样存在邻避效应的项目，金钱补偿不仅不能提升民众对项目的支持率，反而还会降低支持率。在瑞士准备修建一个核电站之前，研究者对当地 305 名居民进行了民意调查，在没有提及金钱补偿时，超过 50% 的居民表示支持核电站的建设。但是当研究者提出，政府会根据居民的家庭经

济状况给予每年 2175 美元、4350 美元和 6525 美元的三档补偿时，居民对建
设核电站的支持率下降到了 24.6% 。即便研究者之后提出每档补偿金可以再
增加 1000 美元，对核电站项目的支持率也依然低于 30% 。

　　从上面的例子中我们可以看出，有些时候，金钱补偿反而降低了支持率。
这是不是让人很意外呢？

　　那么，如果不采取金钱补偿，还有什么可以有效提高支持率的办法呢？
美国德克萨斯农工大学的经济学家波特尼（Portney）认为，应该更多地采取
提供补偿性的公益设施的办法，也就是为当地居民提供一些可以让所有人都
受益的公共设施，例如公园绿地、安全设施等。他在 1985 年的研究中发现，
为居民提供补偿性的公益设施，能够提升居民对危险废物处理设施建设的支
持率。他访谈了美国马萨诸塞州 5 个城市的 300 名居民，针对危险废物处理
设施将建设在居民周边这一提案，提出了 11 种补偿措施。结果发现，最能有
效提升民众支持率的补偿措施是提供更多的日常安全巡逻（支持率提升了
15.1% ~30.4%），因为日常安全巡逻可以让居民感觉更安心。有趣的是，其
他一些方案，例如为当地居民翻修街道，虽然跟危险品处理没有直接关系，
但是也可以让居民的支持率提升了 6.6% ~22.1% 。

　　杜克大学的教授胡贝尔（Huber）等人总结了这两类研究，他们认为人们
会更愿意接受公益设施作为补偿而不是金钱。为什么呢？核心原因有两个。

　　首先，大部分公共设施虽然对当地居民有一定的危害，但是对整个社会
来说是有益的。例如，修建核电站这样的项目能够有效缓解电力供应问题。
大部分居民本身就有支持这类公共项目的内在动机。假如政府直接给附近居
民一笔钱作为补偿，会让人们觉得利用核电站解决电力供应这件事完全是政
府的责任，反而降低了人们内在的责任感。

　　接收金钱的补偿会让人们感觉自己是被"收买"了，产生一种"受贿"
的不道德感。除非补偿的金额足够大，大到人们愿意承受这种负罪感，否则
金钱赔偿只会让人们更激烈地反对。

其次，尽管金钱补偿也是人人有份，但毕竟不像公益设施这样在表面上显得普惠大众。因此公益设施的补偿会让人们觉得更具有利他精神，显得更加高风亮节，不仅不存在妥协的道德负担，反倒凸显了自己的高尚形象。

因此，胡贝尔等研究者认为，人们在面对公害时，更倾向于用公益设施去平衡而不是用金钱去平衡。为了验证这一假设，他们做了这样一项实验。

请你想象这样一个场景：你已经决定了在某个小区买房，并且心仪的两套房子位置相邻，但周边可能存在会影响生活环境的7种公害设施（例如垃圾填埋场、牲畜养殖场、飞机场、广播塔、垃圾转化电厂、废弃物回收中心、化粪堆肥中心），其中一套能够减免每年500美元的税，另一套不减税但会在周边配套一个健身公园。你会倾向于选择哪一套房子呢？

有趣的是，如果告诉人们房子周围没有公害设施，那么只有39.58%的人倾向于选择有公园的房子而不是减税的房子。而当周边存在7种公害设施之一时，有51.29%的人倾向于选择有公园的房子。也就是说，存在公害设施时，人们会更倾向于用公益设施去平衡公害设施的负面效应，而不是靠金钱补偿去抵消。

金钱补偿虽然能够起作用，但绝不是万能的。当城市快速发展过程中出现邻避效应时，从提供公益设施的角度入手去获取当地居民的支持，有可能比金钱补偿更有效。当然，如果能够双管齐下，也许效果会更好。

参考文献

［1］ FREY B S, OBERHOLZERGEE F, EICHENBERGER R, et al. The old lady visits your backyard: a tale of morals and markets ［J］. Journal of political economy, 1996, 104 (6): 1297 – 1313.

［2］ PORTNEY K E . Potential of the theory of compensation for mitigating public opposition to hazardous waste treatment facility siting: some evidence from five Massachusetts Communities ［J］. Policy studies journal, 1985, 14 (1): 81 – 89.

［3］ MANSFIELD C, VAN HOUTVEN G, HUBER J, et al. Compensating for public harms: why public goods are preferred to money ［J］. Land economics, 2002, 78 (3): 368 – 389.

09　平均分配，有时反而会让人觉得不公平

什么样的分配方式最公平？很多人都认为是平均分配，实际上，金钱并不适合平均分配。

想象你是一个老板，要奖励 10 名优秀员工，奖金是 10 万元，要怎么分配给这 10 个人才会让他们觉得公平呢？

很多人都会说："平均分配。"你可能觉得最公平的办法就是每个人拿到的钱一样多。但是我要告诉你，那可不一定。对有些东西来说，平均分配不见得是最优方案。

对这个问题，来自多伦多大学的德沃（DeVoe）和哥伦比亚大学的艾扬格（Iyengar）展开了研究，这项研究于 2010 年发表在《心理科学》（*Psychological Science*）上。他们发现，分钱和分物质是不一样的。

在第一项实验中，268 个人阅读了这样一段背景材料：

公司总裁收到了一份业绩报告，销售部门表现优异。为了更好地激励大家，总裁向部门经理指示，奖励该部门 10 个一线销售人员。

接下来，不同组的人会看到不同的奖励内容。其中一组人看到的是部门经理给 10 个员工分钱，他决定平均分配给每人 2 万美元现金奖励；另一组人看到的是经理给 10 个员工分假期，他决定平均分配给每个人 20 天的假期；最后一组人看到的是经理给 10 个员工分巧克力，他决定平均分配给每个人 20 盒巧克力。

那么，你觉得这样的分配公平吗？结果表明，在分钱时，人们觉得平均分配不公平，但是当在分假期或者分巧克力时，人们觉得平均分配是最公平的。

为什么呢？研究者认为，假期和巧克力这样的奖励是"实用性质"的，

每个人对它们的需要程度都差不多。但是金钱这样的奖励是"交易性质"的，更应该采取其他方法进行分配，例如按劳分配，按贡献分配，或者按需分配。

如果你到一个贫困山村去扶贫，带了2万元。这时，把钱平均分给每一户人家可能不是最好的方案。你可以按需分配，给最穷的几户人家多一点，富裕的人家少一点。但是如果你带了20箱苹果，这时按需分配就不太好了，还是平均分给每一户人家比较好。

当然，不光金钱是交易性质的，任何一种东西如果能够用来交换流通，也都会被视为有交易性质。例如，我们通常觉得大米是实用性质的，不是交易性质的，但是在某些困难的历史时期，大米就会变成一种硬通货。这时大米就好像金钱一样，也是交易性质的，因此分大米时，也就不应该平均分配，而应该按劳分配或者按需分配。

如果你想要平均分配一个奖励，那么你就要注意一件事情：给这个奖励换上"实用"的包装。

在第二项实验中，427个人被随机分配到"交易产品组"和"应用产品组"。这些人都读到了经理需要给10名员工奖励。这一次，用来奖励的奖品是2000点积分。一组人看到的是这些积分可以兑换多种多样的产品，但是另外一组人看到的是这样的积分只能兑换指定的产品。

同样是积分，但是第一组人看到的积分更有"交易性质"，就跟金钱差不多。那么，如果这样的积分被平均分配的话，人们觉得是否公平呢？

结果表明，同样是积分，如果是"交易性质"的积分，人们觉得平均分配更不合理，但是如果是"实用性质"的积分，人们觉得平均分配更合理。

平均分配不一定会让人觉得公平。分物品时，我们可以平均分配。如果是分钱，每个人拿一样多，不见得就是最好的方案。

参考文献

[1] DEVOE S E, IYENGAR S S. Medium of exchange matters: what's fair for goods is unfair for money [J]. Psychological science, 2010, 21 (2): 159-162.

10　金钱不是万能的，小心奖励窒息

金钱激励并不是越多越好，高额奖金可能会让参赛选手喘不过气来！

小时候妈妈说，考 100 分就奖励你 100 元；长大后老板说，这个月干得好就给你多发 1 万元奖金。妈妈和老板都认为，金钱的激励，可以让你表现得更出色。然而，当你答最后一道题时想起妈妈承诺的 100 元，当你月底冲业绩时想起老板答应的 1 万元，你真的会表现得更好吗？

那可不见得。有些时候，在金钱的激励下，你可能连正常水平都发挥不出来。

明尼苏达大学的鲍迈斯特（Baumeister）教授早在 1984 年就发现，增加现金奖励或者引入竞争反而使得选手在电子游戏中的表现变差。麻省理工学院的经济学家艾瑞里（Ariely）曾经到印度南部马杜赖市的街头寻找当地居民玩游戏。游戏玩得越好，得到的奖金越多。在游戏前，要通过掷骰子决定能赢的奖金最高是多少，奖金分为高中低三个档次。低档奖金相当于当地居民一天的工资，中档奖金相当于两周的工资，高档奖金相当于五个月的工资，数目非常可观。

艾瑞里的"游戏厅"一共有 6 种游戏，每种游戏都有良好和优秀两个成绩计算标准。如果抽到中档奖金，每种游戏只要达到良好水平，就可以拿到 20 卢比；如果达到优秀水平，就可以拿到 40 卢比；如果连良好水平也达不到，那么一个卢比也没有。也就是说，根据成绩，最多能挣到 240 卢比（两周的工资），也可能连一个卢比都挣不到。

被分到高中低档奖金的 3 组参与者的成绩会是怎样呢？奖金越高大家的

成绩越好吗？结果显示，低档奖金一组的成绩与中档奖金一组成绩不相上下。所以说，较低水平的奖金也足以调动相当多的游戏参与者好好表现。当参与者面对高档奖金时表现会怎么样呢？结果是，表现最差。与钱少的两组相比，他们的成绩达到良好或优秀水平的人数还不到前两组的1/3。艾瑞里发现，面对高额奖金的人非常紧张，高额奖金对于他们来说变成了令人难以喘息的压力。

在一项"蜡烛实验"中，研究者也发现了跟艾瑞里同样的现象。

1945年，德国心理学家邓克尔（Duncker）给参与实验的人出了一道脑筋急转弯：给你一盒短图钉、一根短蜡烛，如何将蜡烛固定在墙上的软木板上，并且在点燃蜡烛时蜡油不会滴在桌面上？

图 2 - 4 蜡烛实验答案[一]

想出答案了吗？答案就是先用图钉把盒子固定在墙上，然后放上蜡烛并点燃。问题的关键在于盒子的利用。把盒子当作装蜡烛的容器，是需要创造力的。这个任务是一个经典的测量创造力的任务。

1962年心理学家格鲁兹堡（Glucksberg）重做了这项实验。这次参加游戏的人中，一半的人是有金钱奖励的，越快解决，给钱越多。而另一半人没有金钱奖励，只是告诉他们这项实验的目的是想要知道人们解决这个问题需要多久。结果发现，有奖励时，人们解决问题需要更长的时间。

金钱不是万能的，金钱奖励对提高人们表现是有局限性的。老板给员工的1万元奖金可以让他干活更卖力，但是未必能让他可以想到创新的办法来

〇 图片来源：http://www.sohu.com/a/231212836_ 16493 2019.6.2.

解决工作问题。

这种情况叫作奖励窒息（Choking）。当外在的奖励很大时，人们的表现反而变得不佳。奖金越高，压力就越大。

体育比赛中这样的例子比比皆是。在射击赛场上，就有一位"对中国最友好的美国人"——马修·埃蒙斯。雅典奥运会男子 50 米步枪 3×40 决赛中，最戏剧性的一幕出现在最后一枪。当时排名第一的埃蒙斯领先了中国选手贾占波整整 3 环，金牌已经十拿九稳，然而最后一枪埃蒙斯犯了一个不可思议的错误，把子弹打在了旁边运动员的靶子上，把金牌送给了贾占波。4 年后的北京奥运会，埃蒙斯卷土重来，在握有巨大领先优势的情况下，却在最后一枪再次上演神奇失误，打出了让人惊掉下巴的 4.4 环，拱手把冠军让给中国选手邱健。

其实埃蒙斯的失误情有可原。在奥运会决赛赛场上，运动员背负着个人和国家的荣誉，面对的是全世界观众的目光，当然，心心念念的还有赢得比赛之后的巨额奖金和巨大的经济利益。在这种巨大的压力之下，运动员在即将获胜时，很容易出现灾难性的失误。这种现象叫作"压力下的窒息"。同样，当人们面对一大笔金钱的激励时，也容易出现这种窒息反应，导致发挥失常。

那么到底什么时候金钱奖励才可以让人们表现得更好呢？

对于简单的任务，金钱奖励的效果更好。例如前面的蜡烛任务中，为了更容易解题，研究者把图钉从盒子里拿出来分开放好，人们一眼就可以看出来有图钉、盒子、蜡烛三种东西可用。这样这个任务就变得容易了很多，不需要什么创造力就可以轻松找到解决办法。这次的实验结果如何呢？在简化版的蜡烛难题中，有金钱奖励的一组完成速度更快。

但是在复杂的认知任务上，在需要创造力或一定技能技巧的任务上，关注外在奖励却可能导致坏事发生。比如原版蜡烛难题、艾瑞里的"游戏厅"，甚至是在奥运会赛场上打出最后一枪。在这些情境下，高额奖金会导致人们出现窒息反应，连正常水平都发挥不出来。所以说"有钱能使鬼推磨"只适用于"推磨"，并不适用于日常生活中需要创造力和全神贯注才能完成的任务。

金钱让人们的表现更糟糕还有一种可能的解释，就是人们想到钱会分散注意力，无法专心致志地去把事情做好。

《庄子·达生》中有这样一个故事。有一个鲁国的木匠，他制作的木器就好像浑然天成一般。有一次，他用木头做了一个东西，见到的小伙伴都惊呆了，不相信这是人能够做出来的，更像是鬼神做出来的。

鲁国的国王看到了这个东西，觉得不可思议，就问他是不是有什么法术。这个木匠说自己只是一个普通人，不会法术。国王有点不相信，问他是怎么做出来的。

这个木匠的回答很简单，他说："我在制作这个东西时，聚精会神，心中没有杂念，忘掉了名和利。"

当你做一件事情很投入时，比如工作、学习、玩游戏、写作，你会忘记了吃饭，忘记了睡觉，忘记了时间的流逝，忘记了自己身在何处。总之，你感觉不到自己的存在。这个状态在心理学上叫作心流（flow）。心流是积极心理学家米哈伊·奇克森特米哈伊（Mihály Csíkszentmihályi）在2004年提出的，指的是人们沉浸在当下的某件事情中，全神贯注、全情投入并且十分享受的一种精神状态。但是，当有了外部奖励之后，心流就会被破坏，你将没有办法享受这个过程，因为你的注意力放在了外部奖励上。

当然这并不是说我们不要给员工经济保障，避免金钱分散员工的注意力，让员工窒息。恰恰相反，孔夫子说，会游泳的人可以忘记水的存在，这样他们就不会害怕水，不会注意到水，因此他们能够自如地划船而不被水干扰。同样，我们需要给员工很好的薪水和福利，这样他们才可以忘记掉金钱这个目标，实现自由创造。如果薪水和福利不好，他们反而会一直去关注外部奖励，不能全身心投入到工作中去。

➡ 参考文献

[1] BAUMEISTER R F. Choking under pressure：self-consciousness and paradoxical effects of incentives on skillful performance ［J］. Journal of personality and social psychology，1984，46（3）：610 – 620.

[2] SCHNEIDER P A. Good business：leadership，flow，and the making of meaning ［J］. Journal of consumer marketing，2004，21（3）：227 – 228.

[3] ARIELY D，GNEEZY U，LOEWENSTEIN G，et al. Large stakes and big mistakes ［J］. The review of economic studies，2009，76（2）：451 – 469.

[4] GLUCKSBERG S. The influence of strength of drive on functional fixedness and perceptual recognition ［J］. Journal of experimental psychology，1962，63（1）：36 – 41.

11　在问人要钱之前，你最好先问人要时间

从别人兜里掏钱不是一件容易的事，有一个方法可以让你把这事变得更简单，就是先问他要点别的。

很多事情讲究先后顺序。穿戴时要先穿袜子，再穿鞋；开门时要先开锁，再推门；做发型时要先洗头发，再吹干……顺序变了，结果可能也大相径庭。

想象一下，你是一名慈善活动的募捐负责人，你需要人们为你的慈善活动捐钱，同时，你也需要人们愿意奉献时间来做志愿工作，也就是捐时间。

那么你是应该先让人们捐钱，还是先让人们捐时间呢？

换句话说，你有两种劝捐策略，一种是"先问捐赠时间参与志愿活动，再问捐款的意愿"，另一种是"先问捐款的意愿，再问捐赠时间参与志愿活动"，这两种策略带来的捐赠结果会有所不同吗？

你可能觉得这没有区别，因为时间与金钱都是人生的重要资源。美国启蒙运动的开创者、科学家、实业家和独立运动的领导人之一富兰克林就在他编撰的《致富之路》一书中收录了在美国流传甚广、掷地有声的格言："时间就是金钱。"

的确，生活中我们每时每刻都能感受到时间的价值。比如，你经常要花大价钱去购买别人的时间，付出的价钱越高，他的时间越有价值。举一个具体的例子，你去看心理医生，1 小时收费 1000 元，那么你认定这位医生的 1 小时的价值就是 1000 元。同样，你上班的时薪为 50 元，那么你会认为自己 1 小时的工作时间价值 50 元。就这样，金钱与时间联系了起来。

但是时间与金钱并不完全一样。时间的价值比金钱的价值更加模糊，导

致时间支出比金钱支出更加灵活[1]。时间每时每刻都在流逝，不管你愿不愿意，你的时间都在变少。那么，当你在问别人要钱和要时间时，到底是先要钱好呢，还是先要时间好呢？

2008 年，加州大学圣地亚哥分校市场营销副教授刘（Liu）和斯坦福大学营销学教授阿克（Aaker）共同进行的一项研究，考察了这个问题[2]。

研究者召集了 193 位大学生参与实验，这些学生被随机分为三组。学生们了解到有一家慈善机构叫作 HopeLab。这是一个开发新型技术，以改善患有严重慢性疾病的儿童的生活质量的组织。现在 HopeLab 在大学校园里进行募捐活动。第一组学生先被问到："你有多大兴趣花时间参与 HopeLab 的志愿服务？"回答了这个问题之后，他们又被随后问到："你有多大兴趣给 HopeLab 捐钱？"

第二组学生也同样被问到了这两个问题，唯一不同的是，他们是先被问到捐钱，再被问到捐时间。第三组学生只是阅读了这家慈善机构的介绍，没有被问问题。

接下来，每个学生都拿到 10 张 1 美元的报酬。他们可以自由选择是否把这 10 美元当中的一部分或者全部捐掉。如果他们选择捐钱，就可以把要捐的钱放到一个捐款箱里面。

结果发现，第一组学生平均捐款为 5.85 美元，第二组学生平均捐款 3.07 美元，第三组学生平均捐钱 4.42 美元。也就是说，"先问人要时间"会使得人们愿意捐更多的钱。

除此之外，研究者还给三组学生分发了"HopeLab 志愿者"的传单，邀请他们成为校园内宣传和推广筹款活动的志愿者。如果愿意成为志愿者，就可以留下电子邮箱。接下来的一周，HopeLab 的工作人员联系了所有留下电子邮箱的参与者，并统计了这些志愿者一个月内实际为 HopeLab 工作的小时数。

结果显示，第一组学生中有 14% 的人留下了电子邮箱，而第二组和第三组中仅有 3% 的人留下了电子邮箱。第一组学生不但更加积极地留电子邮箱，在后续实践中也的确更多地参与了志愿工作。第一组学生中有 7% 的人实际参与，第二组和第三组中均只有 1.6% 的人参与。也就是说，先问人要时间，不但要到了更多钱，也要到了更多时间。

为什么先让人们捐时间会起到这么好的效果呢？研究者继续考察了这个现象背后的机制。他们发现，先问人要时间会让人们想象自己花时间帮助别人的景象。这个景象会让他们产生更大的幸福感，这样一来，人们就把帮助他人跟幸福感联系在一起。换句话说，先问人要时间，会让人们相信帮助别人很快乐，从而更愿意捐钱，也更愿意花时间帮助别人。

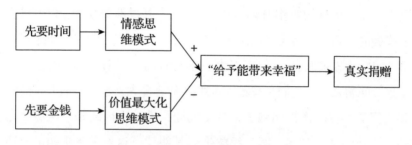

图 2-5　捐时间与捐钱的作用模型[1]

把金钱花在别人身上，或者把金钱捐赠给有需要的人，这些都会导致幸福感的提升。很多研究已经证明了捐钱可以让人们变得更幸福。譬如 Dunn（杜恩）等人在 2008 年发表的研究表明，捐钱给慈善机构带来的幸福感，跟家庭收入翻倍带来的幸福感增加程度一样。不过有很多人并不认可这一点。这个研究就发现，如果先让人们考虑捐时间，人们就会更认同捐赠会带来幸福感的说法，从而使捐赠意愿上升。

对慈善组织来说，直接问人们要钱的效果并不好，应该迂回一点，在要钱之前，先让问人们要时间。这样，就能得到更多的钱。

参考文献

[1] OKADA E M, HOCH S J. Spending time versus spending money [J]. Journal of consumer research, 2004, 31 (2): 313-323.

[2] LIU W, AAKER J. The happiness of giving: the time-ask effect [J]. Journal of consumer research, 2008, 35 (3): 543-557.

12 让穷人和富人捐赠，要用不同的方法

向穷人要钱跟向富人要钱，需要用不同的套路。慈善捐赠中，对穷人需要强调共同目标，但是对富人则需要强调个人目标。

生活中，我们经常可以接触到各类公益捐赠广告。比如，由腾讯公益发起的"99 公益日"全民公益活动，活动主题是"一起爱"。这类广告强调让人们一起携手努力，共同捐赠。看起来似乎很有用，但是不是对所有人都有用呢？

2017 年，来自英属哥伦比亚大学的威廉斯（Whillans）、邓恩（Dunn）和美国芝加哥大学的卡鲁索（Caruso）在《实验社会心理学杂志》（*Journal of Experimental Social Psychology*）上发表了一项研究。他们发现，这种强调追求共同目标的广告，对有钱人来说没什么用。

在第一项研究中，研究者对在 2013 年 11 月 21 日至 2014 年 2 月 28 日期间登陆某个慈善组织网站的 185 个人进行了调查。这些人首先报告了自己的性别、年龄、种族、家庭收入、个人净资产和主观社会经济地位。

接下来，这些人看到了这个慈善组织的一个捐赠广告。这个广告鼓励人们将自己的部分收入捐给相关的贫困援助组织。一半的人看到的捐赠广告强调了所有人应该共同做些事情来减少贫困（共同目标）；另一半的人看到的捐赠广告强调了每个人应该做些事情来减少贫困（个人目标）。最后，参与者有机会可以点击一个捐款链接，并自由选择捐款或跳过不捐。

结果发现，有 25.9% 的参与者点击了捐款链接，而且穷人和富人对于两种广告的反应截然不同。当捐赠广告强调所有人的共同目标时，家庭年收入

在 4 万~5 万美元的人更愿意点击捐款链接；当捐赠广告强调每个人的个人目标时，家庭年收入在 9 万～10 万美元的人更愿意点击捐款链接。也就是说，在捐赠广告中对富人强调共同目标，反而会降低他们的捐款意愿！

研究者在加拿大和美国的公共场所（体育场、博物馆）共找了 414 个人又做了一项研究。研究者首先给了参与者第一个信封，上面写着 "For You"（给你），里面装了 10 美元，是给参与者的调查报酬。然后，研究者又给了参与者第二个信封，上面写着 "For Charity"（给慈善组织）。

和第一项研究一样，参与者在 iPad 上完成了相同的人口统计调查，并被随机分配看了相同的广告。一半的人看到的捐赠广告强调所有人应该共同做些事情来减少贫困；另一半的人看到的捐赠广告强调了每个人应该做些事情来减少贫困。接下来，参与者有一个捐款的机会，他们可以把自己捐的钱放在第二个信封里。无论参与者是否捐款，他们最后都需要把信封还给新的研究助理。

结果发现，有 50.2% 的参与者做出了捐赠行为。穷人和富人对这两种捐赠广告的反应也不一样。家庭年收入在 5 万~6 万美元的人在看了强调共同目标的捐赠广告后，向慈善机构捐出了更多的钱；家庭年收入在 9 万～10 万美元的人在看了强调个人目标的捐赠广告后，向慈善机构捐出了更多的钱。也就是说，在捐赠广告中对富人强调共同目标，反而会减少他们的捐款金额！

为什么富人和穷人会对不同的捐赠广告有不同的反应呢？为什么强调共同目标的捐赠广告对富人没有什么用呢？过去的研究已经发现，不同收入的人有着不同的自我概念。具体来说，低收入的人会有更多的公共自我概念，他们认为自我主要由自己和他人的社会联系来定义；而高收入的人会有更多的主观自我概念，他们认为自我主要由一个人的个人控制能力来定义。也就是说，穷人更加重视人和人之间的联系，而富人把自己看成一个孤岛。

当慈善广告的诉求和捐款人的自我概念相匹配时，捐款人才会更愿意捐钱。对穷人应该更多强调共同目标，对富人应该更多强调个人目标。所以，像腾讯公益的"一起爱"这种活动，虽然能让穷人慷慨解囊，但是对富人却没啥用。而像壹基金"每人每天 1 元钱"这种活动，才能打开富人的钱包。

参考文献

[1] WHILLANS A V, CARUSO E M, DUNN E W, et al. Both selfishness and selflessness start with the self: how wealth shapes responses to charitable appeals [J]. Journal of experimental social psychology, 2017: 242 – 250.

13 捐款时，长得好看真有那么重要吗？

捐款也看脸？没错，长得好看的动物和长得好看的受害者，得到了大部分的捐款。

英国博物学家帕卡姆（Packham）曾经提出，要"吃掉最后一只熊猫"。为什么呢？因为大熊猫的颜值实在太高，吸引了太多的捐赠和资助。这导致那些颜值不佳的濒危动物被严重忽视，得不到捐款，因为钱都给了可爱的大熊猫。

真是这样吗？我们真的热衷于帮助那些好看的对象，而忘记了去帮助那些真正需要帮助的对象？

2017 年 8 月，来自美国华盛顿大学的克赖德（Cryder）、英国伦敦大学的博蒂（Botti）和英国巴斯大学的西蒙尼扬（Simonyan）在《营销研究杂志》（*Journal of Marketing Research*）上发表了一篇论文。

在第一项实验中，研究者为英国的一个动物保护中心进行了为期 5 天的募捐活动。研究者在英国一所大学里贴了一张海报，宣传了该中心的动物收养计划。学生、工作人员和路过的游客都被问到是否愿意为动物保护捐款。那些感兴趣的人看了一本有动物图片的小册子，并选择了其中一种动物来捐款。这些动物图片中包括颜值很高的长颈鹿和斑马，也包括颜值很低的企鹅和红毛猩猩。

结果发现，颜值很高的长颈鹿和斑马获得了 32% 的捐款，明显高于颜值很低的企鹅和红毛猩猩。因为长相不佳，企鹅和红毛猩猩只得到了 17% 的捐款。最好看的 4 种动物获得了 64% 的捐款，最不好看的 4 种动物只拿到 36%

的捐款。也就是说，尽管人们清楚地认识到有些动物是更严重的濒危动物，但还是更愿意捐款给那些长得漂亮的动物。

不光对动物我们青睐颜值，对人也是这样。在接下来的一项实验中，研究者让360名参与者看了4个腭裂手术成功孩子的照片，介绍了他们的病情，然后让参与者选择其中一个孩子进行捐赠。其中一半的参与者看到的4个孩子颜值没啥区别，另外一半的参与者看到的4个孩子当中，有一个孩子非常漂亮，她的名字叫作安吉莉卡（Angelica）。

结果发现，如果看到的4个孩子颜值没啥区别，那么参与者更愿意捐款给最需要帮助的孩子薇拉（Vera）。她拿到的捐款最多，占了总金额的45%。但是，如果参与者看到的四个孩子当中有一个特别漂亮，安吉莉卡，那么参与者更愿意捐款给她。虽然她的病情最不严重，最不需要帮助，但她还是获得了大部分的捐款，占了总金额的48%。而真正需要帮助的薇拉，只拿到30%的捐款。

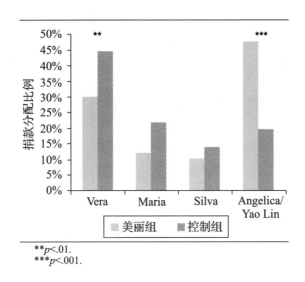

**p<.01.
***p<.001.

图 2-6　每个孩子获得的捐赠比例[1]

那么怎样才能让人们不被颜值所左右，捐款给真正需要的人呢？研究者又做了一项实验。跟上面的实验一样，所有的参与者都看了4个腭裂手术成功孩子的照片，其中的安吉莉卡特别漂亮。一半的人，研究者提示他们需要靠直觉选择捐助哪个孩子；而另外一半的人，研究者提示他们需要仔细考虑选择捐助哪个孩子。

结果发现，当参与者凭着直觉快速做出决定时，他们更有可能捐款给漂亮的孩子。但是，当参与者仔细考虑、反复思考之后，情况即有所转变，他们更有可能捐款给真正需要帮助的孩子。

捐款也看脸？没错，这个研究告诉我们，在慈善捐赠中存在一种"慈善美丽溢价"，人们更愿意捐款给长得好看的人。对于美貌，人们似乎是有一种本能上的无意识的偏好。不管把钱捐到哪，捐给谁或捐多少钱，涉及对上述问题做直觉性选择时，只要长得好看，都会完胜。但是，当捐款需要深思熟虑再决策时，人们还是更愿意捐款给那些需要帮助的人。

▶ 参考文献

[1] CRYDER C, BOTTI S, SIMONYAN Y, et al. The charity beauty premium：satisfying donors'"Want" versus "Should" desires ［J］. Journal of marketing research，2017，54 (4)：605－618.

<u>14</u>　"受害者识别效应"让你更愿意慷慨解囊

看到一个具体的人陷入困境，会激活我们的恻隐之心，但是看到一个抽象的人陷入困境，我们却无动于衷。

1987年深秋的一个夜晚，一岁半的小女孩杰西卡·麦克鲁尔（Jessica McClure）不慎失足掉入了后院的排水管中。这本是一件普通的不幸事故，但是，随着媒体的报道，这位小女孩几乎受到了全世界的关注。当时，美国有线电视新闻网（CNN）对救援行动进行了全程直播，全球的观众都在电视屏幕前为小女孩的命运祈祷。最终，经过56个小时的不懈努力，消防队员在百余名热心群众的帮助下，成功将小女孩营救了出来。

小女孩战胜了死神，但她的故事却并未结束。后来，小女孩受到美国前总统老布什的接见，对她的救援过程也被改编成了电影《紧急抢救》（*Everybody's Baby：The Rescue of Jessica McClure*）。2011年，她25岁时，还收到了80万美元的捐款。

在被公众所表现出的善意感动的同时，我们不妨理性地来看待这个事件。2014年到2016年，根据政府公开的数据，全美的婴儿死亡率为6‰左右[1]。也就是说，平均每年美国有超过2万名婴孩夭折。这些小生命就远不如上面提到的小女孩那么幸运，能够受到如此多的帮助。为什么人们会对小女孩表现出如此多的善意，而相对来说，对大多数不幸夭折的婴儿关注度较低呢？

斯大林说过一句话，很贴合这个现象："一名苏联战士的牺牲是悲剧，而几百万人的死亡只不过是统计数字而已。"那么，我们更想为悲剧还是统计数字捐钱呢？当然是悲剧。诺贝尔经济学奖获得者托马斯·谢林（Thomas

Schelling）将这种现象命名为"受害者识别效应"：我们会更加想要帮助一个特定具体的陷入困境的人，而不是模糊抽象的个体[2]。

许多研究也都证实了"受害者识别效应"的存在。来自希伯来大学的心理学家科古特（Kogut）和利托夫（Ritov）2005 年发表在《行为决策杂志》（*Journal of Behavioral Decision Making*）上的研究就发现，对需要帮助者描述得越多、越具体，人们就越想给他捐钱[3]。

在第一项实验中，实验者招募了 147 名在校学生，这些学生被随机分成八组。他们需要阅读一段故事，大概内容是有个小朋友得了重病，没钱治疗，需要大家捐款。他们会分别看到四种对小朋友的描述。第一组学生看到的描述是"小朋友"，没有其他的信息，这时小朋友的形象是最抽象的；第二组学生的则是"两岁的小朋友"，比第一组具体了一点；第三组更进一步，他们不仅知道小朋友的年龄，还会看到小朋友的名字；第四组的描述是最具体的，不仅有年龄和名字，还有小朋友的照片。

研究者统计了不同情况下学生是否愿意为小朋友捐钱，以及愿意捐多少钱，并据此计算出了学生的捐赠意愿指数。他们发现，如果捐款的对象是"一位小朋友"，在没有其他描述的情况下，学生捐钱给他的意愿指数比较低，只有 47.17。而随着描述越来越详细，学生也越来越愿意帮助这位小朋友。如果他们看到了小朋友的年龄与名字信息，他们的捐助意愿指数就会上升到 73.19。而如果提供了小朋友的年龄、名字和照片信息，他们的捐助意愿还会再上涨，达到了 83.90。这与之前的研究是一致的，对小朋友的描述越详细具体，人们就越想帮助他。

然而，有趣的是，如果捐助对象从"一位小朋友"变成了"八位小朋友"，这个效应就没有了。学生对八位小朋友的捐助意愿要低于对一位小朋友的捐助意愿。

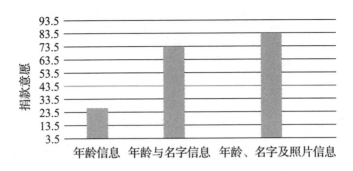

图 2-7 对小朋友描述的详细程度影响了学生的捐款意愿[3]

那么，为什么人们会如此"不理智"呢？科古特教授和利托夫教授认为，因为他们被情感蒙蔽了双眼。

在第二项实验里，科古特教授和利托夫教授新招募了 112 位学生。这次他们被随机分成四组。其中两组学生看到的故事是，一位小朋友得了很可怕的病，需要好心人捐款相助。研究者没有向其中一组学生提供这位小朋友的其他信息，而另一组学生能够看到这位小朋友的年龄、姓名和照片信息。另外两组学生除了看到的是八位小朋友之外，其余实验流程都相同。这次除了评价自己的捐助意愿外，学生们还要报告自己看到这个故事之后，在多大程度上感觉到了悲伤以及同情。

实验结果发现，对于什么信息都没有提供的一位小朋友，学生们为他们捐款的意愿为 36.1，如果这位小朋友信息里有年龄、姓名和照片，学生们的捐助意愿指数就会提高到 52.9。研究者还发现了一个有趣的结果：如果看的是一位有姓名、年龄和照片信息的小朋友的故事，学生们会感觉更加悲伤。而当捐助对象变成八位小朋友之后，这个现象就消失了。

后续研究还发现，当学生们看到一名有具体信息的小朋友的悲惨故事，他们会更加悲伤，也会更加愿意捐钱。学生们给一名小朋友捐的钱更多，平均为 6.37 元，也会感觉更加悲伤，而他们只想为八位小朋友捐 3.22 元。

所以，悲伤似乎就是让人们产生"受害者识别效应"的背后推手。1996

年，阿姆斯特丹大学的心理学家斯塔波（Stapel）和维尔特惠森（Velthuijsen）发现，生动具体的信息会调动我们过去的记忆，让我们有一种熟悉感，也更容易引发我们的情绪[4]。

大家不妨想象一下，今天是冬至，有一位衣衫褴褛的老人，正在我们旁边的人行道上瑟瑟发抖。我们会不会觉得这个人好可怜，真想给他点钱买一个热馒头吃？答案是肯定的。同理，看到照片里两岁的，叫 Peter 的小朋友遭遇不幸，我们心中浮现出的画面会生动很多，我们的心情也会更加难过，自然也就更想捐钱帮他渡过难关了。

除了情绪的影响外，研究者对于"受害者识别效应"也有一些其他的解释[5]。比如，有些研究者认为，对受害者的描述越具体，人们越会相信，在他身上的确发生了可怕的事情，也就更愿意伸出援手。也有一些研究者认为，大多数人会觉得，十个人中有一个人遭遇不幸，会比一万个人中有一个人遭遇不幸要严重得多。而对受害者的描述越具体，对应的参照群体就越小，他们遭遇的不幸就越可怕，人们自然就越愿意帮助受害者了。

在现实生活中，许多捐款事件的发酵也借助了这一效应。2012 年在纽约，一位老奶奶遭到了四个中学生的欺凌，有人将记录了欺凌全过程的视频上传到了网上。随后，来自 84 个国家，超过 3 万名的好心人向老奶奶捐助了超过 70 万美元。

俗话说，"恻隐之心，人皆有之"，但是，我们的善意也很容易变得盲目。"受害者识别效应"会让我们过于关注某一个不幸的个体，而忽视集体的悲剧。囿于心智，我们经常会看不到那些无法贴近、接触的群体所面对的痛苦、困境。

▶ 参考文献

［1］BHATT C B, BECK-SAGUÉ C M. Medicaid expansion and infant mortality in the United States［J］. American journal of public health, 2018, 108（4）: 565 – 567.

［2］ SCHELLING T C. The life you save may be your own ［J］. Problems in public expenditure, 1968: 127 – 162.

［3］ KOGUT T, RITOV I. The "identified victim" effect: an identified group, or just a single individual? ［J］. Journal of behavioral decision making, 2005, 18 (3): 157 – 167.

［4］ STAPEL D A, VELTHUIJSEN A S. "Just as if it happened to me": the impact of vivid and self-relevant information on risk judgments ［J］. Journal of social and clinical psychology, 1996, 15 (1): 102.

［5］ JENNI K, LOEWENSTEIN G. Explaining the identifiable victim effect ［J］. Journal of risk and uncertainty, 1997, 14 (3): 235 – 257.

15 我们宁可不做好人，也不想做一个小气的好人

为了逃避捐款，人们可以做出很多有趣的事情。

有一天我去附近的咖啡馆买咖啡，付款时，我发现收费柜台上面摆着一个透明的捐款箱。这个捐款箱里放着一些 5 元 10 元的钞票。我拿出钱包，发现里面只有 1 元零钱。这时我其实也想要把这 1 元钱放入捐款箱里，但是我没有这么做，而是转身离开了。

作为一个研究金钱的心理学家，我对自己这种举动进行了反思。为什么我不愿意捐掉这 1 元钱呢？为什么我明明觉得应该捐钱，却还是选择了逃避呢？

2008 年，加利福尼亚大学圣地亚哥分校管理学院的格里兹（Gneezy）教授等人在游乐园里做了这样一项研究[1]。游乐园的一些游乐设施会趁顾客不注意时抓拍下他们游玩的场景，我们在坐完过山车后常常能看到一个大屏幕上滚动播放着大家闭着眼睛哇哇大叫的模样。如果觉得这张照片拍得不错，我们就可能付钱把照片买下来。之前这种照片一般都有一个固定的价格，例如 10 元一张。

但是这个游乐园采取了一种新的付费方式。他们让顾客自己定价，想付多少就付多少。如果你觉得这张照片只值 1 元钱，那么你就可以只付 1 元钱。如果你觉得这张照片只值 1 分钱，你就可以付 1 分钱带走这张照片。

当研究者来到这个游乐场做实验时，他们对这个付费方法做了一点小的改动。研究者告诉这些顾客，他们还是可以跟以前一样，爱付多少钱就付多少钱；唯一不一样的地方就是，他们付的钱当中有一半会捐给一个公益组织，用来治疗一种非常严重的疾病。

这个实验持续了两天，共有 25968 名游客被拍照。这些游客看到了自己的照片并且决定是否购买，如果要买，还需要决定自己出多少钱。

猜想一下，在这种情况下，游客们会买得更多还是买得更少呢？他们愿意出更多的钱还是愿意出更少的钱呢？你可能会觉得，反正也是花钱买照片，现在还顺便做了公益，游客们应该买得更多才对。结果可能没有你想得这么简单。如果只看游客们的平均出价，引入了捐赠后，的确提高了游客们愿意支付的平均价格。平日里，游客们一般愿意为一张照片平均出价 0.92 美元，但是当他们知道自己付的钱中有一半要捐赠时，他们愿意支付的价格就上涨到了一张照片 5.33 美元。也就是说，跟你想的一样，当游客们意识到自己的购买行为可以帮助到他人时，他们的确愿意给得更多。

但有趣的是，愿意购买照片的游客人数却大大地减少了。平时一般有 8.39% 的游客愿意购买照片，但是在这两天里，当游客知道自己要付的钱中有一半要捐赠时，只有 4.49% 的游客愿意购买照片。也就是说，在听到自己要为别人捐款时，有很多人宁可不要照片也要转身离开。人们直接放弃的比率从平日里的 91.61% 上升到了 95.51%。

为什么会出现这种情况呢？

想象一下，平时让你购买一张照片，你可能会选择出一个低价，比如 5 角钱。但是这时告诉你，你出的钱中有一半要被拿去帮助别人，你就不好意思再出 5 角钱了吧？既然是做好事，怎么能这么小气呢？

所以如果要做好事，那么我们得多出点钱，比如 5 美元。但是如果我们舍不得 5 美元，那就干脆也别要这照片了。我们宁可不做好人，也不想做一个小气的好人。

这也就是为什么我不愿意在咖啡馆里捐掉我的 1 元钱。因为 1 元钱显得太少了，如果我捐了，反而显得很小气。但是如果让我拿出一张整钞捐掉，又有点舍不得。所以只好逃之夭夭。

我们每个人都觉得自己是个好人，是个大方的人，是个乐于助人的人。

因此，如果一件好事摆在我们面前我们不愿意做时，我们就会远远躲开，假装自己没有看到。

美国有一个著名的慈善机构叫作救世军，他们每个圣诞节都会举行红水壶公益活动。负责募捐的人会穿上独特的红色围兜，戴上圣诞帽，手拿一个铃铛向路过的人筹款。这些善款会被用于采购食物、衣物、玩具，发放给那些有需要的人。

2009 年的冬天，加利福尼亚州立大学经济系教授詹姆斯·安德烈奥尼（James Andreoni）和耶鲁大学教授汉娜·特朗特曼（Hannah Trachtman）与"救世军"进行了合作，再次验证了人们"逃避捐款"的行为[2]。

他们选取了波士顿地区的一个超市。这个超市有两个大门，顾客在停车场停好车后就会通过这两个大门进入超市。这次募捐活动选择了在超市的 1 号门进行。

这项实验从周一持续到周四，每天上午 11 点开始，晚上 7 点结束。募捐者有时只是"消极等待"，安静地站在 1 号门边等待捐赠，并对捐钱的顾客说声谢谢。但是另外一些时候，募捐者会大声"口头呼吁"，跟顾客进行互动。比如他们会和路人打招呼，说："你好！你今天过得怎么样？圣诞快乐！请捐一些钱吧！"还会不停地摇动铃铛。

当募捐者只是"消极等待"时，平均每分钟会有 0.32 个人来捐赠，募捐者平均每分钟收到的捐款金额为 0.33 美元。而"口头呼吁"使捐赠人数多了 55%。重点是，"口头呼吁"也让人们捐得更多，募集到的捐款比"消极等待"多了 69%。"消极等待"的时间段（持续 92 分钟）里，他们平均收集到的捐款是 29.97 美元；而"口头呼吁"之后，他们在同样长的时间段里收集到的捐款多了 20.63 美元，平均收集到 50.6 美元。

这可以说明"口头呼吁"更好吗？这可不一定。

在这两个情境中，募捐者都在超市的 1 号门。也就是说，如果顾客下车时远远地瞧见了 1 号门的募捐者和红色水壶，听到了那独特的铃铛声响，他们会意识到 1 号门有一个募捐活动。这时，他们可以选择从 1 号门通行，也可以选择从 2 号门通行。

于是，詹姆斯·安德烈奥尼对出入这两扇门的人数进行了统计。来超市采购的人需要经过两次大门，先进去，再出来，这样的一段经历被统计为 2 人次。募捐者有一半的时间都在"消极等待"，另外一半的时间在"口头呼吁"。当募捐者只是"消极等待"时，来来回回经过 1 号门的共有 2563 人次，可当志愿者"口头呼吁"时，经过 1 号门的人次减少到了 1728。也就是说，听到募捐者的声音，顾客下意识地躲避 1 号门，选择逃之夭夭。

在这个基础上，詹姆斯·安德烈奥尼又做了一项补充实验。为了防止顾客逃走，在 1 号门、2 号门都进行募捐活动。结果发现，当募捐者只是"消极等待"时，经过 1 号门和 2 号门的总人次为 4682，但是当募捐者"口头呼吁"时，经过 1 号门和 2 号门的总人次下降到了 4084。这 600 人次去哪了呢？研究者后来才发现，这个超市还有一个离停车场更遥远的后门。也就是说，顾客听到两个门都在进行捐款活动后，甚至不惜绕个远路来躲避他们。

我们想要做一个好人，帮助他人是我们的天性。如果有人来要钱，我们很难说出"不"字，但是割舍金钱又的确是一件痛苦的事情。所以，很多时候，我们宁可远远地躲开，对捐款逃之夭夭。当我们不想捐赠或者帮助时，我们会逃避对方的目光，我们会低头看手机假装没看到。我们不惜放弃自己心爱的照片，或者费劲绕个远路，只是因为我们不想对捐款说"不"。

参考文献

[1] GNEEZY A, GNEEZY U, NELSON L D, et al. Shared social responsibility: a field experiment in pay-what-you-want pricing and charitable giving [J]. Science, 2010, 329 (5989): 325 – 327.

[2] ANDREONI J, RAO J M, TRACHTMAN H, et al. Avoiding the ask: a field experiment on altruism, empathy, and charitable giving [J]. National bureau of economic research, 2011.

16　户口的经济价值

一个农村男性为了弥补户口的先天不足，需要每年多赚 24 万元 ~ 27 万元；而一个农村女性为了弥补户口的先天不足，需要多读 4 ~ 5 年的书。

曾经，一个城镇户口是非常值钱的，尤其是北京、上海等地的户口，号称其价值超过 10 万元。那么一个城镇户口到底值多少钱呢？随着时代的变迁，城镇户口似乎越来越不值钱了。那么城镇户口到底贬值了多少呢？

这个问题似乎不太好研究，毕竟城镇户口没有明码标价。2018 年 3 月，来自清华大学经济管理学院的王栩淳和钟笑寒在《经济学报》上发表了一项有趣的研究。他们从"婚姻匹配市场"这个独特的视角出发，研究了城镇户口的附带经济价值。

你在婚姻市场上的价值，取决于你的一些客观条件。综合年龄、身高、外貌等自然生理条件和户口、收入、家庭背景、受教育年限等社会经济条件，就能得出你在婚姻市场上大致值多少钱。户口类型作为个人重要的社会经济条件之一，也会影响你的价值。因此，可以通过城镇户口和其他条件之间的替代关系，来得出户口的经济价值。比如说，如果你是农村户口，你在婚姻市场上可能会被歧视，那么你要通过多赚多少钱才能抵消这种农村户口的负面影响呢？

研究者利用了北京大学中国社会科学调查中心执行的中国家庭追踪调查（CFPS）2012 年的数据。该数据包括全国 26 个省 1.6 万户家庭夫妻双方的详细信息。

研究者发现，一个拥有城镇户口的男青年在婚姻市场上的竞争力比一个相同条件的农村青年要大得多。如果你是农村户口，那么你需要每年多赚 24 万元~27 万元，才足以跟一个其他条件都相似的城市男青年不分高下。

那么对女性来说呢？如果一个女性出生在农村，她能否通过多赚钱来弥补这个不足呢？一个拥有城镇户口的女青年在婚姻市场上的竞争力也比一个相同条件的农村女青年要大。如果你是农村户口，那么你需要每年多赚 6.6 万元~7.3 万元，才足以跟一个其他条件都相似的城市女青年不分高下。

女性的户口问题除了可以通过赚钱来弥补，是否可以通过教育来弥补呢？数据分析显示，女性城镇户口可由 4~5 年受教育年限来替代。也就是说，在其他条件相同的情况下，农村户口的女性要比城镇户口的女性多读 4~5 年书，才能在婚姻市场上拥有同样的竞争力。所以，如果你是来自农村的女性，可以通过多读书，接受更多的教育来提高自己的学历层次，从而提升自己在婚姻市场中的竞争力。

但是，最近一些年发生了天翻地覆的变化。农村户口因为跟土地相联系，变得越来越有价值了。户口价值会不会也随时间发生变化呢？这个变化能否在婚姻市场的数据中体现出来呢？研究者根据已婚夫妻平均年龄的中位数（47 岁），将样本分成两组，一组平均年龄低于 47 岁，另一组高于 47 岁，分别进行了分析。

首先我们来看婚姻市场上男方对女方户口情况的重视程度。如果我们还是来看受教育年限对于户口的补偿作用，就会发现，对于 20 年前的婚姻来说，妻子是农村户口，需要 4.4~4.65 年的教育才能替代。但是对于近 20 年的婚姻来说，妻子是农村户口，只需要 2.6~4.15 年的教育年限就足以替代了。也就是说，随着时间的变化，女性的城镇户口价值在婚姻市场中呈现淡化和下降趋势，变得没有以前那么值钱了。

那么，对于男性也是如此吗？结果可能让你有点吃惊。如果我们看男性的可支配收入对于户口的补偿作用，就会发现，对于 20 年前的婚姻来说，男性的农村户口可以通过多赚 8 万元～18 万元来替代。但是最近 20 年，男性的农村户口却要通过多赚 20 万元～29 万元来替代了。虽然研究者认为这个结果反映了男性的城镇户口价值在婚姻市场中呈现增加趋势，反而变得更加值钱了，但是 20 年前的钱跟现在的钱不能同日而语。所以，扣除掉通货膨胀的因素，男性的户口重要性增加得并没有那么多。

户口的价值随着时间发生了变化，那么户口的价值会不会随着地方的变化而变化呢？例如，不同经济发展水平地区之间，户口的价值是否会有所不同呢？研究者根据 2012 年各省人均 GDP 的中位数，把 26 个省份的已婚夫妻样本分成两组，人均 GDP 高于中位数的为一组，低于中位数的为一组。

首先我们来看女性的户口价值。对于那些居住在经济发达地区的女性来说，拥有农村户口需要用 4.0～4.87 年的教育年限来替代。但是对于那些居住在经济不发达地区的女性来说，拥有农村户口需要用 4.6～5.41 年的教育年限来替代。也就是说，在经济发展水平较低的地区，男性对妻子户口类型的关注和评价反而更高，女性城镇户口价值会变得更值钱。在一线城市里，你的农村户口不会受到太多歧视，但是在经济不发达的小城市，你反而容易受到歧视。

我们再来看男性是否也是如此。一个居住在经济发达地区的农村青年，需要多赚 13 万元～18 万元才能弥补自己户口的先天不足。但是如果居住在经济不发达地区，则需要多赚 43 万元～175 万元才能弥补户口的先天不足。也就是说，在经济发展水平较低的地区，女性对丈夫户口类型的关注和评价也比较高，拥有一个城镇户口对于男性来说含金量很高。

总结一下，城镇户口曾经一度是婚姻市场上的硬通货。一个农村女性为了弥补自己户口的先天不足需要多读 4～5 年的书，一个农村男性为了弥补这个不足则需要每年多赚 24 万元～27 万元。当然，随着时代的变迁，城镇户口变得没有以前那么值钱了。有趣的是，在经济不发达的地区，城镇户口会更加值钱；在经济发达的地区，城镇户口反而没那么值钱。有没有想过，在婚姻市场上，你值多少钱？

参考文献

[1] 王栩淳，钟笑寒. 从婚姻匹配看户口的价值——来自 CFPS 的证据 [J]. 经济学报，2018，5（1）：150 – 186.

17 贫穷的科学家反而能做出重要的科学创新

资金短缺和资源匮乏真的能够促进人们爆发出创造力吗？

中村修二是 2014 年诺贝尔物理学奖得主，他凭借在 20 世纪 90 年代初发明的高亮度蓝色发光二极管，给全球 1/4 的人带去了光明，他所在的日亚公司也因为这项专利赚取了大量钱财。可是，中村修二的发明之路并不顺畅。作为公司一名普通的技术员，他没有得到公司的任何资助。阴暗的地下室，无人问津的几台科研设备就是他的全部了。可他从未放弃，独辟蹊径地想到了用氮化镓作为发光材料，直到最后耀眼的蓝光终于从地下室绽放……

为科学做出巨大贡献的居里夫人，从学生时代开始就过着贫苦的生活。住在破旧的阁楼，每天吃胡萝卜喝茶度日，然后废寝忘食地学习。寒冷的冬天没有炉火，她就打开自己唯一的行李箱，把衣服都掏出来盖在被子上。即使后来与丈夫皮埃尔相识，他们仍旧生活拮据，第一克镭的提取甚至是在一个屋顶残缺漏雨的棚屋里完成的……

不光科学界是这样，其他领域也是如此。

困苦的画家米勒，没钱买颜料就自己制造木炭条画素描。他用新鲜的眼光去观察自然，欣赏自然，最后以乡村风俗画中感人的人性在法国画坛闻名。

电影《流浪地球》就是在不断的资金短缺中被创造出来的。故事中恢宏的空间站、精密的太空舱、别有洞天的地下城、铁甲洪流般的运载车，深深震撼了大荧幕前的你我。

那么，资金短缺和资源匮乏真的能够促进人们爆发出创造力吗？伊利诺伊大学香槟分校的拉维·梅塔（Ravi Mehta）和约翰霍普金斯大学开瑞商学院的朱萌（Meng Zhu）一起考察了这个问题[1]。他们的研究发表于 2016 年的《消费者研究杂志》（*Journal of Consumer Research*）。

其中一项实验是这么做的。

60 名来自伊利诺伊大学香槟分校的大学生参与了这项实验。在实验第一部分，学生们被随机分成两组，一组学生回想并写下自己成长过程中常常遭遇到的物资短缺情况，另一组学生则回想并写下自己成长过程中那些物资充裕、衣食无忧的时刻。

在 3 分钟的写作任务完成后，研究者给他们布置了一项创造力测验。这一测验中嵌入了真实的生活场景：

学校的计算机实验室刚刚引进了一批全新的计算机设备，厂家为了确保这些计算机在运输过程中不受损伤，给它们都裹上了厚厚的泡沫膜。运输过程很顺利，现在计算机已经安装完毕，但剩下了 250 张没有受损的泡沫膜。请给出一个你觉得合适的处理这些泡沫膜的方案。

那么，哪一组学生给出的解决方案更具创造性？研究者另外邀请了 17 名对这些学生的分组情况并不知情的评估者，从新颖性、创造性、原创性三个维度对学生们的方案进行 1～7 分的评估。

结果发现，那些在写作任务中感受到了资源匮乏的学生给出的解决方案，普遍被认为是更有创造力的（3.52 分），显著高于那些在写作任务中描写了自己物资丰饶的成长经历的学生（2.98 分）。因此，感受到物资稀缺提升了人们的创造力。

这是因为，人们在感知到资源的限制后，会跳出原有的思维框架，找寻其他可能的方案。例如实验中被分到物资匮乏组的学生，他们表示，自己在思考泡沫膜的处理方案时，跳出了泡沫膜最原本的用途，更多地思考泡沫膜的非常规用法。并且，对他们而言，这一深入思考，挖掘其妙用的过程是非常让人享受的。

贫穷提升创造力的关键就在于不要被固定的模式所束缚。因此，如果你周围的环境在反复强调事物的既定模式，贫穷也不能提升你的创造力。

为了证明这一点，研究者招募了 82 个大学生参与实验。他们首先被分为两组，完成一个图片搜索任务，一组学生的搜索任务是找 5 张让人觉得资源很丰富的图片，例如繁茂的热带雨林、堆成山的金钱等；另一组学生则需要找 5 张让人觉得资源很匮乏的图片，例如干涸的沙漠、破旧的房屋等。

接着，研究者开始对他们创造力进行考察，具体任务是对"键盘"进行创新性改善。但是，其中一半的学生被提醒"这个键盘就和你现在正在打字的键盘一样"，另一半的学生则没有被提醒。因此，有一半的学生心中，键盘的作用已经被固化了，它只能用来打字。

结果发现，和上一项实验结果一致，如果不强调键盘的作用，资源的匮乏便提升了学生在产品设计上的创造力，以 7 分为最高分，他们的创新性得分为 3.89，显著高于资源富饶组的 3.69 分。但是，在强调了键盘的打字功能之后，不管是经历了资源匮乏的人还是目睹了物资丰饶的人，他们在产品设计的新颖性上都不存在显著差异，得分分别为 3.66、3.79。

因此，资源匮乏并不一定是件坏事。如果你的环境没有强调事物的固有模式，感受到限制反而会敦促你跳出长久以来的心理定势，进行自由又浪漫的思考。

参考文献

[1] MEHTA R, ZHU M. Creating when you have less: the impact of resource scarcity on product use creativity [J]. Journal of consumer research, 2016, 42 (5): 767-782.

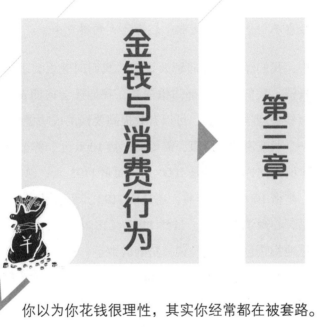

第三章

金钱与消费行为

你以为你花钱很理性，其实你经常都在被套路。

01 怎样科学地要到一笔钱？

精确的数字不但让人觉得可信，还会让人觉得更少。

在生活中，我们经常需要向别人要钱。我们向老板要求增加薪水，我们向投资人要投资，我们向财务部门报预算，我们还会向朋友借钱。今天给大家分享一个金钱心理学的秘诀，可以有效提高要钱的成功概率。

假如有一个朋友说他有急事，需要向你借 1000 元。你会借给他吗？

假如这个朋友向你借的不是 1000 元，而是 1193 元。你会借给他吗？

想一想，是借 1000 元更容易，还是借 1193 元更容易呢？

有趣的是，心理学家发现，虽然 1193 元比 1000 元更多，但是却能让人更加心甘情愿地掏腰包。也就是说，精确的数字，让人更愿意买单。

康奈尔大学的托马斯（Thomas）和他的团队研究了这个问题。他们分析了 2.7 万个二手房的交易数据，发现如果卖家一开始的开价更加精确时，例如 322 万元，而不是 300 万元时，最后的成交价格反而更高。这说明精确的价格更容易让人接受，而且买家还价时对于精确的价格更加不会狠狠地压价。

为什么会出现这种情况呢？有两个原因。

第一个原因是，精确的数字让人觉得更可信。1193 这个数字看起来不像是一拍脑袋想出来的数字，你一定是有某个具体的需要来借钱，因此让人觉得更加有依据。如果你要卖房子，开价 200 万元，这会让人觉得这个价格是你胡编乱造的。如果你这个房子定价 213.5 万元，这听起来就比较靠谱，好像是你有合理的理由制订的价格。

事实上，精确的东西更可信，这不但可以用在价格上，还可以用在其他事情。如果你想要说服别人，那么你就需要为别人呈现出一个具体的画面。

1992 年，美国公共利益科学中心发现，电影院里卖的爆米花中饱和脂肪太多，会损害健康。一开始他们发布的信息是："爆米花里的饱和脂肪太多了，会损害健康，导致心血管疾病。"可是美国民众听到这个消息之后无动于衷，因为这个消息太抽象了。于是公共利益科学中心决定让他们的信息更加具体，他们发布了一条新的信息："一份中等爆米花的饱和脂肪含量比一份培根鸡蛋早餐，一份巨无霸加薯条午餐和一份牛排晚餐加起来还要高！"在他们的广告里面，还呈现了所有这些不健康食物合在一起的画面。这个画面打动了美国民众，他们联合起来抗议电影院，要求他们改善爆米花的配方。

不但要钱时要具体，说服别人时要具体，制订目标时也要很具体才能鼓舞人心。很多公司在制订目标时也喜欢说得很抽象，这也不是好事。

索尼公司在计划设计制造小型随身听时，并没有说他们的目标是"迷你音乐播放器"，而是"能够放到裤兜里的音乐播放器"。这样一来，目标就变得更加具体了。肯尼迪总统在讲到登月计划目标时，并没有说"征服月球"，而是"我们的目标是在十年内，把人送上月球，再安全地带回来"。这一类具体的目标描述了一幅画面，让人感觉更加可信，也能实现，更能够鼓舞士气。

反过来，如果只是含糊地说："我们的目标是要建设世界一流大学！"那就可能让人觉得这个目标有点遥远。

很多研究发现，有一个具体而鲜活的形象会让人们变得更加有爱心。

例如，一项医学研究发现，当医生在做 CT 扫描时，在病历上放一张病人的照片，医生就会更加用心，更加关心这个病人。看到病人的照片，会让医生觉得自己在治疗的对象是一个活生生的人，而不是一个抽象的概念，需要格外用心。

当需要救助的对象非常生动具体，而且有鲜活的形象时，人们就更愿意慷慨解囊。

2002 年，一艘油轮在大海上航行时起火，船长和 10 名船员被路过的一艘船救了起来，但是船长养的一条叫作福格的小狗却被落下了。有人说自己好像看到这条狗还在那条船的残骸上，但是如果要去救这条狗，需要花很大一笔钱——4.8 万美元。没想到，夏威夷的居民很快就凑齐了这笔钱，最后海军陆战队协同各种救援组织，花了 4.8 万美元，把这条狗救了出来。为什么人们愿意花这么多钱来救一条狗呢？主要是媒体报道的功劳。媒体在报道时具体描述了这条狗的样子，它是一条白色的混血梗犬，喜欢吃比萨，长得胖乎乎的，大约有 36 斤重。这样一个具体描述就让人们大脑里面浮现出了一条狗的样子，于是为了挽救这条生命，人们慷慨捐助。

另外一个应用场景是做预算。很多人的习惯是凑一个整数，比如 100 万元或者 50 万元。可是这种凑的整数会给人一种这个预算有很多水分的感觉，因此审预算时可能就会被砍掉大一笔。预算是 100 万元不如 103.4 万元更让人觉得可信，砍预算的人也会手下留情。

行为科学家玛利亚·梅森（Malia Mason）的团队做过一个研究，他们让人们买卖一辆二手车并讨价还价。首先卖家会看到买家的开价，一组的卖家看到的是整数报价 2000 美元，另外一组看到的是比较低的精确报价 1865 美元，还有一组看到的是比较高的精确报价 2135 美元。

结果发现，看到精确报价的两组卖家，还价的幅度要温和得多。他们的开价只比买家的开价高出 10%～15%。可是看到一个整数报价的那组卖家的还价就要高很多，他们的平均还价要比买家提出的价格高出 23%。也就是说，精确报价会让对方杀价更不狠，而且也更容易达成交易。

为什么呢？研究者认为，接到精确报价的卖家，更加容易认为这个数字是买家花了时间和精力进行了调研之后的结果，这个数字背后有充足的理由来支持。

精确的数字之所以更好，还有**第二个原因，精确的数字让人觉得更小**。康奈尔大学的研究团队发现，人们觉得精确的价格更便宜，比如 523 元，比 500 元要更加便宜。你可能觉得很难相信，明明 523 元比 500 元要多啊！

如果我问你，大白菜多少钱一斤，你大概会说两三元一斤吧。但是如果我问你，你家的电视多少钱，你可能会说五千多元。虽然这个电视的价格是5390元，但是你不会记得后面的零头，你只会记得前面的数字。我们对小的数字反而记得比较精确，苹果多少钱一斤你可以精确到个位数，但是对大的数字就只能记得一个笼统的数值，电视多少钱你只能精确到千位数，房子多少钱你只能精确到万位数。

这样一来，在我们的记忆里，精确到个位数的价格都比较小。这给我们一个感觉，小的数字才会很精确。所以当一个数字很精确时，我们会感觉更便宜。

精确地要钱更好，但是也要特别注意，有一些情况下，精确的数字会让你显得很小气，斤斤计较。如果你和朋友去逛街，他身上没带钱，跟你借了钱买东西。之后你想要他还钱给你，如果你说："上次借给你的1193元，什么时候能还？"这显得很小气。如果你说："上次借给你的1千多元，什么时候能还？"这就听起来好多了。

至此，你获得了一个重要的知识，精确的数字不但让人觉得可信，还会让人觉得更少。当你在跟老板要求加多少薪水时，当你在跟投资人要投资时，当你在做预算时，这个知识可以帮助你更顺利地要到钱，还可能要到更多钱。另外，你如果想要高价卖掉房子，或者需要让别人更加相信你说的话，也可以合理地运用这个精确法则：越精确越具体，就越让人觉得可信。

参考文献

[1] THOMAS M, SIMON D H, KADIYALI V, et al. The price precision effect: evidence from laboratory and market data [J]. Marketing science, 2010, 29 (1): 175–190.

[2] MASON M F, LEE A J, WILEY E A, et al. Precise offers are potent anchors: conciliatory counteroffers and attributions of knowledge in negotiations [J]. Journal of experimental social psychology, 2013, 49 (4): 759–763.

<u>02</u>　为什么你买菜讨价还价，但买化妆品绝不心疼？

就算你不把人分为三六九等，也还是避免不了把钱分为三六九等。

生活中我们经常遇到这样一些有趣的现象：

有人买菜为了省一点零头讨价还价，但买大牌口红绝不心疼；有人辛苦攒下来的工资花得精打细算，但打牌赢了钱立马呼朋唤友 K 歌吃饭；有人"双 11"为了几块钱红包疯狂集赞，但平时对"躺"在路边的一元硬币可能看都不看。

这些现象告诉我们：钱和钱是不一样的！

钱和钱之所以不一样，是因为我们把钱放在了不同的心理账户中。

心理账户这一概念是由 2017 年诺贝尔经济学奖获得者泰勒（Thaler）教授在 1985 年提出的。所谓心理账户，就是人们会在心中把钱分门别类地存放在不同的"抽屉"里，贴上不同的标签。例如，必要的生活必需品开支，休闲娱乐开支，人情往来开支，等等。这些"抽屉"就是我们的心理账户。

下面通过两个情境来看看心理账户到底如何影响我们的行为。

情境 A：你打算去剧院看一场演出，准备到现场买票，票价是 50 元。在你到达剧院时，发现自己丢了一张 50 元现金。

情境 B：你打算去看一场演出，而且花 50 元买了一张票。在你到达剧院时发现票丢了。如果你想看演出，必须再花 50 元买票。

在这两个情境下，你还会继续花 50 元买票吗？

1981 年，卡尼曼（Kahneman）和特韦尔斯基（Tversky）两位经济学家做了类似的实验。结果表明，在情境 A 中 88% 的人选择继续买票，而在情境 B

中只有 46% 的人选择继续买票。

为什么面对同样的 50 元损失，人们却做出了不同的选择？

两个情境结果迥异的原因在于，情境 A 中丢失的 50 元属于"现金账户"，买演出票的 50 元属于"演出票账户"，前者的损失对后者影响不大；而情境 B 中，已经为买票花掉的 50 元和后来买票还需花的 50 元同属"演出票账户"，人们会觉得在这个账户里要花的钱也太多了，所以选择继续买票的人数大大下降。

研究者就此指出，我们每个心理账户里的钱是专款专用的，而不同账户里的钱是不能转移、不可替代的。

(1)　心理账户具有不可替代的特征

心理账户这种"不可替代"的特征表现在哪些方面呢？

首先，不同来源的钱所属心理账户不同。比如，我们对待意外之财和辛苦得来的钱的态度往往很不一样。我们可能会把辛苦挣来的钱存起来不舍得花，但是中彩票赢的钱可能转眼就花光了。

其次，不同用途的钱所属心理账户不同。比如，最近天气转凉，邻居王先生看中了商场里一件羊毛衫，觉得太贵舍不得买。可月底时他妻子买下羊毛衫作为生日礼物送给了他，他却非常开心。这是因为自己花钱买衣服属于生活必需开支，而妻子送生日礼物花掉的钱属于情感开支。所以王先生可以美滋滋地接受昂贵的礼物，却未必自己去买昂贵的东西。

这一点在营销领域有很大的应用价值。当卖场里的销售人员拿着一盒 200 元的巧克力对你说"买一盒巧克力吃吧，很好吃的"，你可能会觉得太贵而不去购买。但如果销售人员说的是"买一盒巧克力送给你最爱的人吧！"这时，这 200 元的心理账户就从"食品支出"转移到"情感支出"了，你更有可能掏钱购买。所以当顾客觉得某个产品太贵时可能是因为销售人员放错了顾客的心理账户。

最后，不同存储方式的钱所属心理账户不同。比如，同事张先生在银行存着 20 万元准备以后买房，但他最近又在银行贷款 20 万元买了新车。为什么不直接用利息较低的 20 万元存款买车呢（贷款利息比存款利息高）？因为在张先生心中，固定账户和临时账户里的钱是不同的。

理解了心理账户的概念与特征，我们生活中的很多现象就可以得到解释了。

（2）心理账户可以解释我们并不理性的花钱习惯

有很多有趣的现象也可以用心理账户理论来解释：

零钱整钱不一样——整张 100 元钞票可能会在你的钱包里待几天，但是换成零钱后就分分钟花光。

钱有不同的情感标签——有钱的表姐给你的 100 元，你觉得理所当然，贴上"积极标签"；拮据的表哥给你的 100 元，你觉得受之有愧，贴上"消极标签"。相比表姐的钱，你会更少把表哥的钱花在诸如冰激凌等享乐产品上。

看了这么多例子不难发现，我们每一次消费的背后几乎都会有心理账户的影子，可能会让我们做出很多非理性的消费行为。

📌 参考文献

[1] HEATH C, SOLL J B. Mental budgeting and consumer decisions [J]. Journal of consumer research, 1996, 23（1）: 40 – 52.

[2] LEVAV J, MCGRAW A P. Emotional accounting: how feelings about money influence consumer choice [J]. Journal of marketing research, 2009, 46（1）: 66 – 80.

[3] THALER, RICHARD H. Anomalies: saving, fungibility, and mental accounts [J]. Journal of economic perspectives, 1990, 4（1）: 193 – 205.

[4] THALER R H. Mental accounting and consumer choice [J]. Marketing science, 2008.

[5] TVERSKY A, KAHNEMAN D. The framing of decisions and the psychology of choice [J]. Science, 1981, 211（4481）: 453 – 458.

03　为什么花巨款办的健身卡还是打了水漂?

时间多么强大，能让你忘掉爱过的人，也能让你忘掉花过的钱。

很多人立下健身目标之后会花一笔巨款为自己办一张健身卡，想用花钱时的这份心疼来激励自己好好健身，但是这笔钱经常都是白花了。回忆一下你就会发现，在付完钱之后不久，你一想到自己已经付了这么多钱，就会打起精神去健身。但再过一段时间，你就会因为天气不好、工作太忙等各种借口不去，即使想起之前为健身卡付的那笔巨款也无动于衷。

1998 年，哈佛商学院市场营销学教授古尔维尔（Gourville）和索曼（Soman）在一家健身中心做了一项研究。这家健身中心每半年收一次会员费，每次 336 美元。通过分析 1997 年上半年的会员数据，他们发现，刚交完会员费的那个月，人们健身频率最高，随后逐渐降低，直到第二次交费。

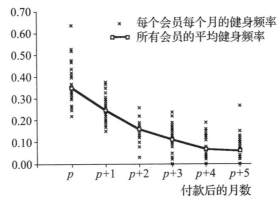

图 3 - 1　随着时间的推移，人们健身频率逐渐降低

为什么会这样？

当你花钱办卡时，花钱的疼痛是真真切切的，你会为了弥补这个成本而认认真真打卡健身，感觉每去一次就是赚回了一笔钱。也就是说，在办卡时，你可以清楚地将支付和收益进行对应。既然付了钱，你就得去收益回来。然而随着时间的推移，办卡花出去的钱就被你逐渐淡忘了，你逐渐忽视了这笔成本的存在。接下来，你去健身房的次数越来越少，觉得自己的健身卡不再像刚办时那么值钱了，不去健身也不会因为当时办卡花出去的钱而感到心疼。

古尔维尔和索曼将这种现象称为支付贬值（Payment Depreciation）。先付钱后消费时，付钱之后，消费者将会逐渐适应购买商品所付出的金钱（历史成本），因此这笔已经花掉的钱对消费的影响将逐渐减少，这个过程被称为支付贬值。简单来说，就是时间会让你淡忘支付时的痛苦。

那是不是当初花的钱越多，就越忘不了这笔成本呢？

设想一下，如果以不同的价格向三组人售卖相同的电影季票（一个季度内无限次看电影），价格分别为全价、八折和五折。你觉得哪一组人看电影的热情最高？人们一开始花的钱越多，去看电影就会越积极吗？

1985年阿克斯（Arkes）和布鲁默（Blumer）曾做过类似的实验。他们把学生分为三组，学生分别以全价、八折和五折买到了一张类似季票的电影票。然后研究者统计了接下来四个月这些学生去看电影的次数。结果发现，在前两个月里，购买全价票的学生去看电影的频率要明显高于购买打折票的学生。然而随着时间的推移，在后两个月里，学生去看电影的频率就没有明显的差异了。不管当初购票时自己支付了哪种价格，有没有打折、打了几折，只要时间足够长，学生总会慢慢忘记这一笔花销。就算当初是全价买的票，两个月之后也觉得没那么值钱了。

2006年，普林斯顿大学的莎菲尔（Shafir）教授和诺贝尔经济学奖（2017年）获得者——芝加哥大学的泰勒（Thaler）教授做了一个"红酒实验"。他们调查了97名红酒爱好者，让他们想象这样的情景：

假设5年前，你花100元买了一瓶红酒。现在，这瓶酒的市场价格涨到了

400 元。如果你今晚晚餐时把这瓶酒喝掉，你觉得喝掉这瓶酒的成本是多少？

理性来说，喝掉一瓶市场价格是 400 元的红酒，那么就损失了 400 元；喝掉这瓶酒和另外去超市买一瓶 400 元的红酒其实没有什么区别。但是消费者却不会这么感觉。大多数人都觉得自己没花钱，甚至还赚了钱。结果显示，只有20% 的消费者认为自己喝掉了 400 元，30% 的消费者认为自己喝这瓶酒时就好像根本没有花钱一样，因为他们觉得这笔钱自己几年前就付过了，现在可能根本想不起来当时花了多少钱。另外，还有25% 的消费者认为自己赚了 300 元。

花钱买酒发生在 5 年前，而喝掉这瓶酒却发生在今晚。5 年的时间让消费者早就忽略了当时买这瓶红酒付出的成本，因而现在拿起这瓶酒时，无论它目前值多少钱，喝的时候都仿佛这瓶酒是免费的一样，甚至还有赚到了的感觉。

还记得你曾经心心念念存钱了很久才买到的那些东西吗？比如一个包包，你刚拿到时爱不释手，精心保护，但是过不了多久你就开始随便蹂躏起来，任它变形脏污。因为你付出的代价已经随着时间贬值了，你不再能够意识到这个包包的价值。

通过这几项实验我们可以发现，支付贬值这个现象虽然会让人们做出很多不理性的行为，却并不会让人们感到痛苦。相反，因为支付贬值，人们喝着多年前买的红酒还会觉得赚到了。在花钱这件事上，健忘让我们快乐。

参考文献

[1] GOURVILLE J T, SOMAN D. Payment depreciation：the behavioral effects of temporally separating payments from consumption [J]. Journal of consumer research, 1998, 25 (2)：160 - 174.

[2] PRELEC D, LOEWENSTEIN G. The red and the black：mental accounting of savings and debt [J]. Marketing science, 1998, 17 (1)：4 - 28.

[3] SHAFIR E, THALER R H. Invest now, drink later, spend never：on the mental accounting of delayed consumption [J]. Journal of economic psychology, 2006, 27 (5)：694 - 712.

04 锚定效应，你不相信这个价格但还是会上当

商家的这个套路虽然老旧，但是你就是看不透。

划掉原价写上现价是大家再熟悉不过的打折方式了。划掉的价格就是参考价格，有很多种叫法，比如"市场平均售价""商家建议零售价"。它的存在是为了让你有个清晰的对比——你看我真的便宜了不少！

很多商家会采取"虚报原价"的老把戏。把原价写高一点，之后再打折，让消费者产生"赚到了"的错觉。每年的"双11"和"双12"购物狂欢节，想必你都因为打折买了不少东西。其实不少商家在"双11"打折促销时划掉的参考价格，比"双11"之前的售价高了不少。

2017年中国消费者协会就发布的《双11网络购物商品价格跟踪体验报告》指出，近八成的商品在双11期间没有便宜，虚报原价的现象非常严重。比如，某巧克力豆，"双11"前先大幅提价，由每盒99元提高到162元，"双11"期间降低到78元，给消费者折扣力度很大的错觉。

但是这样拙劣的招数，消费者真的会相信吗？

早在1985年，加拿大圭尔夫大学的李斐德（Liefeld）等学者就探讨了这个问题。实验中，研究者从当时的报纸上剪下来一些广告，让207位消费者看到这些广告，例如牛仔裤原价100元，现在打折只要79.9元。然后研究者让消费者估计这些商品的原价到底是多少。结果发现，消费者猜测的商品原价比商家给出的原价要低。也就是说，消费者认为打折时商家会给出一个虚高的原价，来让打折力度显得比实际更大。

所以说，消费者的眼睛还是雪亮的，能够看出商家的打折把戏。1981年，

来自美国休斯敦大学的布莱尔（Blair）和兰登（Landon）也发现，消费者并不完全信任促销广告中出现的参考价格。研究者给 132 位女性消费者看了索尼电视的打折广告，广告宣称索尼电视正在打折，比平时便宜了 85 美元。但是让消费者来估计时，他们认为只便宜了 65 美元左右。如果广告说的是索尼电视比平时便宜了 16%，消费者会觉得可能最多就便宜了 12%。也就是说，消费者会在心里给商家声称的折扣再打个八五折，认为实际的优惠比商家说的要少 25%。

既然消费者并不完全相信参考价格的真实性，那这种低劣的花招是否就真的失去效果了呢？研究表明，即使消费者看破了这个花招，也仍然不妨碍他们被误导。

这两位研究者还发现，当促销广告中出现参考价格时，人们会觉得节省了更多。有趣的是，尽管人们都不相信广告中的原价会比促销价高那么多，但是心里还是会觉得占到了很大便宜。就像你看出了一个姑娘漂亮是因为她化了很浓的妆，但是你还是会无可避免地认为她真的很有吸引力。一个包包售价 5999 元，大部分人可能觉得有点贵。但是，如果这个包包在售价 5999元边上加了原价 9999 元，人们可能会觉得这个包包物超所值，非常划算。

1988 年，来自美国南卡罗来纳大学的厄本（Urbany）等学者就在《消费者研究杂志》（*Journal of Consumer Research*）上发表了一项研究。他们研究了合理的和夸大的参考价格对消费者的价格感知和价格搜索行为的影响。

研究者首先找来了 115 名大学生做了第一项研究。在实验中，参与者都会看到一台 RCA 品牌 19 英寸电视机的广告，并需要完成一次模拟购物活动。研究者将参与者随机分为四组，控制组的参与者在广告中只看到电视机现价319 美元，而其他三组的参与者不仅在广告中看到电视机现价，还分别看到三种电视机参考价格中的一种：359 美元、419 美元和 799 美元。然后研究者测量了参与者对这台电视机的日常价格估计、价值估计、搜索收益和购买行为。

结果发现，与只有电视机现价 319 美元的广告相比，有电视机现价和合理参考价格（359 美元和 419 美元）的广告会提高参与者对电视机日常价格和价值的估计。同样，有电视机现价和夸大参考价格（799 美元）的广告也有同样的积极效应。只有现价的电视机，参与者估计它的日常价格是 382 美元；加了合理的原价 419 美元后，参与者估计它的日常价格变成了 409 美元；加了夸大的原价 799 美元后，参与者估计它的日常价格就提高到了 544 美元。也就是说，与没有参考价格的广告相比，有了参考价格的广告，不管参考价格是合理的还是夸大的，都会让人们觉得这个产品质量更好，而且原价也更高。

对于电视机来说，原价 544 美元还是比较合理的，但是有一些广告里的原价实在高得太离谱了，让你觉得一看就不是真的。比如把一款价值 500 美元的电视机标价为 1000 美元，这样离谱的原价是不是就会被消费者一眼识破，导致没有效果呢？

1988 年，美国南卡罗来纳大学教授比尔登（Bearden）和他的团队用高到离谱的原价进行了相似的实验。他们让 111 名消费者看了一台 19 英寸的某品牌电视机，并估计合理的原价和最高市场价。结果发现，消费者认为这台电视机的原价应该是 419 美元，而最高的市场售价也不会超过 799 美元。

研究者们又找了 168 名大学生做了第二项研究，分别标注了两种不同的原价，一个是合理的原价（419 美元），一个是夸大的原价（799 美元）。

结果发现，如果没有标注原价，只有 19% 的消费者有购买意愿，但是标注一个夸大的原价 799 美元会增加参与者直接从卖家那里购买电视机的可能性。另外，标注一个夸大的原价，还会导致消费者停止继续搜索行为。也就是说，消费者在此时更容易停止去其他商家进行更多的价格比较，看中就会直接下手买下这个产品。

因此，尽管参考的原价写得越高，人们越会产生怀疑情绪，但是原价越高，人们还是会觉得优惠力度更大。也就是说，一个夸张的原本价格也能够让消费者感到更加实惠。

　　我们可以用 2017 年诺贝尔经济学奖获得者泰勒（Thaler）教授提出的"交易效用"理论（Transaction Utility Theory）来解释这一现象。简单来说，交易效用就是人们觉得在交易中自己占到了多大的便宜。

　　举个例子，冬天来临，你想去商店买一床正常尺寸的双人棉被，到了商店意外发现正在做促销活动，所有双人被一律 400 元。现在分别有原价 450 元的普通双人被、550 元的豪华双人被和 650 元的超大号豪华双人被，你会选择哪一款棉被呢？

　　本来想买一床正常尺寸棉被的你，很有可能买了超大号的豪华双人被。因为你觉得原价 650 元的被子现在只要 400 元，整整便宜了 250 元，比另外两款被子省下了更多的钱。你之所以会这样做，是因为购买这款超大号被子给你带来的交易效用最大。基于同样的道理，原价和现价的差距越大，交易效用就越大，我们越会觉得划算。

　　"买到就是赚到的感觉"是非常真实的，没人希望自己买东西买贵了，但要去比较每家的价格又太麻烦。如果一开始就把价格定得高，就会在消费者心中产生锚定效应（指的是人们在对某人某事做出判断时，易受第一印象或第一信息支配），消费者就会用参考价格这个"锚"作为标准来判断实际售价是否实惠。虽然消费者不一定相信原价是完全真实的，但只要比现在的售价高，消费者就觉得赚到了。

　　美国有一个著名的连锁百货公司，叫作潘尼百货（JC Penney）。这个百货公司曾经厌倦了这种先拉高定价再打折促销的游戏，他们以为顾客一定也十分厌倦这样的欺骗行为。所以这家公司做了一次大胆的尝试，不再举办特卖，不再进行打折活动，而是提供天天低价，价格牌上只有一个数字，那就是商家让利之后的最低价，没有其他参考价格。这种做法其实也就等于告诉顾客："相信我们吧，我们不想用一个原价来欺骗你。"结果如何呢？

　　面对潘尼百货这种坦诚的举动，顾客却并不买账，不到 15 个月，该公司的股价就从 43 美元掉到不足 14 美元。因为顾客觉得失去了参考价格之后，他们看不到打折的痕迹,觉得自己买的东西一点都没有便宜。很快,经过改革挫败后的潘尼百货又开始了抬高定价再常常办促销的老把戏。

所以说,抬高参考价格的游戏还是有很强生命力的。

➡ 参考文献

[1] LIEFELD J P, HESLOP L A. Reference prices and deception in newspaper advertising [J]. Journal of consumer research, 1985, 11 (4): 868 – 876.

[2] BLAIR E A , LANDON E L. The effects of reference prices in retail advertisements [J]. Journal of marketing, 1981, 45 (2): 61 – 69.

[3] URBANY J E, BEARDEN W O, WEILBAKER D C, et al. The effect of plausible and exaggerated reference prices on consumer perceptions and price search [J]. Journal of consumer research, 1988, 15 (1): 95 – 110.

[4] MOBLEY M F , BEARDEN W O , TEEL J E. An investigation of individual responses to rensile price claims. [J]. Journal of consumer research, 1988, 15 (2): 273 – 279.

[5] GUPTA S, COOPER L G. The discounting of discounts and promotion thresholds [J]. Journal of consumer research, 1992, 19 (3): 401 – 411.

05　误区：别人都是会多花钱的冤大头

为什么我总是觉得，别人比我花了更多的钱买同样的东西？

日常生活中，我们经常会有这样的想法：我们自己用几千元就可以购齐一间温馨卧室的家具，但隔壁邻居非要背上巨额债务去买一些性价比极低的家具；和闺蜜去逛街，她走到某专柜边上拖都拖不走，买了一套我们觉得根本要不了这么多钱的护肤品。为什么有些人愿意多花钱交智商税？世界上怎么会有这么多冤大头？

有一次我带了一盒北海道白色恋人巧克力到课堂上。我首先拿出巧克力给学生们展示了一下。紧接着，我让每位学生拿出两张白纸，在第一张纸上写下自己最多愿意花多少钱来买这盒巧克力，在另一张纸上写下自己估计班上其他人最多愿意花多少钱来买这盒巧克力。

有趣的是，当要估计自己愿意出价多少时，他们平均愿意花 25 元钱买这盒巧克力，但是当要估计班上其他人愿意出价多少时，他们会严重高估别人出的价格，他们认为别人平均愿意花 53 元钱。也就是说，我们觉得别人都是会多花钱的冤大头。

这个现象不但在我的课堂上出现了，麻省理工学院的一个课堂上也出现了同样的情况。35 名麻省理工学院的本科生参加一个课堂拍卖。在讲台上放着 10 种不同的商品，学生们需要把自己愿意为每一种商品付出的竞拍价格写在一张纸条上交上去。出价最高的人就必须付出第二高的价格来得到这件商品。但是除了写出自己的出价以外，这些学生还有一个任务——猜一猜其他人拍卖出价的中位数是多少。写之前，为了激励学生认真参与，老师告诉大家，会给猜测数字最接近的学生一个额外的奖励。紧接着，学生们把自己猜测的别人出价的中位数写在另外一张纸条上交了上去。

结果发现，学生们猜测其他人出价的中位数，竟然比真实值平均高出了43％。比如，所有同学给一包糖果出价的中位数只有4美元，但是大家却估计中位数是7.3美元的高价。

人们总觉得别人比自己更爱花冤枉钱，这个效应是2011年时被耶鲁大学管理学院的弗雷德里克（Frederick）首先发现的，而且这个效应会出现在各种各样的商品中。

看到这里你可能还是不太相信，刚刚读到的两项研究都是在教室里做的，放到现实生活中它还会一样存在吗？

来自麻省理工学院的研究者找到了查尔斯河畔大约300位正在悠闲野餐的学生，请他们帮忙填写一个问卷。在这个问卷里，他们需要写下自己对6种不同商品的最高购买出价，然后再估计一下前一个填写问卷的人的最高购买出价。

结果跟之前的实验一模一样，人们总是认为别人比自己愿意付更多的钱。正在享受河畔野餐的学生也估计前面一个填写问卷的人比自己愿意多付30％的钱来购买同样的东西。

但有趣的是，我们只是高估别人买东西而不是卖东西的支付意愿。对于卖家的估价，我们不仅没有高估，反而估计得相当准确。例如，有一件我们自己平均愿意出价104美元卖掉的东西，我们会估计别人的平均售卖价是102美元，这是相当准确的估计。

为什么人们只是高估别人买东西的支付意愿？是不是因为人们对这些商品的价格比较熟悉呢？一般来说，人们愿意出的价格都比市场定价要低。例如我那盒白色恋人，人们可能知道它需要90元，但是他们只愿意付25元。那为什么这盒巧克力还能卖90元？人们会下意识地想，肯定是其他人愿意付的价格比自己更高，导致巧克力厂商漫天要价。

为了考察是不是因为熟悉商品的价格造成了这个效应，研究者使用了一些虚拟的、市场上压根不存在的商品来做实验。例如，一次去月球的旅行，一片能够让人马上开口说法语的神奇药丸。对这些商品来说，大家根本不知道市场定价是多少，因此也就谈不上熟悉它们的市场价格了。

这一次，研究者考察的是哈佛大学和密歇根大学的本科生。研究者让他们写下自己愿意为几种虚构商品出的最高购买价格，并猜测一下前面一位同学填写的价格是多少。结果还是一样的，人们倾向于高估别人愿意出的价格。例如神奇的法语药丸，学生自己平均愿意出 732 美元来购买，但是当他们评估别人愿意花多少钱购买时，给出的平均估计出价是 941 美元。即使是对这种压根不存在的商品，人们还是认为别人比自己愿意花更多的钱来买。

既然不是熟悉价格的原因，那是不是因为人们觉得别人比自己更享受这些商品呢？如果你给我看一盒巧克力，我可能会觉得这盒巧克力对我意义不大，吃了还会胖，不会给我带来很多快乐。但是对于同桌小黄就不一样了，她特别爱吃巧克力，如果她买到了，会比我更加开心，因此愿意花大价钱来买。是不是这样呢？研究者接下来也考察了这个问题。

研究者首先让人们评价自己有多么享受某种商品，并猜测别人有多么享受这种商品。结果发现，人们评价的享受程度并没有显著的差异。对某些商品来说，人们觉得自己比别人更加享受，对另外一些商品来说，人们觉得别人比自己更加享受。所以享受程度并不是我们要找的根本原因。

那到底是为什么呢？这个效应有几种可能的解释。

其中一个重要的原因是，我们把别人想得比自己更傻、更笨，把自己想得更优秀、更聪明，这会让我们自我感觉更好、更开心、更舒服。也就是说，这个效应的产生可能是我们积极幻想的一部分。积极幻想是指，人们把自己想得比实际上更聪明、更美丽、更高尚。有 84% 的人认为自己的智商在平均数以上，有 90% 的大学教授认为自己的工作能力比大多数同事强，还有几乎所有女人以为修图后的脸蛋儿才是自己真正的样子。所以，我们也会把自己想得更加聪明理智，觉得自己不会乱花钱，别人才是冤大头。

还有一个可能的原因是，人们能够感受到自己花钱的痛苦，却不太能够感受到别人花钱的痛苦。例如，我们能感受到自己丢掉1000元的痛苦，但是未必能够体会到自己的高中同学丢掉1000元的痛苦，甚至还觉得他也太小题大做了。因此当我们花钱时，会因为支付的痛苦而不愿意花太多钱。但是当估计别人花钱时，我们没办法体会别人的痛苦，从而更容易高估别人花钱的金额。

如果我问你，至少要给你多少钱你才愿意把头发剃光呢？在这个问题上，平均计算下来，参与填写问卷的人愿意为了766美元剃光自己的头发。但是他们预测别人只需要222美元就愿意剃光头。这又是为什么呢？你能想出来吗？

参考文献

[1] FREDERICK S. Overestimating others' willingness to pay [J]. Journal of consumer research, 2012, 39 (1): 1–21.

06 "只买贵的不买对的"背后的积极心理学意义

有些商品你只想买贵的，有些商品打折时你才会囤货，为什么呢？

在去健身房的路上，路过一家商店，你可能会想进去买一瓶功能饮料，在健身时可以补充一下能量。结果你发现红牛正在打折，比之前便宜了 3 元。那么，这样的打折商品应该买吗？

斯坦福大学的研究人员希夫（Shiv）等人曾做过一项实验。他们在一家健身房找了马上要开始健身的 38 个会员，给他们喝了一罐功能饮料。对其中一半的人，研究者告诉他们这瓶饮料出厂日期是最近，是花 2.89 美元在附近的便利店买的。对另一半人的人，仍然告诉他们这瓶饮料出厂日期是最近，是在附近便利店买的，唯一不一样的是，这瓶饮料原价 2.89 美元，现在是花打折价 0.89 美元买的。

所有人都喝完了饮料后，就开始了各自的健身活动。1 小时后，研究者再一次找到这些人，询问他们的疲劳程度。猜猜看，哪一些人这时更累呢？是以为自己喝了全价饮料的人，还是以为自己喝了打折价饮料的人呢？

有趣的是，以为自己喝了打折饮料的人比其他人感到更疲劳，并且选择的运动强度也更低。

其实，打折会让消费者觉得这个商品的功能也打了折扣。

研究者早就发现，消费者喜欢用价格来推断质量，也就是我们通常所说的"一分价钱一分货"。1985 年，华盛顿大学的两名学者约翰逊（Johansson）和埃里克森（Erickson）通过研究发现，价格有两个不同的功能，除了表明人们需要花费的金钱以外，还传达着商品的质量信息。人们会把价格和质量联系起来，认为价格贵的就是质量好的。研究者把这个现象叫作价格—质量推理（Price-quality Inference）。

消费者在难以判断质量的商品上最容易出现"一分价钱一分货"的心理。例如葡萄酒，消费者很难判断其质量，因此就只能依靠价格标签了。

来自波恩大学的神经学教授韦伯（Weber）等人进行了一项葡萄酒品鉴实验。研究者让 30 名志愿者品尝三款葡萄酒，并告诉他们价格分别为 3 欧元、6 欧元和 18 欧元，但实际上这三款酒都是同一瓶价格 12 欧元的葡萄酒。结果发现，同样的一瓶葡萄酒，人们看到的价格标签越贵，越觉得这酒好喝。不光是这样，通过对正在喝酒的人的大脑进行的磁共振成像扫描影像分析显示，喝贵的酒时，大脑奖赏区的激活会更高。也就是说，大脑也受到价格标签的影响，贵的酒更加让人感到愉悦。研究者将这一现象称为营销安慰剂效应（Marketing Placebo Effect）。

我们不光会觉得廉价的商品不好，就连艺术"廉价"起来时，也只能是"曲高和寡"。

美国《华盛顿邮报》做过一项有趣的实验。他们邀请世界著名小提琴手贝尔（Bell）在周五早上 7 点 51 分到华盛顿儿童公园地铁站门口进行街头演奏，没想到，在接下来 43 分钟的 6 首大师级经典小提琴曲演奏过程中，经过的 1097 人基本都是赶着上班匆匆而过，无视这场免费的大师级演奏。就在 3 天前，贝尔刚结束一场在波士顿交响乐大厅举行的音乐会，一个座位至少得 100 美元，全场座无虚席。而在这个人潮拥挤的地铁站门口，想得到人们的一瞥都是奢侈。最终，Bell 只得到了 23 美元的打赏。没有富丽堂皇、庄严神秘的大厅，最高级的音乐都变得廉价。

美国国家画廊馆长莱特霍伊泽（Leithauser）就此感叹："如果我拿抽象画大师埃尔斯沃思·凯利的一幅价值 500 万美元的画，走下国家画廊的 52 个阶梯，穿过雄伟的圆柱来到餐厅，把它挂在标价 150 美元的学生作品旁边，即使是眼光最犀利的艺术评论家抬头看到了，也只会说：'嘿，这幅看起来有点像凯利的。请帮我把盐递过来好吗？'"

所以说，如果质量难以判断，在非常重要的商品上消费者就只能通过价格来判断其质量了。例如律师、医生、药物、奶粉等。如果要动一个重要手术，你不会想用一个便宜的医生；如果要打一场重要的官司，你不愿意雇佣一个便宜的律师。在这样一些情况下，价廉不见得是好事。因为消费者会觉得越贵质量越好，贵的就是对的。

有趣的是，一些国家的人更加相信贵的就是好的，而一些国家的人更愿意省钱买便宜的。印第安纳大学伯明顿分校营销系副教授拉尔瓦尼（Lalwani）和克莱姆森大学营销系助理教授法卡姆（Forcum）在 2016 年发现，印度人相比于美国人更相信"一分价钱一分货"，价格和质量密切相关。

这是为什么呢？研究者认为这是因为印度和美国的权力距离不一样。权力距离指的是一个国家里有权力的人和没有权力的人的差距到底有多大。如果一个社会中最有权有势的 10% 的人占有的社会资源是 80%，那么权力距离就很大；如果一个社会中最有权有势的 10% 的人占有的社会资源是 20%，那么权力距离就不太大。

他们分别调查了 78 位印度人和 76 位美国人，发现印度人比美国人更认为自己国家的权力距离大。而且越是认为自己国家权力距离大的人，就越会表现出价格—质量推理，也就是他们更倾向于相信贵的就是好的。

不光是在不同的国家人们会表现出不同的价格—质量推理，在不同情境下人们也会表现得很不一样。如果你现在要赶去坐飞机，需要在商店里赶快把耳机买好。那么这时你会觉得贵的质量更好。2003 年，伊利诺伊大学营销系教授梦露（Monroe）和德雷塞尔大学营销系助理教授苏里（Suri）就发现，消费者对于质量的判断会受到时间压力的影响。

这项研究是 2003 年做的，那时人们还会购买无绳电话。研究者让参与者评估两种不同价位（59 美元和 149 美元）的无绳电话。通常说来，人们平均要花 3.9 分钟来对这两款无绳电话进行评估和选择。但是他们要求参与者很快做出决定，他们给参与者分别限制了三种不同的时间压力：限时 3.5 分钟、2.5 分钟、75 秒。

结果发现，当人们真的很想买一件商品时，如果需要赶快做出决定，那么人们会更偏爱高价位的商品。当看到一款很贵的商品时，人们对质量的评价在没有时间压力的情况下是 5.62 分（满分为 7 分），在有时间压力的情况下就会上升到 5.94 分，在有很高时间压力的情况下会变成 5.97 分。

如果你很想购买一件商品，却没那么多时间去做决定时，你可能会很相信"一分价钱一分货"，质量和价格成正比。但当你有大把时间来做决定时，你可能就不太依靠价格去判断商品的质量了。

你是不是相信贵的就是好的，这不但取决于你所在的地方权力距离有多大，或者当时的情境是否有时间压力，还会受到时间距离的影响。

2011 年，德国曼海姆大学营销系主任洪堡（Homburg）和助理教授博尔内曼（Bornemann）研究了时间距离是如何影响价格—质量推理的。

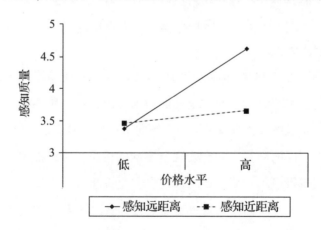

图 3-2 不同时间距离下，人们对不同价格商品的质量评价[6]

在这项研究中，94 个大学生中有一半人看到了一款价格 210 欧元的电子书阅读器，另一半人看到一款价格 95 欧元的电子书阅读器。（除了价格，其他信息基本相同）但是他们之中，一部分人被告知这个阅读器 2 天后就能在学校的书店买到，另一部分人被告知这个阅读器 6 个月后才能买到。随后，他们对自己看到的阅读器质量进行了评价。

被告知这款阅读器 6 个月后才能买到的话，学生会认为 210 欧元的阅读器比 95 欧元的阅读器质量更好。但是，被告知这款阅读器 2 天后就能买到的话，那么学生对两款阅读器的质量评价是差不多的。

也就是说，对于很遥远的商品，你会觉得越贵越好。

上面介绍的一系列研究揭示了，打折不一定是好事，价廉也不见得一定能够促进购买。一些时候，消费者会特意买比较贵的商品，以此保证质量。这种现象在商品质量不容易判断，但又特别重要时尤其突出。另外，这种"一分价钱一分货"的态度在权力距离比较大的国家更为常见。当你需要很快做出决定时，当你在评价一个很久以后才会购买的商品时，你也会倾向于认为贵的就是好的。

参考文献

[1] SHIV B, CARMON Z, DAN A. Placebo effects of marketing actions：consumers may get what they pay for [J]. Journal of marketing research, 2005, 42 (4)：383 – 393.

[2] ERICKSON G M, JOHANSSON J K. The role of price in multi – attribute product evaluations [J]. Journal of consumer research, 1985, 12 (2)：195.

[3] LALWANI A K, FORCUM L. Does a dollar get you a dollar's worth of merchandise? The impact of power distance belief on price – quality judgments [J]. Journal of consumer research, 2016, 43 (2)：ucw019.

[4] LALWANI A K, SHAVITT S. You get what you pay for? self – construal influences price-quality judgments [J]. Journal of consumer research, 2013, 40 (2)：255 – 267.

[5] SURI R, MONROE K B. The effects of time constraints on consumers' judgments of prices and products [J]. Journal of consumer research, 2003, 30 (1)：92 – 104.

[6] BORNEMANN T, HOMBURG C. Psychological distance and the dual role of price [J]. Journal of consumer research, 2011, 38 (3)：490 – 504.

07 贵与不便宜的餐厅，你更愿意去哪家？

"不便宜"就是"贵"吗？那可不一定。

你的朋友去了一家你也很想去的餐厅吃饭，回来之后跟你描述这家餐厅的价位，"这家餐厅不便宜哦！"或者他也有可能说"这家餐厅比较贵哦！"那你觉得这两种说法代表的意思是一样的吗？"不便宜"和"贵"比起来，哪一个听起来更贵呢？

下面进行一个小测试，请你凭直觉给这四个词语所代表的程度排序。

A. 便宜 < 不贵 < 不便宜 < 贵

B. 便宜 = 不贵 < 不便宜 = 贵

C. 便宜 < 不贵 < 不便宜 = 贵

D. 便宜 = 不贵 < 不便宜 < 贵

E. 我觉得都有可能

请默默记下你的选项，答案即将揭晓。

如果你选择了 A，那么恭喜你，你拥有正常人应有的逻辑水平和判断能力，你的理性思维能够在关键时刻解决问题，但是你的感性层面还有待自己挖掘；

如果你选择了 B，那么你特别单纯，对价格高低并不敏感；

如果你选择了 C，那么你对价格比较敏感，你的家庭条件和生活水平一般，不能算特别有钱；

如果你选择了 D，那么你对价格不怎么敏感，不是特别在乎钱，你的家庭条件和生活水平也比较好；

如果你选择了 E，那么快来加入消费者行为研究中，你的直觉将助你成为一名科研人员。

为什么会出现这几种判断的差别呢，我们一个个来看。

首先，选择 A 的人数应该会比较多。因为这是一道排序题，人们在做题时往往会有意识地进行逻辑分析，从而会忽略现实生活中的具体情境。于是会认为价格高低排序就像"冷＜不热＜不冷＜热"一样，得到"便宜＜不贵＜不便宜＜贵"的结论。

而选择 B 的人通常持有非黑即白的思想，认为不便宜就是贵，不贵就是便宜。而且这些人因为对价格不敏感，认为微小的价格差异不足为道，所以大而化之，得出"便宜＝不贵＜不便宜＝贵"的结论。

然而现实生活中会是这样吗？

加利福尼亚大学心理学教授泰勒（Taylor）早在 1991 年就发现，实际生活中人们通常会以不对称方式来评估信息，因此，人们对价格信息的处理往往也是不对称的。那么就出现了选项 C 和选项 D。

宾夕法尼亚州立大学的营销系教授巴格特尔（Baumgartner）和他的合作者发现，追求低价的人会觉得不便宜和贵是一回事，但是他们比较善于区分便宜和不贵之间的差异；而追求高价的人善于区分不便宜和贵，却觉得便宜和不贵是一回事。所以，在刚刚的测试里，如果你是有钱人，你会选择 D，因为你区分不了便宜和不贵。但是如果你是穷人，你会选择 C，因为你区分不了不便宜和贵。

另外，当人们买东西时，一般会觉得越便宜越好，但是当人们收礼物时，却会想越贵越好。因此在购物或者收礼这两种不同的情境下，人们对于价格的描述也会有不同的感觉。

让我们来想象两种场景。

场景一：你打算买一瓶红酒送给你的好朋友作为生日礼物，此时，你觉得便宜、不贵、不便宜、贵的四种红酒价格分别应该是多少？

场景二：你收到了好朋友送你的一瓶红酒作为礼物，此时，你会觉得便宜、不贵、不便宜、贵的四种红酒价格分别应该是多少？

这是来自根特大学等著名高校的研究者做的一项实验。他们让 493 名参与者来判断上面的问题，结果发现，在购买礼物时，人们会认为便宜的值 30 元，不贵的要 50 元，不便宜和贵的价格一样都是 120 元，说明便宜比不贵更便宜；而接受礼物时，人们认为便宜和不贵的差不多都值 30 元，而不便宜的要 90 元，贵的得要 125 元，说明贵比不便宜更贵。由此可见，人们在接受礼物时更加在意贵不贵，但是在购买礼物时，更加在意便宜不便宜。

其实，早在 1999 年，阿尔伯塔大学教授科尔斯顿（Colston）就将我们小测试里的 A、B、C、D 四个选项所代表的情况定义为了四种模式：双重缓解（Dual Mitigation）、双重融合（Dual Fusion）、上层融合（Upper Fusion）和下层融合（Lower Fusion）。

宾夕法尼亚大学心理学教授罗津（Rozin）在 2010 年提出的语言正偏差模型（Linguistic Positive Bias Model）表明，生活中也不乏"不贵不够便宜"和"不便宜不够贵"的现象。就像女孩问男朋友"我今天打扮得漂亮吗"时，女孩当然愿意听到"漂亮"而不是"不丑"，因为"漂亮"比"不丑"更美。

总体而言，在消费情境下，当你认为产品越便宜越好时，你可能会觉得不便宜和贵没什么两样；当你认为产品越贵越好时，你可能会觉得不贵和便宜都一个样。从你对这些描述的敏感程度，就能看出你是不是一个有钱人了。

参考文献

[1] WEIJTERS B, CABOOTER E, BAUMGARTNER H. When cheap isn't the same as not expensive: generic price terms and their negations [J]. Journal of consumer psychology, 2018, 28: 543 – 559.

[2] ROZIN P, BERMAN L, ROYZMAN E. Biases in use of positive and negative words across twenty natural languages [J]. Cognition and emotion, 2010, 24: 536 – 548.

08 "复联"周边产品，你愿意买钢铁侠还是灭霸?

我们都崇拜英雄，唾弃反派，可是为什么有些反派人物的周边产品比英雄人物的更受欢迎呢?

你有没有发现，风靡世界各地的美国大片多以英雄主义为主题，像《美国队长》《蜘蛛侠》《钢铁侠》等。到 2017 年为止，漫威、迪士尼、哈利波特等英雄系列电影的票房高达 230 亿美元。

你可能以为人们会更加热衷于购买带有英雄形象的物品。的确，各种各样的英雄人物周边产品十分流行，2018 年 4 月，优衣库联名漫威系列的 T 恤一经发布就销售一空。

但是，有时候反派人物的"带货"能力也非常强大。电影《碟中谍 4》中，一个并不是女一号的杀手莫娜随身携带着普拉达的黑色皮包。这个包掩得了手枪、装得了钻石，也因此被叫作"杀手包"，瞬间爆红大卖。与此同时，剧中的正面主角也植入了很多产品，却没有产生相似的效应。

那么问题来了，什么时候应该让英雄人物"带货"，什么时候应该让反派人物"带货"呢? 最近发表在《消费者研究杂志》(Journal of Consumer Research) 上的一项研究可以给我们一点启示。来自美国杨百翰大学万豪商学院的马斯特斯 (Masters) 和美国犹他大学戴维·埃克勒斯商学院教授米什拉 (Mishra) 考察了食物消费。他们想要知道，对不同种类的食物标注上英雄形象，或者反派形象，会对消费者的购买行为产生什么影响呢？

在其中的一项研究中，研究者挑了一个没过节的日子在一家杂货店卖起了奶酪，并调查了140个路过的顾客，将他们随机划分为四组。所有顾客都会看到一张奶酪的广告海报。第一组顾客看到的海报上画着达斯·维德（Darth Vader，星球大战中的黑暗尊主，大多数美国人首先想到的反派），海报上端写着"邪恶反派"，下端则写着"营养健康"。第二组顾客看到的海报跟第一组相似，唯一不一样的是海报下端写着"美味颓废"。第三组和第四组看到的海报上面画着卢克·天行者（Luke Skywalker，星球大战中的正义主角，大多数美国人首先想到的英雄），海报上端写着"正义英雄"，而在海报下端，第三组人看到的是"营养健康"，而第四组人看到的是"美味颓废"。

图3-3 "英雄"和"反派"海报[1]

所有顾客都试用了奶酪，然后研究者询问他们愿意花多少钱买一包奶酪。结果发现，"英雄"和"反派"的广告海报会影响顾客愿意支付的金额。但是到底应该用"英雄"代言还是"反派"代言，取决于这个商品是健康的还是不健康的。对于健康营养的奶酪，顾客看到反派人物会比看到英雄人物愿意花更多的钱购买；而对于不健康但美味的奶酪，顾客看到英雄人物会比看到反派人物愿意花更多的钱购买。所以，反派适合代言健康食品，英雄适合代言不健康食品。

那么对于其他商品又是如何呢？比如有一些商品是实用型的，有一些商品是享乐型的。这种情况下又应该如何选择呢？

研究者接着在大学里调查了 343 名学生，将他们随机分为四组，并给每位学生展示了一支钢笔。研究者告诉第一组和第二组学生，这支钢笔是实用型的，也就是很好写，但第一组学生看到的钢笔上印有莱克斯·路德（Lex Luthor，漫威反派人物）的图案，第二组学生看到的钢笔上印有蜘蛛侠（Spiderman）的图案。研究者告诉第三组和第四组学生，这支钢笔是享乐型的，也就是用起来很享受，第三组学生看到的钢笔上印有莱克斯·路德，第四组学生看到的钢笔上则印有蜘蛛侠。然后，研究者问每一位学生，你有多想用这支钢笔来签文件？使用它你会觉得多开心？你愿意为这支钢笔支付多少钱？

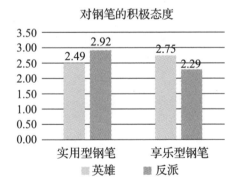

图 3－4　学生使用两种类型的钢笔会
　　　　产生的积极态度[1]

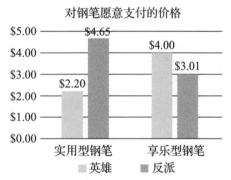

图 3－5　学生对两种类型的钢笔
　　　　愿意支付的价格[1]

研究结果发现，在实用型钢笔上刻反派人物比起英雄人物会让学生产生更多的积极情绪，并且愿意支付更多的钱；在享乐型钢笔上刻英雄人物比起刻反派人物会让学生态度更积极，并且愿意支付更多的钱。这表明，实用型产品和反派人物联系起来更受欢迎，而享乐型产品与英雄人物联系起来会更受欢迎。

随着电影产业的发展，越来越多的英雄人物和反派角色深入人心，也延伸出了许多周边产品，像印着蜘蛛侠、超人的衬衫，包装上印着蝙蝠侠和小丑的零食，带有骷髅头海盗形象的香水盒，黑暗骑士公仔钥匙扣，等等。你是愿意购买"钢铁侠"，还是愿意购买"灭霸"呢？

参考文献

［1］ MASTERS T M, MISHRA A. The influence of hero and villain labels on the perception of vice and virtue products ［J］. Journal of consumer psychology, 2018, 10 （2）: 1532 – 7663.

09 钱花还是不花，你只差一个假借口

你买这个商品的真实原因是什么？你自己也许并不知道。

有一次我去剪头发，理发师跟我说，他们现在有一个按摩业务，劝我办一张按摩卡。我有点喜欢按摩，所以还蛮心动的，可是一听价格我就犹豫了。这个理发师非常善解人意，他看出了我的犹豫，就赶紧说，你们做老师的容易腰肌劳损，办张卡也是为了更好地工作呀。我一听，就爽快地买单了。

同样是花钱按摩，一种目的是享受，一种目的是防止腰肌劳损。哪种情况下你更愿意欣然买单呢？当然是第二种。我们为了享受花钱通常都有一种罪恶感，但是为了某种功能花钱就不一样了。

《左传》里说："俭，德之共也；侈，恶之大也。"意思是，节俭是善行中的大德，而奢侈是邪恶中的大恶。自古以来，中国文化都倡导节俭之风，唾弃淫靡奢侈。以致在当今时代，人们在购物时，也会觉得买贵的东西是一种奢侈浪费，花钱之后会内疚，受到良心的谴责。这种良心的谴责，研究者把它叫作"心理风险"（Psychological Risk）。

为了免除内疚感，我们经常用一些借口来欺骗自己，也欺骗别人。例如我办这张按摩卡，可能真实的目的还是享受，但是我对自己说，那是为了防止腰肌劳损，这样我就没啥内疚感了。这是为了欺骗自己找的借口。如果有人问我，周老师，你为什么要花这么多钱去按摩啊？我也可以理直气壮地说，是为了防止腰肌劳损啊！这是为了欺骗别人找的借口。

2016 年，哈佛商学院的副教授阿娜特（Anat）和哥伦比亚商学院的凯维茨（Kivetz）、奥德·尼泽（Oded）提出，如果在奢侈品上附加一些实用性功

能，人们就会更加愿意购买。他们将这个现象称为"功能性借口"（Functional Alibi）。比如，奢侈手表在广告中强调它的精准性，名贵钢笔突出它的实用性，宝马用"终极驾驶机器"来强调它的安全性和高性能。这样的功能其实主要是为了给消费者提供一个花钱的借口，让他们用这个借口来欺骗自己，欺骗别人。

这三位研究者做了一项奢侈品手提包的研究。他们搜集到了网上商店里面 1034 条消费者对手提包的购买评论。这些评论针对各种价位、各种品牌的手提包。有的手提包在 100 美元以下，有的手提包在 600 美元以上。研究者根据内容将评论分为实用性和享乐性两类。比如，消费者提到"容易清洗""结实""包带长度可以调整""提起来很轻便"时，这种评论就归为实用性的；而像"时尚""华丽""可爱""引人注目"这样的评论就归为享乐性的。那么消费者买的包比较贵时，他们更加倾向于说实用性的理由还是享乐性的理由呢？

按照常理来判断，人们购买奢侈品包，当然是因为它的品牌附加价值，或者设计美观程度，否则干吗要花这么多钱呢？如果是为了实用，那买个便宜的包就行了。但有意思的是，消费者买的手提包越贵，就越喜欢用实用性的词语去评论，而更少选择用享乐性词语去评论。

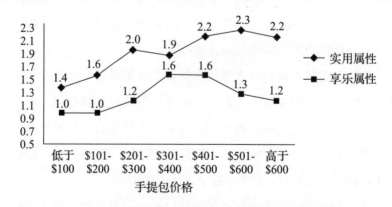

图 3-6　网上对手提包的评论中提到的实用性和享乐性的数量[1]

就像我闺蜜买了一款奢侈品包，她很不好意思地跟大家解释说，这个包特别轻便，也很坚固耐用。明明最符合这个描述的是环保袋啊！她说的这些理由，就是功能性借口。不见得一定是真实的购买理由，更可能是用来欺骗自己和他人的假理由。

这样的现象给了商家一个很重要的提示，如果想要消费者花钱购买享乐性产品，你就需要给他们提供功能性借口。也就是说，享乐性产品不应该只在享乐属性上下功夫，还应该在功能属性上给消费者一些购买理由。例如奢侈品手提包，品牌建设和设计感虽然重要，但是实用性的功能也不能少。

提供一个功能性借口真的可以让消费者更加欣然买单吗？研究者又做了一项实验来证明这一点。

在这个实验中，研究者调查了91位怀孕的妈妈。因为有研究已经证明，怀孕的妈妈给自己花钱会更加感到内疚。

研究者向她们展示了一款时尚网红妈妈手袋，是加纳（Garner）等名人妈妈使用的一款。所有妈妈看到的手袋都是一模一样，唯一不同的是，研究者告诉其中一半的妈妈，这款手袋还有一个小小的实用功能，它有一个隔热口袋，可以用来装瓶子或杯子。然后妈妈们需要估计，如果为自己购买这款手袋或者作为礼物送给别人，能接受的最高价格是多少。

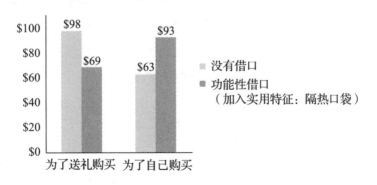

图 3 - 7 添加实用功能对购买手袋意愿的影响[1]

结果显示，如果是为自己购买手袋，妈妈们平均只愿意花 63 美元，但是如果她们知道这款手袋有一个小小的实用功能，她们愿意花的钱就变多了，增加到93美元。如果是作为礼物送给别人，这种效应就会发生反转。买手袋做礼物，妈妈们愿意支付98美元，但是如果被告诉了有一个实用功能，她们反而只愿意支付更少的钱，降到了69美元。

因为当我们想到送礼时，主要关心享乐性功能，这时实用性功能反而会减分。但是当我们买给自己时，需要一个理由来消除内疚感，有一个实用性功能就会大大地加分，让我们花起钱来更加不内疚。

研究者测量了妈妈们的内疚感，发现的确是这样。把网红手袋当作礼物送人时，只有29%和39%的妈妈会感到内疚。而买给自己则会有82%和52%的妈妈感到内疚。为自己买奢侈品要比送人感受到更多的内疚，因此给自己买时就需要一个功能性借口。有了一个小小的实用功能，就能降低人们心中的内疚，从而大幅度提高人们的购买意愿。

纸尿裤刚刚进入中国市场时，广告都是在强调这款产品有多省力，给妈妈们节省时间，让妈妈们更轻松享受。结果发现市场接受程度不高，销量很低。后来做了消费者心理研究，才发现这是因为妈妈们的愧疚心理。妈妈们如果使用纸尿裤，会感觉很愧疚：为了自己享受，就给自己的孩子用纸尿裤。就好像用了纸尿裤，自己就不是一个好妈妈了，因此不愿意用。了解了这一点之后，纸尿裤厂家就改变了宣传方式——强调纸尿裤对婴儿的好处，透气、干燥等。销量一下子就增加了。妈妈们觉得自己用纸尿裤，并不是为了偷懒，而是为了宝宝的健康。没有了内疚感，也就欣然接受了纸尿裤。

这样看来，享乐型产品想要成功销售出去并不容易，不仅要保证产品物有所值，还要让消费者心里舒服踏实。所以用点小技巧，在说明书或广告中给消费者传达实用的信号，帮助消费者找到一个借口，更有利于产品销售。

参考文献

[1] ODED N, ANAT K, RAN K. The functional alibi [J]. Journal of the association for consumer research, 2016, 1 (4): 479-496.

10 深陷痛苦时，你应该花钱买什么？

何以解忧，唯有花钱？

在生活中我们可能会遭遇一些悲剧事件，失恋，失业，离婚，失去亲人朋友。当这些事情发生时，我们应该花钱买点什么，才能让自己觉得更好过呢？一项有趣的研究告诉我们：应该花钱买罪受！

我们常常被疼痛搅得天翻地覆，一个简单的偏头痛都可能要了人半条命。为了让自己少受点罪，我们花钱买药。2016 年 11 月，美国联邦公共卫生署公布了一份名为《面对美国成瘾症》的研究报告。报告指出，全国仅是滥用阿片类止痛药的人数就高达 1900 万，导致止痛药总收入超过 4000 亿美元。

有趣的是，一方面，人们花钱想要减轻痛苦，另外一方面，人们又经常花钱买罪受。在英国就有这样一项活动，叫作"强悍泥人"。

"强悍泥人"是一项非常痛苦的挑战，要求参与者在半天时间内穿越 25 个军事化障碍，期间参与者需要承受莫大的痛苦。

下面随意放几个障碍给大家感受一下。①电鳗。参与者必须爬过 1 万伏高压的电网。②水下通道。参与者必须穿过水下冰冷泥泞的通道。③走火族。参与者必须穿过燃烧的稻草堆（草堆用煤油浸过）。

看到这里你可能想，这听起来恐怖，但是应该和游乐场的那些刺激项目一样，不会真的对身体造成损害。事实上，这些障碍挑战可不是看起来那么简单，参与者会不同程度地受伤，不光是皮外伤，也有可能出现脊髓损伤、中风、突发性心脏病甚至死亡。

图 3 - 8 "强悍泥人"活动现场⊖

这种饱受痛苦的活动，就算刀架在脖子上我也不会去的。但是即使要差不多 1000 元人民币的门票，仅 2016 年 9 月那场就有 250 万人兴致勃勃地跑去参加。为什么有人花钱让自己少受罪，但是还有人花钱买罪受呢？

卡迪夫大学商学院讲师斯科特（Scott）为了回答这个问题，就亲自参与了这项痛苦的活动。当然她还采集了大量的数据，包括观察、视觉材料、深入访问和网络志等[1]。她揭示了人们花钱买罪受的几个根本原因：

首先，痛苦会让我们觉得自己获得了新生。 在日常生活中，我们的身体适应了平静的运作规律，一旦突然之间产生的强烈疼痛、刺激，就会迫使我们去关注以前很少注意的身体部位。我们的身体在强烈的疼痛下开始变得跟从前大不相同，就好像变成了一个新的人。我们对自己忍耐痛苦，在极大的压力下迸发出的潜能也有了新的认识，就好像遇见了一个未知的自己。这就是为什么很多人从西藏艰苦旅行回来后，觉得自己变成了一个新的人。

在这项活动中，痛苦还伴随着一种仪式感。"强悍泥人"有着严格的时间顺序，参与者需要一项一项完成，似乎是在进行一个残酷又有意义的仪式。在经历了这些痛苦的洗礼后，就能获得身体和精神的重生。

⊖ 图片来源：https：//sosyalforum. org/i-tried-it-tough-mudder-challenge/ 2019. 09. 29

图3-9 参与者体验到重生的快乐[一]

世界上很多成人礼都伴随着痛苦。瓦努阿图的成人礼就是陆地跳极。这种活动类似于蹦极，但会用藤蔓代替弹性绳索。参与者一般从18～23米高处沿着土坡往下跳，必须要头擦过地面才算合格。只有他幸存了下来，才会被承认是一个真正的男人。

伴随着疼痛的仪式，一个时代结束，另一个时代开始。对于那些经历了人生真实不幸的人，例如刚刚离婚、丧偶、失业的人来说，他们迫切需要重新开始生活。因此，他们欣然接受参加一个痛苦的活动来获得一种新生。

其次，痛苦不但会让我们觉得重获新生，还会让我们忘掉自己。社会心理学家利里（Leary）在他的著作《自我的诅咒》中提到，很多动物都有思考能力，但是只有人类会花很多时间思考自己[2]。反复思考自己可不是什么好事，高度的自我意识会让人患上精神疾病。有研究证明，精神病人说"我"的次数是正常人的12倍。只有伴随着精神疾病的康复或稳定，他们才能减少说"我"的次数。高度的自我意识是非常痛苦的。著名心理学家鲍迈斯特（Baumeister）认为，自我意识高的人很容易认为自己没有价值，从而倾向于自我毁灭，也就

〇 图片来源：https：//toughmudder. co. uk/sites/default/files/TM-Whistler-Gudkov-Sat-14441. jpg，https：//cn. bing. com/ 2019. 05. 26

是通过自杀来终结自己的痛苦。自杀是人们逃离自我的终极手段[3]。

疼痛，还可以让我们暂时逃离自我。"强悍泥人"中经历的强烈疼痛，能让我们不再去思考自己的心理感受，而是更多地去注意自己的身体感受。

这就是人性的矛盾之处，一些人在逃避疼痛时，一些人还在花钱买罪受。肉体的痛苦能让我们忘掉心理的痛苦。如果你正在经历痛苦，那么花钱去享受并不见得能够消除你的痛苦，花钱去经历一些艰苦的挑战反而能让你重获新生[4]。你身上留下的那些愈合了的伤痕，会让你感觉自己不但浴火重生，而且变成了更加强悍的升级版的自己。

这样的活动，你心动了吗？

参考文献

[1] SCOTT R, CAYLA J, COVA B. Selling pain to the saturated self [J]. Journal of consumer research, 2017, 44 (1): 22 – 43.

[2] LEARY M R. The curse of the self: self-awareness, egotism, and the quality of human life [M]. Oxford: Oxford university press, 2007.

[3] BAUMEISTER T R. Suicide as escape from self [J]. Psychological review, 1990, 97 (1): 90 – 113.

[4] BHATTACHARJEE A, MOGILNER C. Happiness from ordinary and extraordinary experiences [J]. Journal of consumer research, 2014, 41 (1): 1 – 17.

11　把自己赚的钱花在别人身上更幸福

我们一般认为，自己辛辛苦苦赚的钱当然要花在自己身上。但是"赠人玫瑰，手有余香"，把钱花在别人身上会让你更幸福。

让我们一起思考这样一个问题：有一天你突然在自己很久不穿的一件衣服口袋里找到 20 元钱，你觉得怎么花掉这笔钱会让自己更幸福？午饭给自己加一个鸡腿？圣诞节给好朋友准备一份小礼物？把它捐赠给贫困山区的儿童？很多人都认为把钱花在自己身上比较快乐。在不列颠哥伦比亚大学的邓恩（Dunn）教授的一个调查中，让人们选择怎么花钱时，超过 63% 的人都认为把钱花在自己身上会比花在别人身上更幸福。也就是说，人们以为给自己加个鸡腿更幸福，但是给朋友或者贫困儿童加个鸡腿更不幸福。但是事实真的是这样的吗？

为了考察到底把钱花在谁的身上更幸福，不列颠哥伦比亚大学的邓恩（Dunn）、阿克宁（Aknin）以及哈佛大学的诺顿（Norton）教授专门进行了研究。这项研究发表在 2008 年的《科学》（Science）上。他们招募了 46 名实验参与者，并给他们 5 美元或者 20 美元，要求他们在当天下午 5 点之前把这笔钱按照指定的方式花出去。其中一组人被指定需要把钱花在自己身上，而另外一组人则需要把钱花在别人身上，不管是给别人买礼物或者捐赠给慈善机构都可以。当参与者花完钱之后，研究者测量了他们的幸福感。结果表明，把钱花在别人身上的人，其幸福感远远高于那些把钱花在自己身上的人。

另外，人们花钱之后的幸福感跟之前得到的金钱数额没有关系。不管是花掉 5 美元还是花掉 20 美元，人们的幸福感都差不多。幸福感只跟花钱的对象有关系，跟金额没什么关系。

　　说到这里，你也许还是不相信这个结论。你也许会想，这些钱不过是别人给你的一笔横财，如果是自己辛苦赚的钱，那就不一样了。

　　为了解决这个疑虑，这三位心理学家真的去调查了人们实际挣钱和花钱的情况。他们一共调查了632名美国人，测量了他们的幸福感，并且还调查了他们的年收入以及每个月在以下四个方面的开支：①付各种账单的钱，②花在自己身上的钱，③花在别人身上的钱，④给慈善机构的捐款。

　　可以看出，①和②加起来属于花在自己身上的钱，③和④加起来就是花在别人身上的钱。

　　最终结果表明，在自己身上花的钱占支出的比例跟幸福感没啥关系。一个在自己身上花了很多钱的人，不见得就是一个幸福的人。但在别人身上花的钱占支出的比例越大，自己的幸福感越高。

　　你可能会觉得，花钱在别人身上，那是有钱人才能干的事情。达则兼济天下，穷则独善其身。有钱人应该把钱花在别人身上更幸福，可是穷人就应该把钱花在自己身上才能更幸福。为了研究这个问题，邓恩等人在2006年到2008年期间调查了136个国家的234917个人。不仅如此，每个国家的调查对象既包括城市人口也包括农村人口，有穷人也有富人。所有人都汇报了自己的各种花费和幸福感。主要结果仍然跟之前的研究一致：花钱在别人身上越多，自己的幸福感越强。这个现象在88%的国家和地区都存在。最有趣的是，不管是穷人还是富人，他们都是一样的。即使是穷人，也会觉得把钱花在别人身上更幸福。

　　你可能会觉得有点奇怪，辛辛苦苦挣钱不就是为了让自己更加幸福吗？为什么把钱花在别人身上反而会让自己更加幸福呢？

　　原因是，影响我们幸福感的有三大因素：跟他人的联系（Relatedness）、成就感（Competence）和自主性（Autonomy）。把钱花在别人身上不但可以让我们加深跟其他人之间的联系，让我们觉得自己不再是一个孤岛，还可以让我们有一种成就感，以及一种能够控制自己的生活的自主性。

首先，**把钱花在别人身上会增加我们跟他人的联系，进而提升我们的幸福感**。用金钱去帮助别人，很明显可以让我们的社会关系变得更加紧密、强烈，而社会关系本身就是我们幸福感的重要来源。关于社会关系与幸福感之间关系的研究已经有很多，例如哈佛大学为期80年的研究。1938年哈佛大学教授博克（Bock）对人们的幸福感展开研究。他选取了哈佛大学268名非常优秀的学生，还选择了来自波士顿的456名社会底层的年轻人。之后每两年，这批人都会接到调查问卷。他们需要回答自己身体是否健康，精神是否正常，婚姻质量如何，事业成功与否，退休后是否幸福。每五年研究者还会亲自到访，了解他们的生活状况和幸福感。

2015年，该项目第四代主管，哈佛医学院教授瓦尔丁格（Waldinger），在公开演讲中介绍了他们的研究成果。最终的结果证明，财富收入、教育程度都不会影响这些人的幸福感，而对人们幸福感影响最大的恰恰是人际关系。良好的人际关系不仅让人更加幸福也会让人的身体更加健康。

我们把钱花在别人身上，会加固我们的社会关系，从而让我们能够得到更加长久的幸福。即使是花钱在陌生人身上，例如捐献给贫困山区的儿童，虽然这不会让我们身边的社会关系更好，但是也会让我们觉得自己跟他人之间有着联系，这种联系感也足以让我们觉得幸福。

其次，**把钱花在别人身上还会让我们感受到一种成就感**。成就感其实是现实生活中很多人的追求，工作绩效、学习成绩，甚至是解出一道数学题都是人们成就感的重要来源，也是人们努力的重要动力。当拿到第一笔工资，第一次拿到奖学金时，很多人都会选择给自己的父母买一件礼物。当然这其中很重要的原因是想要报答父母的养育之恩。除此之外，很多人一定在给父母买东西时会油然而生一种成就感。因此花钱在别人身上会让我们感觉到自己的价值，从而感到深深的幸福。

最后，**把钱花在别人身上也会让我们感到自己有自主性，我们可以控制自己的生活**。我们经常会屈服于各种诱惑和欲望，从而把钱花在甜甜圈、奢侈品包包等能让自己享乐的东西上。这样的消费固然会让自己短时间内觉得快乐，但是长久来看是很空虚的，也会让自己变成物质的奴隶。当我们把钱花在别人身上时，我们能感觉到自己能够控制自己的欲望，可以抵制享乐的诱惑。我们会深刻地感受到"我的生活我做主"这样一种自主性。

"赠人玫瑰，手有余香。"当我们决定把自己的钱花在别人身上时，我们超越了自己的限制，感受到了自我的力量。这让我们的生命更加有价值、有意义，也更加幸福。

参考文献

[1] AKNIN L B, BARRINGTON-LEIGH C P, DUNN E W, et al. Prosocial spending and well-being: cross-cultural evidence for a psychological universal. [J]. Journal of personality and social psychology, 2013, 104 (4): 635 – 652.

[2] DUNN E W, AKNIN L B, NORTON M I. Prosocial spending and happiness: using money to benefit others pays off [J]. Current directions in psychological science, 2014, 23 (1): 41 – 47.

[3] DUNN E W, AKNIN L B, NORTON M I. Spending money on others promotes happiness [J]. Science, 2008, 319 (5870): 1687 – 1688.

12　想要更幸福，比起物质你更应该花钱买体验

金钱买不到幸福，那是因为你没买对东西。

我们常常质疑金钱的作用。《拉戈·云奇》中的主人公是一位年轻、英俊、富可敌国的动作英雄，但是令人羡慕的家世和大量的财富却让他郁郁寡欢。于是有人说，金钱和幸福没关系。其实也不准确。很早以前有一个豪华车的广告，广告词我很喜欢，"谁说金钱买不到幸福，那是因为你没有买对东西!"那么问题来了，到底买什么才会让我们更幸福呢?

其中的一个解决方案就是买体验，不要买物质。什么是体验呢? 体验就是一段经历，比如，旅游、听讲座、看电影，这是体验。物质，就是一件东西，一个包包、一件衣服、一双鞋子。这些具体存在的东西，就是物质。

如果你买一个东西的最初目的是获得一个有形产品，将它当作自己财产的一部分，那么你就是购买了物质商品，比如一个包包、一堆金银首饰等。如果你买一个东西是为了获得一段人生体验和经历，那么你就是购买了体验商品，比如一次 SPA、一段旅行等。研究者发现，购买体验比购买物质能带给人们更多的幸福感。

来自科罗拉多博尔德大学的博文（Boven）和康奈尔大学的基洛维奇（Gilovich）曾发表过一个研究，通过四项实验证明了这个结论[1]。在第一项实验中，他们把 97 个英属哥伦比亚大学的本科生随机分为两组。其中一组参与者回忆自己最近一次购买过的超过 100 美元的体验消费，另外一组参与者回忆自己最近一次购买的超过 100 美元的物质消费。紧接着他们都要回答几个问题，例如，你认为这次消费让你有多么开心? 你认为这次消费对你生活

幸福感的贡献有多大？

实验结果表明，那些回忆体验消费的参与者认为这次消费为自己带来了更多的幸福感。不仅如此，购买体验的参与者会更加觉得这次消费物有所值，不能被替换。

你可能会说，购买体验能带来更多幸福，大学生是这样，其他人群可未必是这样。在接下来的研究中，研究者考察了不同年龄和地理位置的消费者群体。他们通过电话访谈，在美国全境采访了 1279 个普通人。为了不让被采访者猜到采访者的真实意图，采访者先问了大约 180 个无关问题，例如，未来你需要多少钱才能感觉到经济安全？在采访的结尾，采访者让被采访者想一下，自己最近做出的一个体验消费和一个物质消费，并评估一下这次消费给自己带来了多少幸福感。一共有 1263 人回答了这个问题，其中有 57% 的人认为，买体验让他们更开心，只有 34% 的人认为买物质让他们更开心。不管年龄大小，不管是男是女，也不管他们居住在美国哪个地区，大多数被采访者都认为买体验能带来更多幸福感。

为什么买体验会比买物质更让人感到幸福呢？有三个主要原因。

第一个原因，体验是时间的玫瑰。体验消费更能够经受得住时间的考验。如果你买的是一个包包，那么你会短暂兴奋几天，三个月之后你看到这个包包就无动于衷了。但是如果你购买的是一次旅行，那么三个月之后你想到这次旅行还是很开心。

来自康奈尔大学的卡特（Carter）和基洛维奇发现，物质消费的满意度会随着时间的流逝降低，但是体验消费的满意度能随着时间的推移而提高[2]。他们开展了一项实验，将参与者随机分到两个组中，第一组参与者回忆一次自己曾经购买的超过 50 美元的物质消费，第二组参与者回忆一次自己曾经购买的超过 50 美元的体验消费。紧接着，两组参与者需要报告购买时间，购买时对产品的满意度以及现在对产品的满意度。结果表明，刚开始时，体验消费和物质消费带来的满意度差不多，但是随着时间的推移，体验消费的满意度提高了，物质消费的满意度却下降了。也就是说，体验消费不会马上让你变得幸福，但过了一段时间之后，体验消费带来的幸福感会越来越强烈。

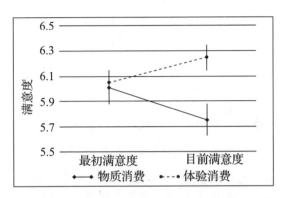

图 3 - 10　物质消费与体验消费的满意度会随时间的变化而变化[2]

第二个原因，体验不会因为比较而黯然失色。体验消费之所以能比物质消费带来更多的快乐，是因为体验很难被拿来比较。如果你新买了一辆丰田车，本来很开心，可是发现邻居新买了宝马，那么你就会变得不太开心了。但是如果你去长白山旅游，你的邻居去了加勒比海，这个比较的差距就没有那么大。美好体验更难被比较。

卡特和基洛维奇在他们的实验中发现，当消费者已经买到了自己喜欢的东西，这时再给消费者看一个更好的选择，会让消费者很不开心[2]。但是有趣的是，如果消费者购买的是体验，例如选择了一家很棒的餐厅就餐，这时如果让消费者知道还有更棒的一家餐厅就在附近，消费者就不会那么不开心。

体验消费很难被比较，但是物质消费很容易被比较。消费物质会让你斤斤计较，消费体验却让你很豁达。因此买体验会让你更幸福，因为你的幸福感不会被比较所摧毁。

第三个原因，你的人生取决于你做了什么，而不是你占有了什么。体验消费比物质消费更让人幸福，是因为体验可以变成人生的一部分。如果你购买了一次旅行，那么这次旅行会变成宝贵的记忆，变成你人生的一部分。但是如果你购买了一个包包，那么这个包包未必会变成你人生的一部分。

研究者发现，体验和自我联系更紧密[3]。你的人生，不就是由一个一个体验串起来形成的吗？这些体验塑造了自我，帮助定义了"我是谁"。如果我问你，你是一个什么样的人？你在思考时就会想，我是一个正直的人，上一次投票时我没有接受贿赂；我是一个热爱自由的人，所以我辞职去看看外面的世界。你的自我是由一个一个体验来定义的，因此体验给你带来了更深刻的乐趣和意义。

你可能会问，体验消费和物质消费真的有那么大的区别吗？很多东西很难区分是体验还是物质。事实上，即使你购买的是物质，也可以把它变成体验。在《体验经济》这本书当中，作者就用咖啡豆举了这样一个例子：

初级咖啡豆，1~2美分一杯；

加热、研磨、包装后，5~25美分一杯；

当它被放在一个快餐店里售卖时，50美分~1美元一杯；

当它被放在星巴克里出售时，消费者很乐意支付2~5美元；

当它被放在圣马可广场FLORIAN咖啡馆以15美元出售时，消费者可以在晨风习习的早晨坐在咖啡馆里，美美地品尝一杯咖啡，沉醉在这座千年古城的壮观景色里。这杯咖啡就变成了一次不同寻常的体验。

即使是一碗米饭，如果你一边看手机一边吃，那这碗米饭本身就不是体验；如果你细细地咀嚼品味，或者跟朋友一起聚餐，它就变成了一个体验。

你可能还会问，体验也有很多种，到底应该买什么样的体验呢？研究者还真的研究过这个问题，他们把体验分为平凡体验和非凡体验。

非凡体验就是跟日常生活完全不一样的，让人心跳加快的体验。平凡体验就是日常生活中的"小确幸"。那么我们应该更多地追求平凡体验，还是非凡体验呢？

你可能会觉得非凡体验更有价值，毕竟人的生命只有一次。在电影《死亡诗社》里，威廉（Williams）饰演的老师总是对学生说："孩子们，抓住每一天。活得精彩非凡！"但是在另外一部电影《遗愿清单》里，主角却给出了不同的观点。两个老人面临死亡的威胁，决定出去寻找一些非凡体验，他们在经历了各种冒险之后并没有觉得开心。最后，他们回到家里，和家人在厨房、小院子里度过的平静时光才让他们感到了深深的幸福。到底什么样的体验才能带来更多的幸福呢？是那些难得一遇，经历了就忍不住晒图分享的非凡体验，还是日常生活中熟悉而习惯的平凡体验呢？是看一部看过很多遍的老电影，还是看一部刚上映的新电影呢？

来自达特茅斯大学的巴塔查尔吉（Bhattacharjee）和莫内吉（Mogilner）在 2013 年做了这样一项研究。他们招募了 221 个参与者（年龄在 18～79 岁之间）[4]，并把这些参与者随机分成了两组。一组参与者回忆最近经历过的非凡体验，另外一组参与者回忆最近经历过的平凡体验。描述过后，参与者评估了一下刚刚报告的这次经历给自己带来了多少幸福感。研究者还让这些参与者决定是否将这段体验放到社交网站上跟他人分享。

结果显示，有一个重要的年龄差异。认为自己未来还有大把光阴挥霍的年轻人更倾向于分享非凡体验，认为自己未来时间非常有限的老年人更喜欢分享平凡体验。在接下来的一系列研究中，研究者也反复发现，年轻人更加看重非凡的、与众不同的体验，但是随着年龄的增加，他们会越来越看重那些看似平淡无奇的体验。

因此，如果你觉得买买买没有让自己变得更幸福，那可能是因为你没有买对东西。一系列研究表明，比起物质，你更应该花钱买体验。体验会带来更多的幸福，因为它是时间的玫瑰，更加不容易因为比较而黯然失色。更重要的是，体验会变成你人生的一部分。你的人生取决于你做了什么，而不是你占有了什么。

➡ 参考文献

[1] GILOVICH L V B T. To do or to have? That is the question [J]. Journal of personality

and social psychology, 2010, 85 (6): 1193.

[2] CARTER T J, GILOVICH T. The relative relativity of material and experiential purchases. [J]. Journal of personality and social psychology, 2010, 98 (1): 146 – 159.

[3] ANG S H, LIM E A C, LEONG S M, et al. In pursuit of happiness: effects of mental subtraction and alternative comparison [J]. Social indicators research, 2015, 122 (1): 87 – 103.

[4] BHATTACHARJEE A, MOGILNER C. Happiness from ordinary and extraordinary experiences [J]. Journal of consumer research, 2014, 41 (1): 1 – 17.

13　购物时把手放在口袋里，就能省钱

管住自己的手，就能管住自己的钱包。

心理学家哈洛（Harlow）曾经做过一个非常有名的恒河猴实验。他将刚刚出生的小猴子放到特制的笼子里，笼子里有两个钢丝制成的"母亲"：一个怀里放着奶瓶；一个没有奶瓶，但是钢丝表面被裹上了厚厚的毛毯。结果发现，虽然幼猴会在那个"钢丝母亲"的怀里寻求食物，但是绝大多数情况下，它总是依偎在"毛毯母亲"的怀里。而且，当实验人员向幼猴施以雷电等刺激时，幼猴也总是会躲到"毛毯母亲"身旁。就像幼猴更喜欢温暖柔软的母亲一样，人们生来也有着对触觉的强烈需求。

对触觉的需求会在不知不觉中影响人们的消费行为。最古老的杂货铺，售货人员站在顾客和商品之间，当顾客想要购买某种商品时，只能由售货人员递交过来。后来，沃尔玛这样的大型超市出现了，琳琅满目的商品出现在顾客眼前，只要顾客想，随时可以拿下货架上的商品，触摸它、感受它。这样的触摸，就会增加人们对这款商品的购买欲望。

威斯康星大学麦迪逊商学院的佩克（Peck）和他的合作者就对此进行了研究。他们招募了威斯康星大学的 231 名本科生，在他们面前放置了两种商品，一个弹簧玩具和一个咖啡杯。其中一半的学生被告知可以触摸这些商品，而另一半学生则不能触摸这些商品。之后每个学生都需要评价一下，他们在多大程度上觉得这件商品应该属于自己，并表明愿意为每件商品支付多少钱。

结果发现，相比于没有触摸过商品的学生，触摸过商品的学生会更加觉得这两件商品是属于自己的，而且对商品的估价也会更高。

另外还有研究表明，在不能触摸到商品时，想象已经拥有了面前的商品也会让人们觉得自己就是这件商品的主人，提高人们对于商品的估价。

难怪 2009 年美国《时代周刊》上的一篇文章会给出这样一个消费建议：如果想要控制住购物欲，就把手放在口袋里不拿出来。把手放在口袋里不拿出来，你就触摸不到商品，也就不会在不知不觉中把购物车塞满了。相反，如果你是一家商店的售货员，你要做的不是在顾客触摸商品时大声呵止，而是鼓励他们尽可能多地抚摸商品，感受商品。

当然，触摸并不只发生于人与商品之间，在人际相处中，触摸也随处可见。1992 年，来自以色列特拉维夫大学的霍尼克（Hornik）教授发现，人们在被触摸之后，更容易被说服。研究者请了 4 个志愿者假装超市的新品推销员，向排队的消费者提供新品试吃的服务。其中 2 个志愿者的任务是在和顾客沟通时轻轻触碰一下顾客的上臂，而另外 2 个志愿者则是进行正常的、没有肢体接触的服务。

结果发现，那些和顾客发生了触碰的志愿者取得了更好的业绩。84.6%的顾客更愿意试吃一下他手中的新品，65% 的顾客最后买下了这款新品。而那些没有和志愿者发生肢体触碰的顾客中，只有 65% 的人试吃了这款新品，只有 43% 的人最后购买了这款新品，远不如另外一组志愿者的业绩。

触摸的力量很强大，当触摸的需求得到满足时，人们会更愿意买下这款新品，更愿意同意推销员的请求。但是，触觉在当今的营销中是非常缺失的一种感觉。特别是由于互联网技术的发展、网络购物的普及，人们只能通过无力的文字、冷冰冰的图片来感知商品。在这些感知中，触觉是十分匮乏的。因此，一个成功的电商需要弥补这些无法感受到的触觉。

一个成功的案例就是星巴克推出的猫爪杯。初看时它并没有什么特别之处，双层结构，透明玻璃。可是，一旦牛奶、咖啡等有色液体倒入，一只软萌萌的猫爪就出现了。当看到这只猫爪，我们会想到毛茸茸的猫咪，想到它那胖嘟嘟的、带着温度的爪子搭在我们身上，想到我们无忧无虑的童年……

总之，即使没有触摸，我们也感受到了触觉，我们一直所渴求的触摸欲被它彻底满足了。这款杯子在星巴克官网两次预售，开售即被抢空，有人甚至为它在星巴克门店大打出手。

触觉的力量非常强大，甚至不需要实际的触摸，都可以让消费者对商品爱不释手。对于电商而言，最重要的是想清楚如何在文字、图片中融入触觉体验，让消费者隔着屏幕也能脑补出和产品的接触、互动，并买下这款产品。

而理智的消费者，为了自己的钱包着想，购物时可千万要管好自己的手。

➡ 参考文献

［1］ PECK J, SHU S B. The effect of mere touch on perceived ownership ［J］. Journal of consumer research, 2009, 36 （3）: 434 – 447.

［2］ HORNIK J. Tactile stimulation and consumer response ［J］. Journal of consumer research, 1992, 19 （3）: 449 – 458.

<u>14</u>　利用面额效应，可以让你少花钱

不带零钱，你就能少花钱。

在一个夏日炎炎的中午，你看到路边有卖冰棍的，1 元一根。你掏出钱包，发现钱包里全是 100 元的大钞票，完全没有零钱。这时，你会买冰棍吗？如果换一个场景，你掏出钱包，发现钱包里正好有一张 1 元钱的零钱，这时，你会买冰棍吗？接下来我要介绍给你一个省钱的简单办法：不要带零钱出门。

你有没有这样的体验，出门时钱包里有"10 张 10 元"要比"1 张 100 元"花得更快。每当手里有点零钱时，你总有一种把它花掉的欲望；而当手里是大面额的整钱时，你就不太舍得把它花掉。

从理性角度看，"10 张 10 元"和"1 张 100 元"的金额完全相同，你应该一样珍惜。但人不是完全理性的，钱的面值会影响钱的用途。

这个效应叫作面额效应（Denominition Effect），是 2009 年由两位营销学教授提出来的。他们是纽约大学的拉古比尔（Raghubir）和马里兰大学的斯里瓦斯塔瓦（Srivastava）。他们在《消费者研究杂志》（*Journal of Consumer Research*）上发表的一篇论文中正式提出了这一概念。他们认为，人们更不愿意花掉大面值货币。也就是说，你拿着小面值的钱，会更容易买买买。

两所美国大学的 89 名本科生参加了一项实验。实验结束后，他们当中有 43 个人拿到了实验报酬 1 美元，但这 1 美元是小面值的 4 个 25 美分硬币。另外 46 个人也拿到了同样金额的实验报酬 1 美元，但不一样的是，他们拿到的是一张 1 美元纸币。

当这些人拿到实验报酬之后，研究者告诉他们，他们可以用手头的钱购

买实验室提供的一种口香糖，这种口香糖的售价是 1 美元，也可以不买而是把钱拿走。结果发现，那些拿到 4 个 25 美分硬币的学生更愿意买口香糖，他们当中有 63% 的人会把钱拿来买口香糖。但是拿到报酬是 1 美元纸币的学生并不愿意把手头的钱用来买口香糖。他们当中只有 26% 的人会把钱拿来买口香糖。也就是说，拿到小面值钱的学生更乐意把这些钱给花掉。

你可能觉得，硬币拿在手里更重，所以当然要花掉才比较合理。研究者又做了第二项实验。他们在一家加油站邀请了 75 名加油站顾客填写一个问卷，填写完问卷之后，这些顾客就可以得到 5 美元。其中一组顾客拿到了 1 张 5 美元纸币，另一组顾客拿到了 5 张 1 美元纸币。顾客可以把钱带回去，或者直接在加油站的便利店里把这 5 美元花掉。结果发现，拿到 1 张 5 美元纸币的顾客最节省，他们当中只有 16% 的人把到手的钱立即花掉了。但是拿到 5 张 1 美元纸币的顾客花钱最大手大脚，他们当中有 24% 的人在便利店就把 5 美元花光了。

你可能会说，这个现象也许只在美国人身上才有，中国人才不会这样。事实上，拉古比尔和斯里瓦斯塔瓦在中国也做了一项实验。他们在中国湘潭找了 150 名家庭主妇填写问卷，然后发给她们报酬。一组主妇得到的是大面值的 1 张 100 元纸币，另一组主妇得到的是小面值的 5 张纸币（1 张 50 元 + 2 张 20 元 + 2 张 5 元）。主妇们可以把钱带回去，或者直接在实验室里选择购买 4 种产品（肥皂、洗发水、床上用品、烹饪锅）。结果发现，当拿到 5 张小面值纸币时，90.6% 的主妇都选择买点什么，只有 9.3% 的主妇没有花钱。但是当拿到 1 张 100 元纸币时，有 20% 的主妇决定不要把手头的钱花掉。

更有趣的是，当人们需要节省开支时，会下意识地倾向于选择大面额的货币。拉古比尔和斯里瓦斯塔瓦找来了 79 名大学生进行了一项实验。学生们阅读并想象自己每月需要存 400 元，可随意花 600 元。一组学生想象在本月底，自己已经花了 700 元，超过预算；另一组学生想象自己刚好花了 600 元，没有超过预算。学生们通过参加调研获得了 100 元报酬，可以选择 1 张 100 元纸币或者 5 张 20 元纸币。然后，学生们可以把钱带回去，或者跟朋友去商场购物花掉。结果发现，已经想象花了 700 元的学生中有 78.38% 的人选择了 1 张 100 元纸币，而想象刚好花了 600 元的学生中只有 26.19% 的人选择了 1 张 100 元的纸币。也就是说，当人们需要自我控制来节省开支时，会故意选择大面额的货币，以防止自己继续花钱。

人们选择大面额货币还是小面额货币是否会受到个体差异的影响呢？里克（Rcik）等人发现，可以通过消费模式把个体分为吝啬者与挥霍者两类。吝啬小气的人通常花钱更少，在花钱时也会感到更心痛。拉古比尔和斯里瓦斯塔瓦又做了一项实验，他们邀请了 119 名大学生参与。实验流程和上一项实验类似，只是学生们还需要完成一个"吝啬—挥霍"量表。他们在量表上的得分可以将他们分为吝啬者或挥霍者。结果发现，面额效应更多地出现在吝啬者身上，吝啬者会更偏好大面额货币，因为他们知道如何控制自己不乱买东西。而挥霍者就不懂得使用这个策略，他们不会刻意选择大面额货币来控制花销。

为什么你不愿意花掉 100 元，却很乐意把手头的 5 张 20 元花掉呢？早在 2006 年，来自爱荷华大学的米斯拉（Mishra）等人进行的研究就发现了一种现象，即消费者不愿意花掉大面值货币。这是因为人们认为大面值货币有更大的感知价值。你看到 100 元红色钞票会比看到 10 张 10 元钞票更加开心，而且你会觉得 100 元红色钞票比 10 张 10 元钞票的价值更高更宝贵。所以你不愿意把 100 元花掉或者拆散，以维护它的完整性。

这种面额效应对支出决策的影响，会对社会各个部门产生影响，包括消费者福利、货币政策和金融业。如果国家想要刺激消费时，就可以提供更多小面额的货币来让消费者购买欲望上升。拉古比尔和斯里瓦斯塔瓦建议在美国增加 1 美元硬币的发行量，推出 2 美元硬币。如果国家想要增加储蓄，就可以更多地发行大面值货币。

对消费者来说，怎样才能多存钱少花钱呢？首先，可以在钱包里多放一点大面值的货币，少放一点小面值的货币，把零钱都换成整钱。当然，现在很多情况下都是用手机支付的，如果你想要减少开支，那么第一步就是把手机里的支付宝和微信卸载。因为支付宝里的钱，你花起来会更加不心疼。

参考文献

［1］RAGHUBIR P, SRIVASTAVA J. The denomination effect ［J］. Journal of consumer research, 2009, 36 （4）: 701 – 713.

［2］RICK S, CRYDER C, LOEWENSTEIN G, et al. Tightwads and spendthrifts ［J］. Journal of consumer research, 2008, 34 （6）: 767 – 782.

［3］MISHRA H, MISHRA A, NAYAKANKUPPAM D, et al. Money: a bias for the whole ［J］. Journal of consumer research, 2006, 32 （4）: 541 – 549.

［4］王晓微, 原献学. 货币支付行为中的面额效应 ［J］. 心理研究, 2012 （1）: 72 – 77.

15　小心商家定价的"隐形设计"

"每天1元"这样的定价方式会让你心甘情愿地掏钱购买吗？

中国移动推出了"大王卡"，1天1元不限流量。支付宝推出了最新保险产品，每天花1元，就能获得400万元重大疾病的医疗保障。这些广告非常吸引人。但是，如果商家换一种说法，改成1个月30元流量费，1年365元保险费，听起来就似乎没有"每天1元"那么吸引人了，这是为什么呢？

你可能会觉得，这是因为1天1元比1年365元听起来便宜很多。这确实是其中一个重要原因。但是美国罗德岛大学的阿特拉斯（Atlas）和美国芝加哥大学的巴特尔斯（Bartels）的研究揭示了另外一个你想不到的理由。

研究者把1年350元这种定价方式叫作整合定价（Aggregate Pricing），把每天1元这种定价方式叫作定期定价（Periodic Pricing）。他们通过一系列实验发现，定期定价比整合定价要更好，更容易让消费者心甘情愿地购买。

研究者首先在Mturk（一个网络在线调查平台）上找了150名参与者，做了一个问卷调查。参与者想象自己赚了5万美元，并阅读一个捐赠情景。一组人被要求1年捐款350美元，另一组人则被要求每天捐款1美元。参与者需要回答自己的捐款意愿。结果发现，如果要求参与者1年捐款350美元，那么参与者的捐款意愿比较低；如果要求参与者每天捐款1美元，那么参与者更愿意捐钱。也就是说，定期定价比整合定价显著提高了人们的捐赠意愿，让人们更加乐意捐款。

在接下来的一项研究中，研究者在美国中西部的一所大学找了153名

MBA 的学生，考察了他们的真实购买行为。学生们需要给出对 5 种网上订阅服务（如《华尔街日报》）的购买意愿。一组学生看到的是定期定价（如每天 0.26 美元），另一组学生看到的是整合定价（如 1 年 95 美元）。结果发现，有 24.5% 看到定期定价的学生会购买订阅服务，而只有 9.9% 看到整合定价的学生会购买订阅服务。这说明，给人们展示定期定价会提高人们的购买意愿，让人们更加愿意花钱购买。

为什么每天 1 元会比 1 年 350 元更吸引人呢？为了回答这个问题，这些研究者又做了一项研究。他们这次还是把参与者分为两组，一组参与者看到的捐赠广告是让他们每天捐款 2.5 美元，另一组看到的是要求 1 年捐款 900 美元。参与者需要给出自己的捐款意愿，不同的是，参与者还需要列出自己想要捐款和不想要捐款的理由。结果发现，与要求参与者 1 年捐款 900 美元相比，要求参与者每天捐款 2.5 美元时，参与者列出了更多捐款的优点。也就是说，定期定价的方法更能让人们感受到自己可以得到的好处，从而更加愿意花钱捐赠。

这就是每天 1 元比 1 年 350 元更吸引人的另一个重要原因。为了证实这一点，研究者又做了一些实验，并故意把每天的价格设置得比较昂贵。

他们和美国一家送餐服务公司进行了合作。在研究过程中，有 15127 名消费者访问了该公司的网站页面，看到了网页上的一个送餐广告。其中一半消费者看到的送餐广告的定价是每天 16 美元，另外一半消费者看到的送餐广告的定价每周 99 美元。这项研究一共持续了 5 个星期。结果发现，看到每天 16 美元广告的消费者比看到每周 99 美元广告的消费者多买了 77% 的送餐服务。这说明，就算在每天成本较高的情况下，定期定价的方法也会增加人们的购买意愿，让人们更愿意花钱。

研究者认为，当人们想到每天的花费时，不但会觉得花费得更少，也会觉得自己可以享受到的好处更多。当人们看到一个送餐服务是每周 99 美元时，会觉得自己享受到的服务没多少。但是当人们看到一个送餐服务每天 16

美元时，就会去想象自己每天的享受，从而觉得这个享受还蛮多的。

通常，我们会觉得自己是一个理性的消费者，买东西时精打细算，货比三家。但是，商家却经常在背后默默引导我们做出不理性的消费行为。与1年350元的整合定价方法相比，1天1元的定期定价方法更吸引人，更能让人们花钱。但是从理性的角度看，1天1元并不比1年350元经济。所以下次买东西时，一定要注意这些商家的"隐形设计"。

参考文献

[1] ATLAS S, BARTELS D M. Periodic pricing and perceived contract benefits [J]. Journal of consumer research, 2018, 45 (2): 350 – 364.

16 花外币跟花人民币有什么不一样?

美元、日元和英镑，哪一个更不像钱?

你会在海淘网站上浏览到 3000 韩元的化妆品、80 美元的牛仔裤、600 欧元的背包，甚至你会踏出国门，在某次出境游中，吃一顿 800 日元的早饭，买一张 60 美元的美国迪士尼乐园门票⋯⋯随着国家与国家之间的贸易往来越来越普遍，你看到的价格已不再只是人民币。这会怎样影响到你的购买行为呢?

假如你住在英国，每周都会去一家超市采购一些生活用品和食物。这家超市的牛奶 0.99 英镑 1 升，羊肉 2.74 英镑 1 千克⋯⋯突然有一周，你忙得没有时间去逛超市了，只能在网上购物。这家网上商店的商品和连锁超市一样，但是价格却是以欧元标注的。同样的牛奶 1.98 欧元 1 升，同样的羊肉 5.48 欧元 1 千克⋯⋯看到这些价格，你会有什么反应? 是否突然觉得这些东西变贵了。虽然实际上 0.99 英镑跟 1.98 欧元是同样的价格，但是数字变大，就会让你感觉要花的钱变多了。

假如你住在德国，经常光顾的那家超市的价格是，牛奶 3.96 马克 1 升，羊肉 10.96 马克 1 千克。当你某次打开那家网上商店，看到牛奶 1.98 欧元 1 升，羊肉 5.48 欧元 1 千克⋯⋯你感觉如何? 会不会觉得这些商品变便宜了? 会不会因为这样而多买一些呢? 虽然只要简单换算下，你就能知道 3.96 马克跟 1.98 欧元是一回事，但是你还是会觉得价格变得便宜了。

2012 年，加州大学伯克利分校哈斯商学院的纳格 (Raghubir) 教授等人做了一项研究，考察不同价值货币转换对消费者的影响[1]。如果你在国外旅行，这个国家的货币价值比较高，例如新西兰，他们的货币 1 元等于 4.7 元人民币，那么你会觉得商品的价格显得更便宜。这会导致你买更多东西。但是如果你去瑞典旅行，他们的货币 1 元等于 0.7 元人民币，你就会觉得这些商品的价格显得更贵。这会导致你节衣缩食，买得更少。

2002 年 1 月 1 日，包括德国、爱尔兰、丹麦、挪威、瑞典在内的 12 个国家正式引入了欧元。除了爱尔兰，其余 11 个国家原本货币的面值都比欧元面值要小，这就带来了一种"欧元幻觉"（Euro Illusion）——人们普遍觉得商品的价格更便宜了，消费意愿也增加了。狡猾的商家也嗅到了这一商机，对商品大肆涨价，反正这时涨价人们也觉察不到。这甚至导致了通货膨胀。

纳格对宏观数据进行了分析，发现从 2002 年引入欧元开始到 2008 年，这些国家的旅游收入增长远远快于那些没有引入欧元的国家。这意味着，把本国货币换成欧元让消费金额看起来更少，从而激活了人们的消费意愿，更加愿意花钱去享乐旅游。

为什么会发生这种事情呢？主要是因为我们的认知懒惰。到了香港，看到牛奶 58 元港币一盒，如果你特别细心精明，就会根据货币兑换率转换成熟悉的货币，来判断这是否足够便宜，值得购买（58 元港币按汇率计算后约相当于 51 元人民币）。也就是说，人们在进行价格判断时有两个步骤：第一步，选取一个最简单易懂的信息作为锚（Anchoring），这里的信息是 58；第二步，纳入已有的其他信息对这个锚进行修正（Adjusting），这里就是用汇率来修正，把 58 调整成 51。

但是，消费者有时太匆忙，没有时间来做这种复杂计算，也可能比较懒惰，懒得做计算。也就是说，在判断价格时，人们运用汇率对不同货币进行的调整常常是不充分的。

这种不充分的调整便导致了不同货币的价格会错误地诱导你。如果你习惯了看到英镑的标价牛奶是 0.99 英镑 1 升，现在看到 1.98 欧元 1 升的牛奶，你会一下子觉得这家店的牛奶好贵，不值得购买。但是如果你之前习惯了德国马克的标价，牛奶 3.96 马克 1 升，那么当你看到 1.98 欧元 1 升的牛奶时，你会以为这家店的牛奶真是便宜，应该多买两盒。

上面我们说的是不同货币之间的"幻觉"。实际上，在同一种货币中，这种"幻觉"依然存在。

请想象这样的场景：

杜拉拉和王美美毕业于同一学校。毕业后，她们在不同的城市做着类似的工作。杜拉拉刚开始的年薪是 10 万元人民币，工作第二年时工资增加了 3%（即加薪 3000 元）。她所在的城市没有通货膨胀。

王美美起薪也是 10 万元人民币，第二年她的工资增加了 6%（即加薪 6000 元）。她所在的城市有 5% 的通货膨胀。

你觉得杜拉拉和王美美谁更满意自己的薪水？

显然，杜拉拉涨薪的 3000 元和王美美涨薪的 6000 元瞬间抓住了我们的眼球，让我们觉得王美美的薪水涨得更多。这便是"锚"。但是我们同样应该意识到，王美美所在的城市存在着 5% 的通货膨胀。利用这一信息对 6000 元进行修正后，王美美的工资增长幅度其实只有工资的 1%，远远低于杜拉拉的 3%。但是，人们通常不会做这样的充分调整，一听说 6000 元的加薪，就感觉比 3000 元的加薪满意多了。

不光我们会犯这样的错误，就连普林斯顿的大学生们也会犯这种错误。1997 年，美国行为科学家艾尔达·莎菲尔（Eldar Shafir）将这个问题抛给了普林斯顿大学的 69 名大学生。结果发现，64% 的学生会犯这种错误，他们认为王美美应该更加满意自己的工资[2]。

当然，真正精打细算的消费者，会仔细地把每一个外国商品的价格都转换成人民币价格来进行对比。充分整理所有已知信息，就不会受到数字的诱惑了。但是即使是一个精明的消费者，也有马失前蹄的时候。例如在赶往机场的途中需要最后采购一个东西，此时，需要快速做决定就可能导致消费者没有根据汇率进行充分调整，于是买了一个比国内还贵的东西，千里迢迢地带回国。

不光是花美元或者日元时会出现这种问题，现在，你可以在"得到"上使用199个"得到贝"研习商学院课程，训练自己的领导能力，也可以在"喜马拉雅FM"上支付99个"喜点"听李银河老师讲爱情与婚姻。一个得到贝、一个喜点均是由1元人民币兑换而得。但是，将兑换率稍加修改，例如"1元=0.7个得到贝"，人们在花得到贝时会更加慷慨还是更加吝啬呢？或者"1元=8个喜点"，人们是否会大手大脚地花掉这些喜点呢？如果你是"得到"的老罗，你会如何制订这个兑换率？

▶ 参考文献

[1] RAGHUBIR P, MORWITZ V G, SANTANA S. Europoly money：how do tourists convert foreign currencies to make spending decisions？[J]. Journal of retailing, 2012, 88（1）：7-19.

[2] SHAFIR E, DIAMOND P, TVERSKY A. Money illusion [J]. Quarterly journal of economics, 1997, 112（2）：341-374.

17　现金与电子货币会如何影响你?

使用现金会让你变得目光短浅。

今天给你 5 元纸币或者明天给你 8 元纸币,你会选哪一种?

今天给你银行卡上转 5 元或者明天转 8 元,你又会选哪一种?

随着互联网和移动通信成为人们日常生活中不可或缺的部分,移动支付等电子支付方式逐渐成为人们首选的支付手段,这给人们的生活带来了方便。但也有部分人反对使用电子支付,一方面是觉得不安全,另一方面则是因为电子支付让花钱变得不痛不痒,赚钱也没那么开心了。其实,电子货币不仅会影响你赚钱时的心情,还会影响你赚钱的多少。

2019 年 2 月,加拿大韦仕敦大学毅伟商学院教授杜克罗斯(Duclos)等人发表在《消费者心理杂志》(*Journal of Consumer Psychology*)上的一篇文章表明,比起手机、银行卡上的钱,现金货币会让人在进行财务决策时更没有耐心。

研究者在韦仕敦大学里随机调查了 64 名学生和职工,将他们分成两组,请他们到实验室完成一项单词拼图任务。任务结束后,第一组的 37 个人需要从两种报酬方式中选择一种:①现在拿走 5 美元的现金报酬;②过一周再来这里领取 7 美元的现金报酬。第二组的 27 个人也需要从两种报酬方式中选择一种:①现在给校园卡充值 5 美元;②过一周再来这里给校园卡充值 7 美元。

结果发现,如果是以校园卡充值的形式发放报酬,有 78% 的人选择等待一周来得到更多的钱。但是如果是以现金形式发放报酬,只有 49% 的人选择等待一周。这说明,即使等待一周就能得到更多的报酬,但是一想到是现金,人们就变得目光短浅，没有耐心等待。

同样是钱，为什么现金就会让人目光短浅，为了眼前的小利益而放弃长远的大收益呢？这是因为人们无法忍受不能拿到眼前现金的痛苦。看到现金，人们就想马上获得；与现金失之交臂，人们会感觉太痛苦。但是如果是一笔卡里的钱，那么暂时没拿到也无所谓。

研究者又招募了193名大学生进行了一项跟之前类似的实验，唯一不同的是，这些大学生需要回答自己不能拿到眼前现金时感觉有多痛苦。结果发现，不能马上得到现金的痛苦感要比不能马上得到校园卡上的钱的痛苦感更大。这证明了损失掉眼前的现金，会让人们觉得更加难受。

现在的电子货币让我们花起钱来更加大手大脚，没办法存钱。从存钱的角度来看，用现金买东西能让我们更加舍不得花钱，从而更加节约。但是上面的研究告诉我们，从赚钱的角度来看，现金会让我们更加没有耐心，不愿意等待，电子货币反而能够帮助我们更加理性地等待未来的收益。

▶ **参考文献**

[1] DUCLOS R, KHAMITOV M. Compared to dematerialized money, cash increases impatience in intertemporal choice ［J］. Journal of consumer psychology (forthcoming), 2019, available at SSRN: https: //ssrn. com/abstract = 3324780.

18　有时候打折反而会赶走你的消费者

商家的打折活动不见得一定能够让你买买买，可能还会适得其反。

打折是吸引消费者和促进购买的一个常规手段。你可能觉得打折这件事没有什么难度，大折扣比小折扣好，小折扣比没折扣好，折扣力度越大，消费者买得越多。但是，这篇文章里，我要向你展示一系列研究，告诉你事实并非如此。

第一个问题，小折扣跟没折扣比起来哪个更好呢？一个打九折的东西和一个不打折的东西相比，你更喜欢哪一个呢？

你可能会觉得比起不打折的东西，人们当然是喜欢买打九折的东西。但是研究发现并非如此。有时，人们宁愿购买不打折的东西，也不愿意购买打九折的东西。

2016 年，上海交通大学的才凤艳和美国弗吉尼亚理工大学的巴格奇（Bagchi）发表在《消费者研究杂志》（*Journal of Consumer Research*）上面的文章对小折扣的影响进行了研究。他们分析了美国西北部一家超市的数据，跟踪了三种商品（罐头汤、冰激凌、玉米饼）的销售情况，数据包括了三种商品从 2004 年 4 月到 2005 年 6 月期间每一周的销售量和商品价格。经过分析他们发现：在打折幅度比较小的情况下（例如九五折或者九八折），商品的销售量和折扣大小呈现负相关关系。不打折时，销售量是 15.44%，但是打九五折到九折时，销售量反而下降到了 10.69%。折扣小时，销售量不但没有增长，反而降低了。只有当折扣力度大于九折时，销售量才会大幅度攀升，提高到 66.13%。

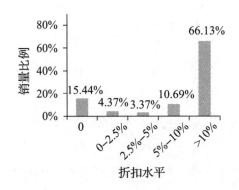

图 3-11　折扣小的情况下打折反而对销售量有抑制作用

这是因为，一旦存在打折信息，消费者就会将原来的价格和打折之后的价格进行对比，如果打折力度不大，消费者会认为自己无法从这个交易中获利，反而会更加期待一个更大的折扣。

那么这是否就意味着小折扣一定不好呢？商家是不是应该抛弃小折扣这种做法，要么不打折，要么就狠狠地打折呢？

其实也不是这样，对于有些商品来说，小折扣也可以促进销售的。

研究者发现，小折扣的消极影响在生活必需品上并不存在；当商品本身是以大包装的形式进行销售时，小折扣的消极影响也不存在。研究者又招募了消费者进行实验，让消费者想象一下自己在家举办一个派对，但是家里面没有装食物的盘子。这些消费者被分为四组，分别会看到 4 个盘子广告中的一个：

（1）5 个盘子售价 2.5 美元；

（2）50 个盘子售价 25 美元；

（3）5 个盘子原价 2.5 美元，现价 2.25 美元；

（4）50 个盘子原价 25 美元，现价 22.5 美元。

结果发现，如果消费者看到的是 50 个盘子的广告，那么即使只有九折的折扣，他们的购买意愿也会从 2.96 分（满分为 7 分）显著提升到 4.07 分。

但是如果他们看到的是 5 个盘子的广告，那么看到打折信息的消费者的购买意愿（3.8 分）反而比没有看到打折信息的消费者的购买意愿要低，从 5.13 分降低到了 3.8 分。也就是说，对于大包装的生活必需品来说，即使折扣不大，消费者也会觉得自己买得多省得多。因此，小折扣对于大包装的商品来说是有效的。这也就是为什么以纸抽、沐浴露、牙膏等为代表的生活必需品通常会以大包装的方式来打折促销。

第二个问题，大折扣是不是总比小折扣好？折扣越高促销效果就越好吗？

并不一定。加利福尼亚大学教授库珀（Cooper）在 1992 年发现，在改变消费者购买意愿方面，折扣也是有饱和点的。

研究者分别用九折、八折、七折……三折 7 个不同的折扣力度进行了实验，调查了 290 名在校研究生关于零售店里一款有氧运动鞋的促销情况，询问了他们认为的平均零售价，看到折扣后估计的原价以及对这款鞋的购买意愿。

研究者发现，虽然随着折扣力度的增大，学生感觉到节省更多了，但是当折扣到达一定程度时，学生的购买意愿反而会降低。研究者又考察了一家专卖店，发现一款有氧运动鞋在打七七折时就已经达到了最佳点，再继续打折，也不会让消费者更愿意购买。这是为什么呢？

研究者认为，对于这款运动鞋来说，七七折就足以让消费者心动而产生强烈的购买意愿，再加大折扣力度反而会让消费者对鞋子质量产生质疑，认为这款鞋子之所以打这么大的折扣是因为质量不好或者穿着不舒服。

也就是说，高折扣虽然能让消费者感觉到占了更多便宜，但是未必能促使消费者产生购买行为。打折力度过大不见得总是一件好事。

另外，折扣的频繁程度也会对消费者的购买行为产生重要影响。已有研究表明，消费者会认为打折更加频繁的商品价格更低。

1999 年，佛罗里达大学的阿尔巴（Alba）曾让消费者看了两个品牌的洗发水在 36 个月内的价格浮动情况，两个品牌的洗发水在 36 个月内的平均价格是一致的。其中一个品牌的洗发水经常在打折，但是每次打折的幅度都很小，从 0.12 美元到 0.22 美元不等。另外一个品牌的洗发水不经常打折，但是如果打折，折扣力度就很大，从 0.24 美元到 0.36 美元不等。在 36 个月的价格中，打折频繁的品牌共有 24 个月具有价格优势，打折幅度大的品牌在 12 个月具有价格优势。消费者看了两个品牌的洗发水 36 个月的价格后，需要估计这两个品牌的洗发水在 36 个月当中的平均价格。结果表明，虽然两个品牌的洗发水的平均价格都是 2.45 美元，但是消费者估计那个频繁打折的品牌的平均价格要显著低于不经常打折的品牌。

表 3-1　不同降价模式品牌的价目表　　　　　　（单位：美元）

频繁降价品牌	深度降价品牌
2.49	2.17
2.33	2.49
2.29	2.49
2.49	2.19
2.35	2.49
2.33	2.49
2.35	2.49
2.49	2.25
2.37	2.49
2.49	2.19
2.34	2.49
2.37	2.49
2.49	2.21
2.35	2.49
2.33	2.49
2.27	2.49
2.37	2.19
2.49	2.13

（续）

频繁降价品牌	深度降价品牌
2.49	2.49
2.33	2.49
2.37	2.49
2.35	2.49
2.49	2.25
2.31	2.49

为什么会出现这样的现象呢？主要的原因在于出现次数会影响数字大小。消费者更加倾向于通过数字出现的次数进行数字大小的判断。人们经常被物品出现的次数蒙蔽双眼。我们不妨来做一个小游戏。

（1）（2）（3）中出现的图形，它们面积大小的关系是怎么样的？

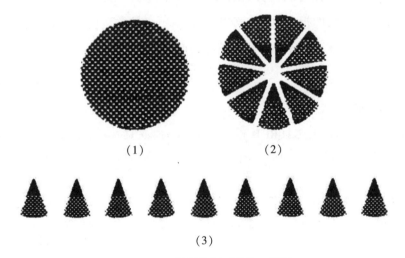

（1）　　　　　　　　（2）

（3）

图 3-12　看似面积不同的三幅图

现在公布正确答案：它们的面积是一样大的。其实这个游戏是加州大学洛杉矶分校教授佩勒姆（Pelham）1994 年在《认知心理学》（*Cognitive Psychology*）上面发表的一个实验。在实验中，他分别给两组人看了（1）（2）

和（1）（3）两幅图，并让他们估计两幅图的面积大小的关系。实际上（2）和（3）本身就是将（1）分解开的，所以三幅图的面积是一样大的。但有趣的是，人们认为（2）（3）要显著的大于（1），尤其对于（3）来说，人们估计（3）的面积要比（1）大50%。为什么呢？因为在（3）中，信息重复出现了好多次，次数会误导人们对面积大小的判断，所以人们觉得越频繁出现的东西就越大。

这也就是为什么你会觉得经常在打折，但是打折力度不大的店的东西更加便宜，比较廉价；不怎么打折，但是打一次折力度就会很大的店的东西更贵，可能质量更好。所以奢侈品牌为了保持高贵的形象，就不适合经常打折，但是可以偶尔特卖一下。

总结一下，这篇文章中我们谈到了三个跟打折有关的现象：①小折扣不见得一定比没有折扣更能吸引到消费者购买；②并不是折扣越大越好，到了一个饱和点，再大的折扣也不一定能够刺激更多的购买；③频繁打折会让消费者对商品产生廉价的印象，哪怕折扣力度并不大。

参考文献

［1］ CAI F, BAGCHI R, GAURI D K. Boomerang effects of low price discounts: how low price discounts affect purchase propensity ［J］. Journal of consumer research, 2016, 42 (5): ucv057.

［2］ ALBA J, MELA C, SHIMP T, et al. The effect of discount frequency and depth on consumer price judgments ［J］. Journal of consumer research, 1999, 26 (2): 99 – 114.

［3］ ALBA J W, BRONIARCZYK S M, URBANY S J E. The influence of prior beliefs, frequency cues, and magnitude cues on consumers' perceptions of comparative price data ［J］. Journal of consumer research, 1994, 21 (2): 219 – 235.

［4］ PELHAM B W, SUMARTA T T, MYASKOVSKY L. The easy path from many to much: the numerosity heuristic ［J］. Cognitive psychology, 1994, 26 (2): 103 – 133.

19　如何降低你的"支付痛苦"？

花钱会让你肉疼，那么商家是怎么给你止痛的呢？

俗话说："一手交钱，一手交货。"但这条规矩在我们生活中其实并不多见。当你去参观一个景点时，你总是先买了门票才能进去；当你网上购物时，你总是先付了款，货才能随后送到；当你去一家餐厅吃饭时，通常是在用餐过后才付钱……

面对一项消费，你会选择在消费之前付完款，还是在消费之后慢慢还呢？

麻省理工学院经济学教授普雷勒克（Prelec）和卡耐基梅隆大学教授列文斯坦（Loewenstein）发现，对于不同种类的消费，人们会有不同的选择。

研究者先让91名参与者想象去加勒比海度假一周，需要花费1200美元，现在有两种付款方式：

（1）在度假之前的6个月里，每月支付200美元。

（2）在度假之后的6个月里，每月支付200美元。

研究人员发现，超过60%的参与者都会选择第一种付款方式。

接着，研究者又问他们，假如你打算买一台洗衣机，也需要花费1200美元，你倾向于选择哪种付款方式？

（1）在货到之前的6个月里，每月支付200美元。

（2）在货到之后的6个月里，每月支付200美元。

有趣的是，84%的参与者都选择了第二种付款方式。

那么这种差别是如何产生的呢？

研究者发现，人们在付钱时会有即刻的痛苦感，被称为支付痛苦（Pain of Paying）。这种痛苦会减少人们从消费中得来的喜悦感。比如，你去一个很美的国家旅游，本想乘坐出租车好好欣赏一下窗外的美丽风景，可是这个国家的出租车很贵，你坐在后座，每听到计时器滴答一声，就会心疼自己口袋里的钱一秒。这样一来，你再也没有心情去观赏外面的风景了。

如果坐出租车是先付钱，你就不会有这种感受了。你付过了钱，已经不会再惦记着心疼了，现在的任务是要让花的钱物有所值，所以你要尽情享受。

对于旅游度假这样的体验型产品来说，如果享受之后再付钱，一想到花钱的痛苦，就没办法好好体验了。这时先付钱再享受比较合理，因为先把钱付清，度假时就不用再考虑之后还要"还债"的事情，也就不会感受到那么漫长的痛苦了。

但是如果你购买的不是一次体验，而是一个物质，例如一台洗衣机，那就不一样了。因为洗衣机在购买后很长一段时间能给你带来好处，所以在购买后再付款也没关系。这个洗衣机在给你带来好处的同时，你也在为它付钱。你会将付钱时的痛苦和使用时的效益直接对应起来，觉得合情合理，物有所值。

另外，为体验收费时不但要注意先收费，也要注意不能收费次数过多。例如，你去一个老式游乐场玩，结果发现每一个设施都要单独收费，你就可能玩得没有那么痛快了。这个过山车要付 20 元，到底值不值得去坐呢？那个海盗船是 30 元，要不要去玩呢？每一次消费，你都要做出决定是否值得付钱。这让你疲惫不堪，每一次付钱都让你感到心疼，所以玩得也不会太愉快。这也就是为什么迪士尼出现时，把按活动收费改为了按照入场收费。

越来越多的商家都采取了合并付费的方式。例如电影行业，以前租赁录影带不但要按出租次数收费，而且过期不还还要罚款。NETFLIX（网飞公司，在线影片租赁提供商）诞生之后所采用的定价模式完全不同。消费者只需要支付月费，就可以享受无限次数的影片租赁。这样就减少了消费者的付钱次数，提升了消费者的满意度。

国内视频网站也有效仿 NETFLIX 的付费方式，当然他们也保留了每部电影单独收费的选择，也就是用户可以选择每观看一部电影就付一次费。但是看一下他们的费用就知道，观看单部电影用户需要付费 5～6 元，但是一个月的会员费才 19.8 元。显然他们更加希望用户成为包月会员。这是为什么呢？

因为他们并不希望用户按次付钱。如果用户每次看电影付 5 元，那么用户就会斤斤计较，看完一部不好看的电影时觉得不值得。但是用户购买了会员后就不会这样了，每体验一次都感到更开心，因为有一种自己赚到了的感觉，就算看了一部烂片也无所谓。

另外，付了会员费还能提高用户的使用频率和忠诚度。用户成为会员后，却一次都没有看过电影，就会觉得很亏，会尽量抽出时间来看两部。每看一部都觉得自己好像把钱赚了回来。所以提前付费会增强体验感。对于体验商品来说，按月或者按年提前收取会员费是更好的办法。

那为什么餐厅大多是后付钱呢？如果你仔细观察就会发现，也有一些需要先付钱的餐厅，这些餐厅一般都是廉价的快捷餐厅。这又是为什么呢？

这取决于餐厅想跟你建立的关系是功能关系还是感情关系。如果一个餐厅是功能性的，只是给你填肚子用的，那么餐厅不需要跟你建立感情关系。你一点完餐，他们就要你付钱。但是高级餐厅希望跟你建立感情关系，希望你对他们有所依恋，是一个常客，如果一点完餐就要你付钱就太冷冰冰了。

先付钱还是后付钱呢？这看似简单的决定，背后需要考虑的因素一点也不简单。如果售卖的是体验产品，请尽量选择让消费者先付钱，最好付一个会员价。如果是高级场所，希望能够跟消费者建立一个长期的感情关系，那么挂账可能是更好的选择。

➡ 参考文献

［1］ PRELEC D, LOEWENSTEIN G. The red and the black: mental accounting of savings and debt［J］. Marketing science, 1998, 17（1）: 4 – 28.

［2］ GOURVILLE J T. Payment depreciation: the behavioral effects of temporally separating payments from consumption［J］. Journal of consumer research, 1998, 25（2）: 160 – 174.

［3］ RICK S, CRYDER C, LOEWENSTEIN G. Tightwads and spendthrifts［J］. Social science electronic publishing, 2008, 34（6）: 767 – 782.

20　距离会影响你对钱的价值判断

同样面额的钱，竟然可以有不一样的购买力。

假如某老板给自己员工的加班工资是 1 小时 30 元，你可能会觉得这是个黑心资本家，给的钱这么少，吃个盒饭都不够。但是如果你自己是一个老板，给员工的加班工资是 1 小时 30 元，你可能觉得 30 元还蛮多的，可以买好几包泡面了。研究发现，我们通常觉得自己的钱比别人的钱要更加值钱，能够买到更多的东西。

生活中你是否有过这样的感受：别人都花钱如流水，而你是省钱小能手；你的 100 元用 3 天，而某人一天都撑不过去。威斯康星大学麦迪逊分校市场营销学助理教授波尔曼（Polman）等人在 2018 年发表的一篇文章中，对这个现象进行了深入的研究。

研究者召集了 289 个消费者并随机将他们分为两组。研究者告诉他们，现在有一打鸡蛋、巧克力棒、牙刷、剪刀、羊毛袜子、巨无霸汉堡、冷冻比萨、小杯拿铁、灯泡、一条面包等 10 种产品，消费者需要评估每一种产品用 50 美元可以买多少份。

有趣的是，一组消费者是评估自己的 50 美元可以买到某种产品多少份，另外一组消费者是评估别人的 50 美元可以买到某种产品多少份。结果是，人们觉得自己的 50 美元的购买力更大。用自己的 50 美元，人们平均认为可以购买到 21.07 支牙刷，但是别人的 50 美元，人们却觉得只够买 17.30 支牙刷。

自己的钱购买力更大，你可能认为这只是人们没有经过深思熟虑的结果，如果让人们更加认真地估计，他们一定会表现得更好。

在接下来的一项实验中，研究者为了让消费者更加认真理性地作答，就拿出 100 美元的亚马逊礼品卡，告诉消费者，只要他们能够估计准确，那么这张 100 美元的卡就会奖励给他们。有了金钱激励之后，每个人都变得认真多了。但是即使是在认真理性评估时，花自己钱的消费者仍然认为自己的 50 美元可以买到更多的东西。

不仅在消费时人们会认为自己的钱比别人的钱更有购买力，在捐赠情境下，人们也会认为自己捐出去的钱能起到更大的作用。

研究者让一组捐赠者想象他们自己向慈善机构捐了一笔钱，并评估一下这笔钱会起到多大的作用。在向树木保护慈善机构捐赠的情境下，捐赠者认为他们捐出的 100 美元平均可以买 33.80 棵树，而别人的 100 美元只能买到 24.59 棵树。这意味着，捐赠者认为自己的钱更有用，捐出去之后可以更多地帮助到别人。

这种自信到底从何而来？可能有人会说，这是一种乐观主义的倾向，人们通常会觉得自己比别人能力更强，觉得自己的运气更好，觉得自己更不容易生病，等等。这在心理学上叫作积极幻觉。研究者也非常巧妙地考察了这个解释是否合理。他们让消费者评价一些自己不想要的商品，例如腐烂的鸡蛋、过期的牛奶等。结果发现，即使是购买这些不想要的商品，人们也还是觉得自己的钱比别人的钱更有购买力。这就说明，认为自己的钱更值钱，不单单是一种积极幻觉。

研究者认为这是心理距离惹的祸。在接下来的研究中，研究者不但让消费者评价自己的 900 美元能买到多少东西，还让消费者评价一个跟自己亲近的人的 900 美元能买到多少东西，或者评价一些跟自己不那么亲近的人的 900 美元能买到多少东西。结果发现，同样都是别人的钱，但消费者在感知购买力大小时却出现了差异。消费者认为自己的 900 美元的购买力平均分数为 7.72（满分为 9 分），与自己亲近的人 900 美元的购买力平均分数为 7.6，两者之间没有显著差异。但是如果是评价一个不那么亲近的人，随着亲近程度越来越远，这个人的 900 美元的购买力也会逐渐下降。到了消费者评价一个完全陌生的人时，同样的 900 美元的购买力平均分数不足 7.2，显著低于自己的购买力。换句话说，心理距离增加导致金钱价值降低。

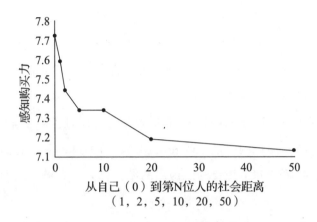

图 3 - 13　感知购买力与社会距离的关系

不光心理距离会导致金钱价值降低，其他距离也会导致金钱价值降低，例如时间距离。很多研究发现，人们宁可现在获得 15 元，也不愿意等上 1 个月拿到 30 元。从客观价值来说，1 个月后的 30 元比现在的 15 元要更多，即使考虑到通货膨胀的因素也是这样。但是从主观价值来说，1 个月后的 30 元让人们感觉更加没有价值，因为时间距离太远，那个只是一个数字而已，现在的 15 元才是真实的钱。

现在的 100 元跟 3 个月之后的 100 元，哪个更值钱呢？如果让一半人评价现在 100 元的购买力，另外一半人评价 3 个月之后的 100 元的购买力，那么人们会认为现在的 100 元更加值钱。这可不单单是因为通货膨胀，把现在的钱跟以前的钱比较也会有同样的结果。距离越远的钱，人们越觉得不值钱，购买力更低。

有趣的是，改变得到的概率能改变心理距离。如果是 100% 能得到的东西，我们会觉得比较近，如果是只有 10% 能得到的东西，我们会觉得比较远。在接下来的一项研究中，研究者就操纵了同样的一笔钱可能被得到的概率。

800 名消费者中的一部分人被告知，他们之后会参加一个抽奖活动，有 95% 的概率中奖 50 美元。另外一部分人被告知，中奖概率只有 5%。然后消费者需要评估一下这 50 美元的购买力。产品清单中有一盒麦片、一加仑牛奶、一本杂志、一本主题笔记本、一包铅笔、一条士力架。

结果发现，如果消费者以为自己只有 5% 的概率中奖 50 美元，那么他们会觉得这 50 美元更不值钱。而如果消费者认为自己很有可能获得这 50 美元，他们就会认为这钱很值钱。

这一系列研究共招募了 4475 个消费者参与，而且考察了 49 种不同的商品，包括耐用的和消耗的，享乐的和实用的，有品牌的和没有品牌的，昂贵的和便宜的，想要的和不想要的。得出的结论都是一致的，人们认为自己的钱购买力更大。

金钱的购买力是一个重要的话题，人们做预算，做金钱计划，决定应该从 ATM 里取多少钱来备用，设定信用卡额度，向银行贷款多少时，都需要考虑金钱有多少购买力。如果人们觉得自己的钱购买力更大，就可能做出一些错误的决策。

参考文献

[1] POLMAN E, EFFRON D A, THOMAS M R. Other people's money：money's perceived purchasing power is smaller for others than for the self [J]. Journal of consumer research, 2017, 45 (1)：109 – 125.

[2] BULLOUGH E. Psychical distance' as a factor in art and an aesthetic principle. [J]. British journal of psychology, 1912, 5 (2)：87 – 118.

21　损失厌恶也不是永远都成立

平常你更加看重损失，而不是得到。但是在求偶时，得到变得比失去更加重要。

假如有人要跟你玩扔硬币游戏，掷出正面你赢 500 元，掷出反面你输 500 元，你愿不愿意跟他玩一局？大多数人会拒绝玩这个游戏。虽然赢钱和输钱的概率都是 50%。但输掉 500 元的痛苦要比赢 500 元的快乐更大。相比赢钱的快乐，人们还是更想避免输钱的痛苦。诺贝尔经济学奖得主卡尼曼（Kahneman）和特韦尔斯基（Tversky）把这种现象称为"损失厌恶"。

日常生活中处处都有损失厌恶的影子。比如，商场打折了你不一定会去，但手里攥着的优惠券快到期了就一定要去商场花掉，因为优惠券过期作废让你觉得是一种损失。打麻将赢了几百元时你可能会见好就收回家吃饭，但是输了几百元时你就会一直不肯离开牌桌，试图翻盘，因为输钱是一种损失。如果弄丢了 1000 元，又得到了 1000 元，这也不会让你感觉完全好起来。这些非理性的感受都可以用损失厌恶来解释——人们在面对同等程度的损失和收益时，损失更加令人难以接受。但是损失厌恶并不是必然的，有些时候人们会更不在乎损失。

（1）坏消息往往比好消息带来的影响更深

分辨好与坏是我们成长过程中最先学会的技能之一，但是相比于好事，我们似乎更加关心坏事。

1985 年波兰学者卡皮诺（Czapiński）分析了心理学期刊上的 1.7 万篇文章，发现研究焦虑、抑郁、创伤、低自尊等消极事件的占到 69%，而研究乐观、动机、同情心等积极事件的只有 31%。1999 年，美国心理学会主席塞里格曼（Seligman）更是呼吁开展一场"积极心理学"运动，以冲淡心理学研究中对负面事件的过度关注。

不光心理学家关注坏事，大多数人也都觉得研究抑郁、焦虑、自杀这些事情比研究快乐、幸福要更加有意义。不是因为悲观主义，而是因为坏消息带给我们的影响要比好消息大得多，这也损失厌恶的根本原因。

让我们看一个比较极端的例子。有这样三组人，第一组是中彩票赢了大奖的人，第二组是意外瘫痪的人，第三组是过得平平淡淡的人。这三组人谁最快乐，谁最悲伤？你可能觉得，当然是赢了彩票的人更快乐，意外瘫痪的人最悲伤。但事实不一定是这样。

1978 年美国西北大学的布里克曼（Brickman）和他的合作者对这三组人进行采访发现，中彩票的人并没有比其他两组人更开心，而意外瘫痪的人确实是三组人中最不快乐的。也就是说，开心的事情对我们的影响，远远不如难过的事情。

为何快乐如此短暂，悲伤经久不散？这是因为损失带来的负效应是同样收益带来的正效应的两倍甚至更多。加州大学洛杉矶分校心理学教授塞布丽娜（Sabrina）及合作者把实验参与者放到磁共振成像仪器里，让他们一边玩赌博游戏一边扫描大脑。研究发现，赢钱时和输钱时大脑都会被激活，但是输 100 元时的大脑激活程度远远大于赢 100 元时的大脑激活程度。

（2）相比"趋利"，人们更看重"避害"

人类有两种基本动机。一种是趋利，就是得到好处，例如食物。另外一种是避害，也就是逃避那些不好的事情，例如洪水猛兽。这是进化赋予人类的天性。但是趋利和避害到底哪一种动机更重要呢？

想象你在原始森林里，有一只老虎朝你走过来，你没看到，那么你就"挂"了。如果有一堆食物在你面前你没看到，你可能只会饿一顿肚子，但是不会"挂"掉。因此，避害比趋利要更加重要。人们更加关注负面信息，更加关注损失，更加会受到负面情绪的影响，就是因为这些信息可以帮助自己避害。

1979 年，卡尼曼和特韦尔斯基就通过实验发现，相比于趋利，人们似乎总要先保证避害。实验包含以下两个情景。

情境一：先给你 1000 元，在此基础上做出选择。

A. 50% 的概率再得到 1000 元

B. 100% 的概率再得到 500 元

情境二：先给你 2000 元，在此基础上做出选择。

C. 50% 的概率损失 1000 元

D. 100% 的概率损失 500 元

根据概率计算，选项 A 和选项 C 的预期收益相同，选项 B 和选项 D 的预期收益相同。然而实验结果表明，84% 的人在情境一中选择了确定性的金钱收益，但是 69% 的人在情境二中选择了赌一把。也就是说，相比于"趋利"，人们更可能为"避害"冒险。

损失厌恶不仅表现在成人身上。研究发现，5～10 岁的孩子表现出了和成人一样的损失厌恶倾向。更有学者发现，猴子的行为也存在损失厌恶的特征。

耶鲁大学的陈启斯（Keith Chen）及其团队 2005 年时曾经给黑帽卷尾猴设计了两个赌博游戏。游戏里派出小王和小张两个实验者上场。

小王手里拿着一个果冻，然后抛出硬币。如果硬币正面朝上，小王就把手里的一个果冻给猴子；如果硬币反面朝上，小王就把手里的一个果冻给猴子之后再掏出一个果冻给猴子。

小张的手里拿着两个果冻。如果硬币反面朝上，小张就把两个果冻都给猴子，如果硬币正面朝上，小张只会把一个给猴子。

虽然这两种情况的结果都是一样，猴子要么得到一个果冻，要么得到两个果冻，但是所有的猴子在观察一段时间后，都跑到小王那边去了。原因很简单，两边看似平均收益一样，但是小王那边能产生额外收获，小张那边带来额外损失。猴子也有损失厌恶的心理。

损失厌恶的影响广泛而深刻，在婚姻生活中也是如此。美国华盛顿大学心理学教授高特曼（Gottman）是当之无愧的婚姻研究领军人物，号称在5分钟之内就可以判断一对夫妻以后是否会离婚，准确率在九成以上。如此准确的预测是建立在他对上千对夫妻的追踪研究基础之上的。

高特曼于20世纪70年代建立了著名的"爱的实验室"——一座公寓式婚姻实验室。这个实验室坐落在华盛顿大学附近一个风景胜地，每个房间都装有摄像头，从早9点到晚9点实时记录夫妻一天的生活。1993年，他追踪了73对新婚夫妻，这些新婚夫妻在当时都是幸福美满的佳偶，但是其中有1/3的夫妻在4年之后变成了怨偶，婚姻摇摇欲坠。那么到底是什么导致了婚姻破裂呢？

高特曼发现，主要是因为这些夫妻在生活互动模式中，正面互动（如赞美）跟负面互动（如争吵）的比例小于5:1。婚姻生活中，正面互动对夫妻的影响没有负面互动那么大。一个负面互动产生后，大概需要5个正面互动才能把这些负面影响抵消掉。如果没有抵消掉，那么就会出现收支不平衡的情况。

当然，损失厌恶也不是永远都成立的，有时我们反而更加看重收益。比如2007年荷兰莱顿大学的哈林克（Harinck）等人就发现，当人们谈论"小钱"时，损失厌恶这一现象是可以反转的。比如，人们觉得捡到1元钱很开心，但是丢了1元钱觉得无所谓。所以对于"小钱"来讲，人们是没有损失厌恶的，捡钱比丢钱更激动。

还有什么时候人们没有损失厌恶呢？2012年亚利桑那州立大学的叶欣杰

西卡（Yexin Jessica Li）及合作者的一项研究发现，当人们在求偶时，男性更加没有损失厌恶。他们更加看重自己得到了什么而不是失去了什么。

为什么会出现这种情况呢？因为在漫长的进化过程中，男性总是需要扮演进攻的角色。如果男性总是害怕丢脸、害怕损失，那就没办法追求到女性了。所以在追求异性时，男性需要很愿意冒险才行。

▶ 参考文献

［1］BAUMEISTER R F, BRATSLAVSKY E, FINKENAUER C, et al. Bad is stronger than good［J］. Review of general psychology, 2001, 5（4）: 323 – 370.

［2］BENARTZI S, THALER R H. Risk aversion or myopia? choices in repeated gambles and retirement investments［J］. Management science, 1999, 45（3）: 364 – 381.

［3］BRICKMAN P, COATES D, JANOFF – BULMAN R. Lottery winners and accident victims: is happiness relative?［J］. Journal of personality and social psychology, 1978, 36（8）: 917.

［4］CHEN M K, LAKSHMINARAYANAN V, SANTOS L R. How basic are behavioral biases? evidence from capuchin monkey trading behavior［J］. Journal of political economy, 2006, 114（3）: 517 – 537.

［5］CZAPIńSKI J. Negativity bias in psychology: an analysis of Polish publications［J］. Polish psychological bulletin, 1985.

［6］GOTTMAN J, GOTTMAN J M, SILVER N. Why marriages succeed or fail: and how you can make yours last［M］. New York: Simon and Schuster, 1995.

［7］HARBAUGH W T, KRAUSE K, BERRY T R. GARP for kids: on the development of rational choice behavior［J］. American economic review, 2001, 91（5）: 1539 – 1545.

［8］HARINCK F, VAN DIJK E, VAN BEEST I, et al. When gains loom larger than losses: reversed loss aversion for small amounts of money［J］. Psychological science, 2007, 18（12）: 1099 – 1105.

［9］HUSTON T L, VANGELISTI A L. Socioemotional behavior and satisfaction in marital relationships: a longitudinal study［J］. Journal of personality and social psychology, 1991, 61（5）: 721.

[10] KAHNEMAN D, TVERSKY A. Prospect theory: an analysis of decision under risk [M]. Handbook of the fundamentals of financial decision making: part I. 2013: 99 – 127.

[11] LI Y J, KENRICK D T, GRISKEVICIUS V, et al. Economic decision biases and fundamental motivations: how mating and self-protection alter loss aversion [J]. Journal of personality and social psychology, 2012, 102 (3): 550.

[12] ROZIN P, ROYZMAN E B. Negativity bias, negativity dominance, and contagion [J]. Personality and social psychology review, 2001, 5 (4): 296 – 320.

[13] TOM S M, FOX C R, TREPEL C, et al. The neural basis of loss aversion in decision – making under risk [J]. Science, 2007, 315 (5811): 515 – 518.

第四章

金钱与家庭生活

生活中80％的喜剧跟金钱没有关系，但80％的悲剧都跟金钱有关系。

01 认为时间就是金钱，这可不是什么好事

你认为时间就是金钱吗？这么想固然会让你珍惜时间，但是也会让你更加不幸福。

在一档综艺节目上，有一位观众向一位著名公司的创始人提问："我想用我的青春换取您的全部财富，您会换吗？"这位企业家微微一笑："当然，换，财富有什么用，财富没有了可以再挣，青春过去就不会再回来了。"

这只是因为这位企业家太有钱了。对于"双 11"刚刚花光自己积蓄，还有几千元信用卡欠款要还的我们来说，还没有奢侈到用金钱去买时间的地步，而是停留在必须要用时间去换金钱的阶段。我们花时间等 1 小时的公交车而不是坐 10 分钟的计程车来省钱，我们空余时间开滴滴来赚钱，我们排队等待打折来节约钱。这些都是在用时间换取金钱。

我们从小就被教育，"时间就是金钱"。这样教育我们的人希望我们更加珍惜时间，不虚度光阴。但是这不见得是好事，因为已有一些研究发现，"时间就是金钱"这种心态会让我们变得更加不幸福。

在现实生活中，有一些人会更深刻地体会到"时间就是金钱"。有个词叫作"时薪"，指工作 1 小时平均能够赚多少薪水。比如，钟点工、心理咨询师、律师或者一些自由职业者，他们的报酬就是按时间来计算的。对于这些人来说，时间真的就是金钱。当然，对于那些从来没有领过时薪的人来说，一旦拿起计算器换算一下自己的时薪，他们也会和领时薪的人一样，视时间为金钱。

研究者就考察了这样一些具备"时间就是金钱"心态的人。

结果发现，当人们把自己的时间换算成金钱之后，一个重要的改变就是更不愿意陪伴家人和朋友，更不愿意帮助别人。比如美国的律师，他们通常都是按照工作了多少小时来计费的。波士顿大学法学院的卡威尼（Kaveny）教授发现，时薪制使得律师把自己的时间当成金钱，更愿意花时间去工作，而不是陪伴家人、朋友或者参加社区活动[1]。

斯坦福大学的德沃（DeVoe）也发现了类似的情况，把时间换成金钱会让人们更加不愿意去参加志愿活动，帮助他人[2-3]。也就是说，当意识到自己的时间可以换取多少金钱后，人们对待自己时间的方式就会发生很大改变。

不妨设想这样一个情境。你找到了一份兼职，每天在手机上审核用户上传的视频，每审核 1 小时就得到 50 元。有一天晚上，一个老朋友来找你叙旧，一聊就是 3 小时。这时你可能就会觉得，这 3 小时本来可以用来工作，等于我今天损失了 150 元。当开始这么计算时，你就会斤斤计较，不愿意将时间花在不能产生经济效益的事情上了[4]。

这种把时间当成金钱的思维对人们的身心产生了许多负面影响。忙着用时间换金钱让人们逐渐减少了与家人、同事之间的交流，社会关系也逐渐变得生疏[5]。这还会进一步损害人们的幸福感。因为已经有大量的研究表明，社会关系才是幸福感的源泉，那些幸福的人和不幸福的人，最大的区别就在于是否拥有亲密的社会关系[5]。

斯坦福大学的普菲弗（Pfeffer）和卡内（Carney）2018 年发表在《管理学会新发现》（*Academy of Management Discoveries*）上的一篇文章中指出，那些习惯于把时间当成金钱的人，承受着更重的心理压力[6]。这种心理压力导致他们唾液中的肾上腺素水平要比普通人高出 23.53 个百分点。肾上腺素水平是衡量压力大小的一个重要指标，长时间的工作压力会让人体缓慢、长期地分泌肾上腺素，而这会导致许多心理疾病与生理疾病，比如焦虑症、高血压等。所以，过于强调时间的经济价值，会让人在心理与生理上都处于亚健康状态。

把时间当成金钱，固然会让你更加珍惜时间，不会碌碌无为。但是这种心态也会让你把自己的时间榨干去赚钱，导致你不愿意花时间去做那些更有意义但是没有短期利益的事情，例如与朋友相处，帮助他人，享受欢乐的家庭时光。这种心态会损害你的幸福感，也会增加你的压力，让你的身心都变得不健康。因此，你需要把自己从"时间就是金钱"的思维中解脱出来，"偷得浮生半日闲"。

参考文献

［1］ KAVENY M C. Billable hours in ordinary time： a theological critique of the instrumentalization of time in professional life ［J］. Loyola University of Chicago law journal, 2001, 33： 173.

［2］ DEVOE S E, PFEFFER J. The stingy hour： how accounting for time affects volunteering ［J］. Personality and social psychology bulletin, 2010, 36 （4）： 470 – 483.

［3］ DEVOE S E, PFEFFER J. Hourly payment and volunteering： the effect of organizational practices on decisions about time use ［J］. Academy of management journal, 2007, 50 （4）： 783 – 798.

［4］ DEVOE S E, PFEFFER J. When time is money： the effect of hourly payment on the evaluation of time ［J］. Organizational behavior and human decision processes, 2007, 104 （1）： 1 – 13.

［5］ MOGILNER C. The pursuit of happiness： time, money, and social connection ［J］. Psychological science, 2010, 21 （9）： 1348 – 1354.

［6］ PFEFFER J, CARNEY D R. The economic evaluation of time can cause stress ［J］. Academy of management discoveries, 2018, 4 （1）： 74 – 93.

02　造成你大手大脚花钱的原因，原来是这些

你为什么会把自己没有的钱也花掉？看看你的周围，这样的情况是男多女少还是女多男少呢？

2018 年"双 11"天猫交易额为 2135 亿元，同比增长 27%，其中你贡献了多少？《2017 年消费升级大数据报告》显示，80 后人均年消费 6.2 万元，90 后人均年消费 3.5 万元。许多人看到自己的年终账单时总是感慨，没想到自己居然花了这么多钱。

其实，花钱大手大脚也不全是你的错。

心理学家发现，很多你无法控制的因素影响了你，使得你在不知不觉中花钱大手大脚。

首先是性别比例。你所在地区的性别比例会影响你的花钱模式。

每个地区的性别比例相差很大。第六次全国人口普查的数据显示，中国男女比例大约是 104.9:100，其中男女比例最失衡的天津市这一数据达到了 114.52:100。而俄罗斯是典型的女多男少的国家，女性占总人口的 54%，男性只占 46%。

明尼苏达大学营销系的格瑞斯格威舍斯（Griskevicius）和合作者做过一系列研究。

他们首先调查了美国 120 个城市的男女比例，发现性别比从 0.78 到 1.63 不等。随后他们调查了当地居民拥有的信用卡数量和个人债务金额。结果发现，性别比数字越大，个人债务金额越大，拥有的信用卡数量也越多。也就是说，在男性比女性多的地方，人们花钱的欲望也更强烈。

在接下来的一项研究中，研究者让大学生阅读一篇文章。这篇文章告诉这些大学生他们所在学校的男女比例。其中一半的大学生读到的内容是"在今天的校园里，女生数量远超男生"，另外一半的大学生读到的内容是"在今天的校园里，男生数量远超女生"。文中还给出了一些具体的男女比例数字以增强可信性。

之后，学生们需要想象自己大学毕业之后，首次开始工作，在缴纳完税金和社会保障金后，每个月还剩 2000 美元，但需要用这 2000 美元来付住房、餐饮、交通、衣服、旅游、娱乐等费用。问题是，你打算每个月存多少钱？

结果发现，女生的花钱行为不会受到性别比例的影响，但是男生的花钱行为就会受到影响。如果男生以为自己所处的环境中男多女少时，他们更不愿意存钱。在一个女生居多的环境里，男生平均愿意存 150 美元，而在一个男生居多的环境里，男生平均只愿意存 87 美元，减少了 42%。

有趣的是，当身边男多女少时，男生也会更愿意借债。女多男少时他们平均计划借 37 美元，而男多女少时他们平均计划借 68 美元，足足增加了 84%。

这是为什么呢？因为男性比女性更倾向于通过展示金钱来竞争和吸引异性。当性别比例高时，社会中的女性成为一种稀缺资源，男性需要更多地展示自己的魅力来追求女性，而金钱就是展现实力的重要工具。因此男性会下意识地多花钱，以展示自己的魅力。

请注意，这样的改变可能是无意识的。也就是说，尽管你花钱变得大手大脚，但是你可能不知道为什么自己这么爱花钱。

其次，经济环境也会影响你是否大手大脚地花钱。

你可能会简单地以为，经济繁荣时，人们会大手大脚花钱；经济衰退时，人们会更加愿意存钱。但格瑞斯格威舍斯的研究表明，事实并非如此，经济衰退时有的人更加无法控制自己花钱的欲望。

研究者让大学生阅读《纽约时报》的文章，文章内容是当前经济形势正在衰退，未来经济形势不容乐观。

接下来，学生们需要想象自己这个月买完生活必需品后，还剩400美元。他们会选择节约一点将这笔钱存起来，还是选择将这笔钱花掉呢？结果发现，小时候被富养的人跟小时候被穷养的人在选择时出现了巨大的差异。

小时候家庭年收入超过15万美元，家境较为富裕的人，看到经济衰退之后在购买奢侈品时更犹豫。但是小时候家庭年收入少于3.5万美元，家境比较贫穷的人，在看到经济衰退之后，购买奢侈品更冲动。

格瑞斯格威舍斯认为，幼年时候被富养还是被穷养，这决定了人一生的思维模式。被穷养的人会有一种活在当下的心态，他们不会去想太多未来的事情。他们会迅速成熟，结婚生娃。因为未来是不确定的，他们不想做太长远的打算。而被富养的人则想得更加长远，他们可以为了将来的美好生活抵御眼前的诱惑。

在面对经济衰退时，这种思维方式的差异就被进一步放大了。被富养的人会未雨绸缪，更加愿意存钱，为了未来做好准备。而被穷养的人则变得花钱如流水，不去想未来会发生什么，活在当下，及时行乐。

如果你发现自己花钱大手大脚，这不见得一定是你的问题。你所处环境中的男女比例，未来的经济形势，小时候家里有钱还是没钱……都会影响你是买买买，还是存存存。

➡ 参考文献

［1］GRISKEICIUS V , ACKERMAN J M , CANTU S M , et al. When the economy falters, do people spend or save? Responses to resource scarcity depend on childhood environments ［J］. Psychological science, 2013, 24 （2）: 197－205.

［2］GRISKEICIUS V, TYBUR J M, ACKERMAN J M, et al. The financial consequences of too many men: sex ratio effects on saving, borrowing, and spending ［J］. Journal of personality and social psychology, 2012, 102 （1）: 69.

03　三个简单办法，让你的存款直线上升

什么时候开始存钱都不算晚，尤其是当你学会了这些办法。

巴菲特说过："开始存钱并及早投资，是最值得养成的好习惯。"我们无法预测将来是否会失业，存钱可以为我们增加保障，应对不时之需。

存钱似乎不是一件容易的事情。在中国，很多人债台高筑、入不敷出。2018 年 8 月 20 日，央行发布的《2018 年第二季度支付体系运行总体情况》显示，信用卡逾期半年未偿信贷总额达 756.67 亿元。美国也是一样，TransUnion 数据所示，90 天以上的信用卡违约率持续上升，2018 年第二季度达到了 1.53%，高于 2017 年的 1.46% 和 2016 年的 1.29%。中国的年轻人在提前消费方面也不甘示弱，1.7 亿 90 后的年轻人中，超过 4500 万人开通了花呗。其中近 40% 的人把花呗设为支付宝首选的支付方式。年轻人越来越多地接受了"先花钱后还钱"的观念，这无疑使他们应对未来风险的能力弱了许多。

如何才能多存钱少花钱呢？我们从研究中总结了三个简单易行的办法。

(1) 设立一个而不是多个存钱目标

有时你会有好几个存钱目标。比如，你一边需要为孩子的大学学费存钱，一边又需要为买一个大房子存钱，你还可能需要为养老存钱。可能有人会觉得，存钱目标越多，存钱也就越多。真的是这样吗？

多伦多大学营销系的索曼（Soman）和赵（Zhao）对这个问题进行了研

究，结果却让人感到意外：为单个目标存钱比为多个目标存钱存得更多。

研究者让一半的人为了单个目标存钱，这些人需要在孩子的教育基金、房租、自己的养老金这三个目标中选择一个开始存钱。而另外一半的人则处于多目标情境中，需要为了这三个目标同时存钱。社区志愿者每周六上门记录他们的存钱金额，持续了 6 个月。结果发现，在为单个目标存钱时，人们的存钱率（6 个月内的存钱总额与收入总额之比）是 9.24%，而在为多个目标存钱时，人们的存钱率只有 5.79%。也就是说，目标越多，存钱越少。

后续研究发现，单个目标不但会让人们存更多的钱，也会让人们更愿意开始存钱。研究者根据参与者在真实生活中的存钱目标，将他们分为两组，一组人只有一个存钱目标，一组人有多个存钱目标。接下来，研究者问这些人是否愿意参加一个存钱计划，如果愿意参与，他们需要给自己设定一个每月存钱的最低金额。结果发现，只有一个存钱目标的人当中，有 76% 的人愿意参与，而在拥有多个存钱目标的人当中，只有 21% 的人愿意参与。而且，这两组人给自己设定的最低存钱金额也不一样。只有一个存钱目标的人计划每个月至少存 103.18 美元，而拥有多个存钱目标的人每个月只愿意存 23.02 美元。也就是说，存钱目标越多，人们越不愿意开始存钱，而且设定的金额也越少。

所以，如果你想要增加存款，那么在设定目标时千万不能贪心，只需要专注在一个目标上即可。

（2）设定具体金额

很多人的存钱目标比较抽象，例如，为孩子存一笔大学学费。但是如果你能够把具体金额写出来，那么你存钱时会变得更加有效率，例如，为孩子存一笔 5 万元的大学学费。

南加利福尼亚大学的奥库曼（Ülkümen）和弗吉尼亚大学的赤玛（Cheema）的研究发现，当人们制订有明确存钱金额的目标时，人们更能够坚持存钱。因为明确的目标具有不可变性，明确的规则更容易遵守，人们就更容易抵抗诱惑，坚持下去。

另外，明确的存钱金额还可以提高人们的信心。如果人们只是粗略地想要存一辆车子的首付款，人们会比较缺乏实现存钱目标的信心。但是如果写下一个具体的存钱金额，例如 10 万元，那么人们对自己实现存钱目标的信心会大为提高。在研究中，研究者让人们评价一下自己完成存钱目标的信心。结果发现，存钱目标很粗略的人，认为自己的成功可能性是 4.54 分（满分为 7 分），而那些拥有一个具体金额目标的人，觉得自己成功的可能性高达 5.32 分。

因此，你需要为存钱目标加上一个具体的金额，增加存钱目标实现的可能性。

（3）让存钱目标变得可视化

索曼和赤玛曾在印度的农村地区进行实地调研。他们选取的研究对象是一群有固定工作的，有两个 2 ~ 7 岁孩子的，住在乡镇上的男性居民，他们有相同的职业和相对较低的收入（大约每周 670 卢布）。满足这些条件的共有 201 个人。其中 146 个人答应参与这项研究。随后研究者走访了这 146 个人所在的家庭，发现这些人的平均储蓄率只有 0.75%。研究者希望能够大大提高这些人的储蓄率——争取提高到 6%，大约是 40 卢布。

为了完成这个目标，研究者告诉这些人，可以为自己的孩子设立一个儿童专项基金，开始存钱。对于其中一半的人，研究者让他们制订了一个较高的储蓄目标，每周存 80 卢布。另一半的人制订了一个较低的储蓄目标，每周存 40 卢布。社区志愿者每周六会上门帮助他们把这周要存的钱放在一个信封里，然后把这个信封封口。

有趣的是，有一半的人存钱的信封上打印了孩子的照片，另一半的人的信封上什么都没有。研究者告诉这些人，一旦信封封上，就最好不要打开信封拿钱出来花，只有在不得已时才能这样做。而且，如果真的需要打开信封取钱，他们也只能拿出所需的金额，剩余的钱要留在信封里。

　　接下来的 15 周里，每周六社区志愿者都会拜访每个家庭，把目标储蓄金额放到信封里，并封上信封，注明日期。此外，他们还记录了信封在本周内是否被打开过，如果被打开过取了多少钱。

　　结果发现，有一个可视化的目标会增加储蓄。信封上有孩子照片的家庭平均存钱金额是 350 卢布，而没有孩子照片的家庭平均存钱金额是 304 卢布。此外，从打开存钱信封的频率来看，信封上有孩子照片的家庭打开信封拿钱的概率是 54%，信封上没有孩子照片的家庭打开信封拿钱的概率是 64%。信封上有孩子的照片，大大降低了人们从专项存款中额外取钱的概率。增强可视化的存钱目标，可以使人们减少支出。

　　另外，研究者还让其中一些家庭把钱放在一个信封里，让另外一些家庭把钱分成两份，放在两个信封里。结果发现，分两个信封存钱的人，平均存钱金额是 414 卢布，用一个信封存钱的家庭平均存钱金额是 241 卢布。当人们需要动用一笔存款时，如果有两个信封，只会打开其中一个，而不愿意动另外一个。因此，分两个信封存钱，人们能存下更多钱。

　　上面提到，有一半的家庭的存钱目标比较高，每周存 80 卢布，另外一半家庭存钱目标比较低，每周只需要存 40 卢布。这会对他们的存钱产生影响吗？研究者发现，从平均数来看没什么影响。高存钱目标的家庭平均存钱金额是 334 卢布，低存钱目标的家庭平均存钱金额是 321 卢布。但是从打开信封的概率上来看，那些制订高存钱目标的人，打开信封的概率是 85%，而制订低存钱目标的家庭打开信封的概率只有 59%。更容易达成的低目标，会减少人们打开信封取钱的概率。

　　你想要增加存款吗？那么请试试这三个方法吧：①只集中关注一个存钱目标，而不是多个存钱目标；②为存钱目标加上一个具体、适中的金额；③把存钱目标可视化，存款账户分区。

参考文献

[1] SOMAN D, CHEEMA A. Earmarking and partitioning: increasing saving by low-income households [J]. Journal of marketing research, 2011, 48 (1): 14 – 22.

[2] ÜLKÜMEN G, CHEEMA A. framing goals to influence personal savings: the role of specificity and construal level [J]. Journal of marketing research, 2011, 48 (6): 958 – 969.

[3] SOMAN D, Zhao M. The fewer the better: number of goals and savings behavior [J]. Journal of marketing research, 2011, 48 (6): 944 – 957.

04　这样做可以帮助你减少预算

如果是规划明年的事情，你会预算更多的钱；如果是规划明天的事情，你就会预算更少的钱。

有一个简单的办法，可以帮你减少预算。那就是把"Deadline"提前。

关于 Deadline 一词的来源，没有统一的说法。有一种说法是，这个词来源于 17 世纪 60 年代美国南北战争时期。南方军在佐治亚州的小镇安德森维尔（Andersonville）建了一个战俘营，为了防止战俘逃跑，他们在监狱周围修起了高高的围墙，围墙里面又设了一道篱笆，只要有战俘跨过篱笆就会被射杀。这道篱笆叫作 Deadline，生死线。

现如今，跨过 Deadline 虽然不会挨枪子，但是也很要命。我们把在 Deadline 之前旋转跳跃、追剧打游戏，到了最后关头开始挑灯夜战、奋笔疾书的人称为"死线狂魔"。在 Deadline 面前，最宝贵的是时间。眼看就要完不成任务了，多希望向天再借五百年，不，一小时都成。

如果真给你五百年，你会觉得眼前的任务更难还是更简单？你会投入更多还是更少？

约翰霍普金斯大学的朱萌（Meng Zhu）及合作者就探讨了截止日期的远近会如何影响人们对任务困难程度的判断，以及资源投入的多少。他们邀请了 126 名参与者在线完成了一项关于短期退休计划的问卷调查，这些问题其实只需要几分钟就能完成。但是研究者分别给了参与者两个不同截止日期。他们告诉一半参与者需要在 7 天内提交问卷，告诉另一半参与者需要在 14 天内提交问卷。结果发现，给的期限越长，参与者花在问卷上的时间就越多

（14 天时平均用时 437.34 秒，7 天时平均用时 235.41 秒），写下的单词数也越多（14 天时平均 590.82 个，7 天时平均 377.13 个）。

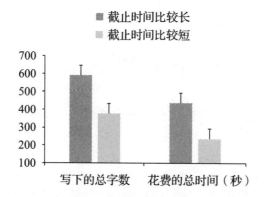

图4－1　期限越长，参与者花在问卷上的时间就越多，
写下的单词数也越多

可用的时间越多，人们就会花更多的时间。这听起来并不新鲜。但是时间越多时，人们会不会花更多的钱呢？

接下来研究者又招募了 170 位参与者在线填写了一份问卷。参与者需要想象这样一个情景：过段时间，你高中时代最好的朋友会来你家做客，共度周末，为此你打算在家里举办一个下午茶派对，需要为 25 个人提供茶点。研究者依旧分别给了参与者两个不同的截止日期，一半的人想象朋友会在 3 个月后到访，而另一半的人则想象朋友会在 1 个月之后到访。研究者还询问了这些人，他们到底打算花多少钱来办这个聚会。

结果表明，对于很久以后的聚会，参与者不但愿意花更多的时间，还愿意花更多的钱。如果聚会是 3 个月以后的事情，参与者平均打算花 185.24 美元，如果聚会 1 个月之后就要举行，那么参与者平均计划花 133.75 美元。

另外，研究者还询问了这些人觉得组织这次聚会到底有多难。结果表明，参与者认为 3 个月之后举办派对比 1 个月之后举办派对更难组织。研究者认为，Deadline 离人们越远，人们越会觉得这项任务难以完成，因此花更多时间准备，也愿意花更多的钱。

所以截止日期可能不是越长越好。充裕的准备时间，可能会让你高估任务的困难程度，导致你投入过多的时间和金钱去完成这项任务。也可能让你觉得不能胜任这项任务，直接放弃。让 Deadline 提前一点到来，说不定会让手头的工作看起来更简单、更省时间、更省钱。

参考文献

［1］ZHU M，BAGCHI R，HOCK S J. The mere deadline effect：why more time might sabotage goal pursuit ［J］. Journal of consumer research，2018，45（5）：1068 - 1084.

05 夫妻账户的合并与分立，会影响到你如何花钱

夫妻赚的钱应该放在同一个银行账户里，还是分开储存呢？研究发现，不同的财产管理方式会影响到家庭的开销。

前一段时间，一位丈夫控诉妻子开销太大，一个月收入 3000 元，小龙虾就吃了 2000 元。妻子不忿发了朋友圈：我自己赚的钱，吃点小龙虾怎么了？婚姻中的开支问题，常常会成为夫妻矛盾的导火索。

为什么有些人明明没有钱，还是会把钱拿去挥霍，满足自己的口舌之欲呢？其实，根本原因在于这个家庭没有选择好合适的财产管理方式。

所有的家庭几乎都会面临一个问题：夫妻之间如何管理两人的财产？是选择将两人的财产都放在一个银行账户里，还是分开呢？

研究者调查了 413 户家庭，发现大多数夫妻的财产管理方式主要还是基于方便，怎么方便怎么来。但是这样可能造成夫妻大手大脚花钱，入不敷出。夫妻理财中有一个需要考虑的问题，就是合并一个账户使用，还是分开账户使用。这会影响到夫妻如何花钱。

来自美国圣母大学的心理学家卡宾斯基（Garbinsky）等人考察了这个问题。他们通过英国一家大型国家银行对 912 名客户进行了邮件调查，发现其中有 396 名客户处于长期的浪漫关系中。其中有 115 人跟自己的伴侣使用合并账户，有 281 人是单独账户。

研究者获得了这些人 12 个月以来所有交易的详细记录，并将每笔交易划分成了实用型和享乐型。分析发现，选择合并账户的人每年在实用型商品上的开支比选择单独账户的人多 1129 英镑；在享乐型商品上花的钱要比选择单

独账户的人少 490 英镑。也就是说，选择合并账户的人会购买更多的实用型商品，选择单独账户的人更喜欢花钱在享乐型商品上。

你可能会觉得，这并不是账户类型的选择导致了人们花钱方式的不同。有可能情况相反，那些喜欢享乐型消费的人更多选择单独账户，而注重实用型消费的人更多选择合并账户。

那么，如果强行让一组人选择合并账户，另外一组人选择单独账户，他们在消费行为上还会有区别吗？

研究者进行了一项研究。他们在美国西部一所大学的篮球场门前进行调查，因为这里是行人来往密集的地方。他们摆放了一张桌子，并张贴了一条横幅，上面写着："你处于忠诚的浪漫关系中吗？快来进行一项 5 分钟的有趣实验，给学校的科研事业做点贡献吧！"他们总共调查到了 68 名路人。

其中一半的人拿到了装有 1 美元的小口袋，并在上面写上自己和伴侣的名字，表示两人共有；另一半的人也拿到了装有 1 美元的小口袋，但只在上面写上自己的名字，表示个人所有。接着，研究者让他们用这 1 美元购买商品，一种是实用型的，一种是享乐型的，都价值 1 美元。他们需要在两种商品中选择一种进行购买。

结果，拿着和伴侣共有钱袋的人中，只有 44% 选择了享乐型商品，而拿着个人钱袋的人中，有 68% 选择了享乐型商品。也就是说，当一笔钱被标注上和伴侣共同所有时，人们就不太会把这笔钱花在享乐的地方，而会更多地选择实用型消费。

为什么会出现这样的现象呢？

研究者在网上调查了 297 人，并将他们随机分配到合并账户组和单独账户组。合并账户组里的人想象他们拿着自己和伴侣共用的银行卡去商店买新衣服，自己看中了两款价格都为 75 美元的衣服，第一款是休闲玩乐时穿的，第二款是正式工作时穿的，研究者让他们从中挑选出一件衣服购买。单独账户组的人则是想象拿着自己的个人银行卡去买衣服，其他信息均相同。研究者还问他们，在你做出选择时，有多大程度上需要向伴侣证明自己的选择是合理的。

研究结果发现，合并账户组的人中，有75%都选择购买工作时穿的衣服，而单独账户组的人中，只有60%选择了工作时穿的衣服。这与之前的研究结果是一致的。此外，研究者还发现，比起单独账户组的人来说，合并账户组的人更多地考虑到了要向伴侣证明这种选择的合理性。

当夫妻收入不高时，为了省钱，要把钱都花在实用的地方。此时，建议你们共用一张银行卡。如果收入够高，你觉得花钱就是要给生活增添乐趣，那不妨和伴侣分开使用银行卡。

参考文献

[1] EMILY N GARBINSKY, JOE J GLADSTONE. The consumption consequences of couples pooling finances [J]. Journal of consumer psychology, 2018, 10 (2): 1532 – 7663.

06 贫穷会限制你在食物上的自制力

为什么有些人总是暴饮暴食？管不住嘴可能只是表象，贫穷才是很多人肥胖背后的真凶。穷会让你吃得更多。

电影《西虹市首富》火了，但是让人更难忘却的，是里面的插曲《卡路里》。杨超越吼出的一句"燃烧我的卡路里"，吼出了多少少男少女、叔叔阿姨的心声。现在的人们要么正在减肥，要么正在减肥的路上。奈何嘴上说着不要，身体却非常诚实地大吃特吃。是自制力太差？是易胖体质？心理学研究表明：管不住嘴可能只是因为你太穷，穷人比有钱人更加容易暴饮暴食。

很多人可能无法接受这样的事实。有钱人掌握了那么多资源，他们想吃什么就能吃什么，应该吃得更多。穷人也没有钱可以为所欲为地吃吃吃，管不住嘴怎么可能是因为穷呢？

为了更加直观地感知这样的现象，我们可以先了解一组数据：世界上的肥胖人口 2/3 都居住在发展中国家，甚至在温饱都无法彻底解决的非洲地区，超重儿童的数量也超过了 1000 万。也就是说，在当今社会，胖子大多数都是穷人。

不仅是现实中的数据揭示了这样的现象，实验室里的研究也是一样。人们感觉自己比别人穷时，会吃掉更多高热量的食物。

2017 年来自南洋理工大学的金（Cheon）做了一项有趣的实验：研究者把参与者分成两组，诱导其中一组人把自己想象成穷人，另外一组人把自己想象成富人。之后，研究者让参与者单独看一个电视剧，并在他们面前的桌子上面放了薯片、M&M 豆以及葡萄干等零食。研究者告诉他们，可以随便吃这些零食。实验结束后，研究者对每个参与者吃掉的食物进行了测量。结果发现，当参与者把自己想成穷人时，他们平均吃掉了 88.24 卡（约 369 焦耳）热量的零食，而那些认为自己是有钱人的参与者，平均只吃掉了 53.62 卡（约 224 焦耳）热量的零食。而且，"穷人"并不是吃掉了更多健康食品，而是吃掉更多薯片和 M&M 豆这种垃圾食品。

为什么穷人更加管不住自己的嘴？这背后的道理并不难理解，它本身就是我们所处世界的一种规律。很多动物在冬天时很难觅食，面临着食物匮乏的局面。为了让自己在寒冬中生存下来，从秋季开始，动物们就会不停地吃吃吃，在体内积攒各种营养，特别是脂肪。当人们没有钱时，就跟感觉到"寒冬"正在逼近是一样的，有一种对匮乏的恐惧和焦虑，此时吃更多的东西就是人们度过"寒冬"的重要方式。

而且穷人没钱购买各种各样想吃的东西，他们没有"车厘子自由"，因此会把有限的钱花在"刀刃"上——摄取高热量的糖和脂肪，从而让自己更加满足。现在想想，是不是很容易就理解自己为什么会喜欢麦当劳、肯德基这种便宜却可以让人短暂满足的食物了？毕竟，"巨无霸""超满足 10 翅一桶"这种名字本身就足以吸引贫穷的我们了。

另外还有研究发现，没有钱不仅会让人们想吃热量高的食物，还有可能让人们喜欢更大尺寸的食物。

巴黎高等商学院的迪布瓦（Dubois）和美国西北大学的鲁克尔（Rucker）制作了一些不同人吃不同大小食物的视频，然后把这些视频给 183 个大学生观看。有一些大学生看到的是某人在吃大号的汉堡，有一些大学生看到的是这个人在吃小号的汉堡。看完视频之后，学生们需要评价一下这个吃汉堡的人的社会地位。结果发现，学生们通常觉得吃大号汉堡的人比吃小号汉堡的人更加有钱有权。既然人们会通过食物的大小来判断别人的社会地位，那么人们是否也会因为想要更高的社会地位而选择更大尺寸的食物呢？

在另外一项实验当中，研究者招募了 142 名参与者并将他们随机分配到三组当中。高权力组的参与者需要回忆一次自己对别人具有控制力的情景；而低权力组的参与者则恰好相反，回忆的是一次自己没有控制力的情况；控制组的参与者只需要回忆自己去杂货店的经历。在这之后，三组参与者都要在"大、中、小"三种不同杯子的奶昔中进行选择。最终的结果表明，比起高权力组和控制组，低权力组的参与者更多地选择了大杯的奶昔。

为什么穷人会更多选择大的食物呢？因为生活中，大的东西总是属于有钱有权的人所有。有钱人都住在很大的豪宅里面，可以坐宽敞的豪车，连死了之后的坟墓都会比较大。长此以往，人们会把"大"跟"有钱有权"联系在一起。一些"暴发户"都很喜欢购买比较大的金链子，或者标志很大的奢侈品，就是为了炫耀自己的地位。一些原来贫穷的地区有了一些钱之后，也会热衷于建造世界第一高楼，或者亚洲第一大雕塑等大型工程来标榜自己。同理，当穷人感觉到自己的匮乏时，容易选择很大的食物来弥补自己的贫穷心态。

穷人管不住嘴。如果生活在一个富裕的国家，管不住嘴的现象就会减少吗？说到富裕国家，美国肯定当仁不让，但是美国的肥胖人口却超过了 1.6 亿，高居世界第一。这是为什么呢？因为不光是贫穷让你管不住嘴，即使你不穷，生活在贫富差距很大的国家，你也很容易管不住嘴。

为了更好地证明社会贫富差距与肥胖率之间的关系，纽约大学的皮克特（Pickett）在 2005 年选取各个国家作为样本。这些国家主要满足以下几个条件：①国民总收入排在世界前 50 位，②人口超过 300 万，③有贫富差距的相关数据，④有 1990 年以后的人群肥胖患病率的人口估计。最终选择了包括美国、澳大利亚、日本在内的 21 个国家。

统计结果表明，在这些国家当中，男性的肥胖率与收入差距的相关性达到 0.48，女性数据的相关性更是高达 0.62。同时在这些国家当中，糖尿病死亡率也与收入差距存在 0.46 的相关性。说到"管不住嘴"，食物能量的摄入量与收入差距也存在 0.5 的相关性。也就是说，贫富差距越大，人们吃得越多，越容易肥胖，也越容易患上糖尿病。

贫穷不仅限制了你的想象力，还限制了你在食物上的自制力。另外，即使你不穷，生活在贫富差异悬殊的国家，你也会管不住自己的嘴。

参考文献

［1］CHEON B K, HONG Y Y. Mere experience of low subjective socioeconomic status stimulates appetite and food intake ［J］. Proceedings of the national academy of sciences, 2017, 114 (1): 72 - 77.

［2］DUBOIS D, RUCKER D D, GALINSKY A D. Super size me: product size as a signal of status ［J］. Journal of consumer research, 2011, 38 (6): 1047 - 1062.

［3］PICKETT K E, KELLY S, BRUNNER E, ET AL. Wider income gaps, wider waistbands? an ecological study of obesity and income inequality ［J］. Journal of epidemiology & community health, 2005, 59 (8): 670 - 674.

07　金钱会不会改变一个男人对你的爱？

"男人有钱就变坏"，这句话究竟是道破了真相还是冤枉了男人？

相信你一定听说过一句话——男人有钱就变坏。社会之所以标榜"糟糠之妻不下堂"的男人，大抵是因为这种情形实在难能可贵。有钱的男人抛弃原配，另娶一位貌美如花的年轻女子，已经是"男人有钱就变坏"的经典戏码。古往今来，类似的故事不胜枚举，甚至细细回想，你会发现自己身边竟然也有不少这样的"渣男"。

那么金钱究竟会不会改变一个男人对你的爱呢？北京师范大学心理学部的李健老师带领研究团队用两个实验回答了我们[1]。

他开始数落我黄脸婆

他们的研究对象是大学校园里的情侣。这些人的年龄分布在 18 岁到 27 岁之间，他们跟伴侣相爱的时间从 2 个月到 7 年不等。

首先，研究者把 182 个人（含 121 名女性，61 名男性）随机分为两组。两组参与者均被要回答"在你的存款账户里，现在有多少钱"这个问题，以汇报自己的收入水平。所有参与者都面临 7 个选项，但是两组参与者看到的选项是不同的。其中一组人看到的选项是这样的：

1（0－250 元），2（250－300 元），3（300－350 元），4（350－400 元），5（400－450 元），6（450－500 元），7（500 元以上）

看到这样的选项，这一组人就会觉得自己比较有钱。因为他们大多数都只能在量表上把自己归类为有钱的那个类别。

另一组人看到的则是：

1（0－2000元），2（2000－4000元），3（4000－6000元），4（6000－8000元），5（8000－10000元），6（10000－12000元），7元（12000元以上）

看到这样的选项，这一组人会觉得自己比较没钱。

的确如此，之后让所有参与者评价对自己的财务状况是否满意时，没钱组的人对自身财务状况的满意程度（平均满意度为5.25分，满分为9分）显著低于有钱组的人（平均满意度为6.20分）。这是一个巧妙操纵人们感觉到自己比较有钱还是比较没钱的办法。

接下来，研究者让所有参与者对伴侣进行评价。例如，他（她）长得有多漂亮呢？他（她）有多么吸引人呢？他（她）的经济能力是否让你满意呢？结果显示，没钱组的男性对伴侣的长相似乎挺满意，平均分有7.00。但是有钱组的男性对伴侣的外表吸引力有点不满意，平均分只有6.01。也就是说，哪怕是暂时感觉到自己有钱或者没钱，就可以改变男性对伴侣长相的看法。

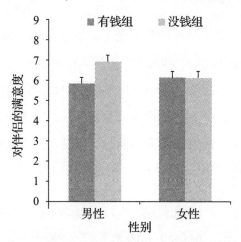

图4－2　两性在不同经济状况下对伴侣的满意度[2]

但是对于女性来说就没这种现象。有钱组的女性和没钱组的女性对伴侣外表的满意度差不多。

有趣的是，虽然有钱与否并不会改变女性对伴侣外表的满意度，但是这并不代表女性不"看脸"。女性对伴侣长相的满意度似乎都比较低，只有 6 分多一点。

上海社科院的心理学家张结海于 2009 年做过多次有关"西方女人眼里的中国男人"调查，调查结果让人沮丧：中国男人太不注重修饰自己，这个修饰包括容貌、衣着、举手投足[2]。身材上不是太瘦就是偏胖。此外，中国男人常常给人不够干净的印象，如指甲很长、很脏，在路上吐痰。据说西方女人很少有和中国男人深入交往的兴趣。这大概就是中国女性对伴侣评价普遍比较低的原因。

第一项研究的初步结果表明了，短暂地感到自己有钱会让男性对伴侣的长相感到不满意。但是他们会因为有钱就变得更加花心吗？

路边的野花是人都想采

在第二项研究里面，研究者把 121 个人（包括本科生与研究生）随机分为两组。其中一组人想象自己中了巨额头奖之后过着奢靡的日子，他们需要写下自己的生活具体是怎样的。比如，选择吃什么食物，选择买什么车子和房子，等等。另一组人想象自己亏了一大笔钱后过着穷苦的日子，他们需要写下自己的生活具体是怎样的。比如，吃什么东西，买什么东西。在这个想象任务的引导下，想象奢靡日子的人觉得自己相对有钱，而想象穷苦日子的人觉得自己相对没钱。

接下来所有参与者都会看到一张非常有魅力的异性的照片。男生看到的是美女的照片，女生看到的是帅哥的照片。研究者告诉他们，过一会儿他们需要跟这个异性见面，进行 3 分钟的面对面交流。然后，参与者被带到一个房间，房间内有 1 张长桌和 6 把椅子。其中一半的人进入的房间中，另一位异性的外套、书包、书放在最靠近门的位置，这意味着这位异性待会儿会坐在最靠近门的位置。另一半的人进入的房间中，相同的物品摆放在了距离门最远的位置。这时，参与者可以选择自己要坐在哪里。

有一些人会选择坐得跟美女/帅哥近一点，有一些人会选择坐得跟美女/帅哥远一点。研究者从最近的"1"到最远的"5"记录了参与者选择的座位跟这位异性的座位的距离。

结果发现，男性比起女性来说，更加愿意靠近有吸引力的异性。男性参与者选择的平均距离为 2.14，而女性参与者选择的平均距离为 2.63。也就是说，平均说来，女性更愿意与异性保持一定的距离，这个发现跟之前一些研究的结果一致。[3]

更重要的是，有钱组的人会更愿意接近一位有吸引力的异性。他们离美女/帅哥的平均距离只有 2.13，但是没钱组的人倾向于坐得更远，他们离美女/帅哥的距离是 2.52。也就是说，无论男女，当他们感到自己有钱时都会倾向于接近一位有魅力的异性。

但是男性比女性表现得更加明显，这可能反映了两性在择偶策略上一个稳定的差异：男性追求，女性防守[4]。男性更有可能主动抓住每一个接近美女的机会。

当然，这并不是说，男人有钱就变坏。我们也可以看到，在这个研究中仍然有很多男性，即使觉得自己变得有钱了，仍然认为自己的女朋友很美，也会选择跟异性保持距离。并不是每个男人都会受到金钱的影响。

▶ 参考文献

[1] 张结海. 中国男人调查 [J]. 领导文萃, 2009 (10)：149 - 149.

[2] MING L Y, JIAN L, K. -S C D, et al. When love meets money: priming the possession

of money influences mating strategies：［J］. Frontiers in psychology, 2016, 7（781）.

［3］ LYDON J E, MENZUES-TOMAN D, Burton K, et al. If-then contingencies and the differential effects of the availability of an attractive alternative on relationship maintenance for men and women ［J］. Journal of personality and social psychology, 2008, 95（1）: 50.

［4］ BUSS D M, SCHMITT D P. Sexual strategies theory: an evolutionary perspective on human mating ［J］. Psychological review, 1993, 100（2）: 204.

08 有钱会让你成为更棒的父母吗？答案竟然是 No

越有钱越不想生孩子，更可怕的是，越有钱可能越无法做个好父母。

抚养孩子是很大的一笔开销，对上海市徐汇区的一项社会调查显示，父母养大一个身体健康的孩子平均要花掉 49 万元。因此，很多人觉得没有钱，就不能生孩子。人们纷纷推迟生育，决定先赚钱再生孩子。不光中国是这样，高福利的其他国家也是如此。例如，2011 年英国一项民意调查（Visions of Britain）显示，超过 42% 的职业女性表示，自己出于经济状况决定先不生孩子。

难道有钱人就更适合养育孩子吗？有钱会让人成为更棒的父母吗？

答案竟然是 No。

哥伦比亚大学心理系的邓恩（Dunn）带领的研究团队调查了 186 位家长。这些家长的平均年龄是 36 岁，而且他们至少有一个 18 岁以下的孩子。

这些家长回忆了前一天自己干了哪些事情，而且还汇报了每一件事情让自己感觉到的意义。他们汇报的这些事情当中，有一些事情是跟孩子有关系的，例如，陪孩子写作业，送孩子去辅导班，等等。另外有一些事情是跟孩子无关的，例如工作，或者个人娱乐。

结果发现，有钱的家长，觉得跟孩子在一起的事情更加没意义。没钱的家长写下的有意义的事情多数跟孩子有关，有钱的家长写下的事情很少跟孩子有关。但是对于其他活动来说，比如工作，有钱的家长和没钱的家长认为其有意义的比例都差不多。

有钱的家长觉得养孩子没意义。这个结果是不是让你觉得很意外呢？接下来的一项研究里，只是简单地看到钱，就能让家长觉得养孩子没意思。

这项研究是在儿童节这天做的。研究者找到了 66 名正在陪伴孩子过儿童节的家长。研究者让这些家长填写问卷。一些家长填写的问卷上贴着一张印着钞票的贴纸，而另外一些家长填写的问卷上面贴着一张印着鲜花的贴纸。这些家长需要填写自己当前的幸福程度，以及在儿童节陪伴孩子期间感受到的生命的意义。结果发现，问卷上贴着鲜花贴纸时，家长们感知到的人生意义平均得分是 4.14（满分为 7 分）；问卷上贴着钞票贴纸时，家长们感知到的人生意义平均得分就只有 3.33。也就是说，看到钞票之后，家长觉得陪孩子过儿童节更加没意思。

综合起来，这两项研究发现，越是有钱，越是经常想到钱，父母就会觉得养孩子没意思。

觉得养孩子没意义，也会影响到人们的婚姻幸福感。圣迭戈州立大学的特文格（Twenge）认为，有钱人在成为父母之后，婚姻满意度会进一步降低。这主要是因为，有钱人觉得养孩子没意思，在抚养孩子上经常跟伴侣发生冲突。

如果你喜欢带孩子，那么你就不太容易为了谁来带孩子跟伴侣吵架；如果你不喜欢带孩子，那么你就可能经常为了谁来带孩子跟伴侣争执不休。

这就是人生的矛盾之处。生孩子之前，人们都想要赚更多的钱，给孩子一个幸福的生活。但是，赚了很多钱之后，人们却更难享受为人父母的快乐了。

对于很多父母而言，孩子是幸福的源泉，养育孩子的过程有许多快乐，能够提高自己对生活的满意感。佛罗里达州立大学心理学教授鲍梅斯特（Baumeister）的理论表明，养育孩子是父母重要的人生意义来源，父母能够在陪伴孩子成长的过程中对自己产生更多认同，找到生命的意义。

但是为什么有钱人没办法享受亲子时光呢？因为金钱会让人更多地看重自己的个人目标，从而觉得为了个人目标奋斗才是最有意义的事情。而其他人对自己来说没有那么重要，甚至自己的孩子也没那么重要。关键是，抚养孩子会浪费掉很多时间，这些时间原本可以用来经营事业和宠爱自己。

明尼苏达大学卡尔森管理学院营销部的福斯（Vohs）等人也有一项研究表明，看到钱之后，人们更加不愿意与朋友和家人一起享受休闲活动，他们更愿意享受独自一人的清净时光。

研究者让参加实验的人坐在办公桌前，一部分人看到墙上的海报是各种金钱的图案，另一部分人看到的是花朵或者海洋的图案。接下来，这些人需要在两项活动中进行选择，例如，你是愿意在家里准备一次四个人的聚餐，还是愿意参加一次个人烹饪课？你是愿意一个人去冲浪，还是愿意陪家人去划船？

结果发现，看到金钱图案的人会更多地选择单独的活动，而不是选择跟别人一起互动。当人们看到钱或者想到钱时，就会把自己的个人目标置顶，也更愿意认为自己是独立的个体。因此，有钱人会跟自己孩子的关系更加疏远，他们并不觉得抚养孩子有多么开心。

发表在英国著名医学期刊《柳叶刀》（Lancet）上的一份报告显示，全球每个女性一生中平均生孩子的数量，从 1950 年的 4.7 个下降到 2017 年的 2.4 个。生育率下降意味着全世界近半数国家都开始面临"婴儿荒"，中国也不例外。2016 年我国实行全面二孩政策，然而国家统计局数据显示，2017 年我国全年出生人口 1723 万，比 2016 年公布的 1786 万少了 63 万，下降了 3.5%。放开二胎后出生率不升反降，这值得我们反思：很多人并不想要多生，穷人不想生孩子，是因为没钱；有钱人不想生孩子，是因为他们觉得生孩子没意义。

金钱的重要性不可否认，但是追求金钱并不是人生的全部意义。

▶ 参考文献

[1] PIFF P K, KRAUS M W, STÈPHANE C, et al. Having less, giving more：the influence

of social class on prosocial behavior ［J］. Journal of personality and social psychology, 2010, 99 （5）: 771 – 784.

［2］ VOHS K D, MEAD N L, GOODE M R. The psychological consequences of money ［J］. Science, 2006, 314 （5802）: 1154 – 1156.

［3］ BAUMEISTER R F. Meanings of life ［M］. New York: guilford, 1991.

［4］ HEINE S J, PROULX T, VOHS K D. The meaning maintenance model: on the coherence of social motivations ［J］. Pers soc psychol rev, 2006, 10 （2）: 88 – 110.

［5］ KUSHLEV K, DUNN E W, ASHTON-JAMES C E. Does affluence impoverish the experience of parenting? ［J］. Journal of experimental social psychology, 2012, 48 （6）.

［6］ TWENGE J. M, FOSTER C C A. Parenthood and marital satisfaction: a meta-analytic review ［J］. Journal of marriage and family, 2003, 65 （3）: 574 – 583.

09 什么样的孩子长大以后赚钱能力可能更强?

一般人认为听话的乖小孩长大后可能更有出息,殊不知讨人厌的坏小孩长大后也一样可能赚到大钱,甚至赚得更多。

什么样的孩子将来可以赚大钱?是从小在班级里考年级前十名的别人家的孩子?是一向遵守纪律、言听计从的乖小孩?是心地善良、乐于助人的暖男暖女?还是调皮捣蛋、不服管教的"差等生"?

曾发表在心理学顶级期刊《发展心理学》(*Developmental Psychology*)上的一项研究,对 745 个小学六年级的学生进行了长达 40 年的追踪。研究者用 MAGRIP 个性量表测量了当时学生们的智商、个性、成绩以及生活水平,比如"你是否认为要做学生应该做的事","你是否很努力地认真做家庭作业"等。其中有一项很重要的指标叫作"蔑视和破坏规则",比如"你是否和妈妈顶过嘴"等。此外,研究者还让老师对这些学生的用功程度进行了打分。40年后,研究者对这些人进行了追踪调查,他们评价了自己的事业有多成功,汇报了平均月收入是多少。

通过回归分析,研究者发现,这些人小学时"蔑视和破坏规则"的指数和40年后的收入是成正比的,这项指标是除了受教育年数和智商以外,对收入影响最大的因素。此外,收入最高的恰巧就是那些当时淘气又不怎么听话的孩子。

小时候是"讨厌鬼",长大后却很有出息的例子很多。这样的人总是被形容成浪子回头,好像他们是因为长大之后改过自新才成功的。真的是这样吗?我们来看看成年人当中,是善良温柔的人容易成功,还是那些不随和的人更容易成功吧。

美国圣母大学门多萨商学院教授贾奇（Judge）等研究者 2012 年发表在《人格与社会心理学杂志》（*Journal of Personality and Social Psychology*）上的一篇文章发现：讨人厌的人要比讨人喜欢的人收入更高一些，特别是男性。对于男性来说，在讨厌指数上每增加 1 分（总分为 5 分），年收入就会增加 6958.08 美元。

研究者调查了工作条件相似的 560 个人，根据大五人格理论测量了他们的亲和性、情绪稳定性和外倾性。大五人格中的亲和性代表的是讨人喜欢的程度。一个亲和性高的人热心、有爱心，与人交往中在意他人感受，富有同情心，说话做事让人感到温暖。研究者还调查了这些人的教育水平、工作历史、工作时间等，最后询问了他们每年的税前收入是多少。

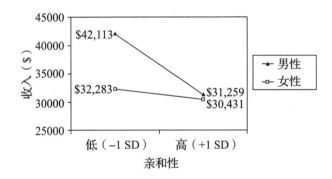

图 4 - 3 不同亲和性的男女收入情况

结果发现，在教育水平、工作背景等条件都相似的情况下，亲和性越高，年收入越低。越是随和，就越赚不到钱。这种现象在男性身上更明显。亲和性低于平均水平的男性的平均年收入要比亲和性高于平均水平的男性高出 18.31%，约 9772 美元。而亲和性低于平均水平的女性的平均年收入只比亲和性高于平均水平的女性高出了 5.47%，约 1828 美元。在赚钱方面，亲和的人是不占优势的，特别是那些脾气好又热心肠的"暖男"。

亲和的人应该更受欢迎，为什么赚钱却不如那些不亲和的人呢？

　　研究者猜测，这与他们的工作目的和重心有关。于是研究者又调查了1961 个在职工作者，除了人格和收入的测量外，还问他们，"你觉得工作中最重要的是赚钱吗？""你有多享受和家人、朋友之间谈心"等。结果发现，赚钱的重要性果然和性别、亲和性、收入多少息息相关。那些亲和性低的人，会觉得赚钱更重要。而且男性的亲和程度普遍比女性要更低。这就说明，亲和的人收入少是因为他们更看重社会关系，而脾气不好的人收入高是因为他们把赚钱看作首要目标。

　　虽然宜人性高的人收入相对较低，但他们在人际交往等其他方面要略胜一筹。这会给他们带来什么好处呢？研究者继续测量了他们的生活满意度、压力水平、社交参与度以及朋友圈的广度。结果显示，亲和性高的人生活满意度更高、压力水平更低、社交参与度更高、朋友圈也更广一些。

参考文献

［1］JUDGE T A, LIVINGSTON B A, HURST C. Do nice guys-and gals-really finish last? The joint effects of sex and agreeableness on income ［J］. Journal of personality and social psychology, 2012, 102（2）: 390 – 407.

［2］SPENGLER M, BRUNNER M, DAMIAN R I, et al. Student characteristics and behaviors at age 12 predict occupational success 40 years later over and above childhood IQ and parental socioeconomic status ［J］. Developmental psychology, 2015, 51（9）: 1329 – 40.

10　寒门真的难出贵子吗?

寒门学子究竟在哪些方面落后了,又有什么样的方式可以实现逆袭呢?

2017 年北京市高考文科状元熊轩昂的一段话引起了社会的广泛讨论。在一段采访中,熊轩昂这样说:"像我这种属于中产阶级家庭的(学生),家长也是知识分子,生活在大城市,在教育资源上也享受好条件,是很多外地、农村孩子完全享受不到的,所以我在学习上就能有更多的捷径。"这段话激起了网上对"寒门难再出贵子"潜规则的声讨,认为这很不公平。确实,从一份高等院校城乡学生比例的统计中我们可以看到,从 1990 年到 2010 年,农村生源的比例在逐年降低。

不光中国有这种阶层固化的趋势。英国有部纪录片《56UP》,导演艾普特(Apted)在 1964 年选择了英国不同阶层的 14 个 7 岁小孩进行跟踪拍摄。此后每隔 7 年,艾普特都会重新采访这些孩子,倾听他们的梦想,畅谈他们的生活。一共追踪了 49 年。结果发现,有钱人的孩子还是有钱人:他们 56 岁时,已经按照既定路线上了牛津大学,毕业做了律师,过着上层社会的优渥生活。而出生贫民窟的保罗(Paul),晚年时只能在养老院做修理工。

寒门真的难出贵子吗?为何会出现这样的情况?心理学的相关研究或许可以告诉我们答案。

出身寒门的孩子与其他孩子的差距不仅出现在读书之后,其实在他们婴儿期间就已经出现了。为了研究这个现象,美国哥伦比亚大学的诺布尔(Noble)教授联合德克萨斯大学奥斯汀分校以及美国乔治城大学的另外 7 名科研人员展开了探索。

在这项研究中，共有 90 名 9 个月大小的婴儿和 89 名 15 个月大小的婴儿参与，研究过程中，父母需要带着孩子来实验室两次，两次的间隔是 6 个月。研究者通过不同的任务观察和记录孩子在语言、记忆、模仿等方面的能力。其中语言能力主要包含孩子能够对不同的语言给出反馈以及他们能够在多大程度上表达自己的需求两个方面，记忆能力则主要是对比孩子在看到熟悉和非熟悉的视觉刺激时的反应。研究者还会定期进行一次家访。在家访期间，研究者会分别了解孩子父母的受教育年限［主要分为长（16 年及以上）、中（14.5～15.5 年）、短（11～14 年）］，家庭收入，过去一年的主要经历，家庭生活环境等信息。

结果表明，一开始，父母的受教育时间并不会影响孩子的语言能力和记忆能力。在孩子 9 个月大或者 15 个月大时，孩子的能力跟父母的受教育时间没有任何关系。

但是，到了孩子 21 个月大时，父母的受教育时间就跟孩子的语言能力和记忆能力相关了。父母的受教育时间和孩子的语言能力的相关度是 0.34（满分值为 1），和孩子的记忆能力的相关是 0.31。

不仅如此，统计结果还表明，无论是在语言能力方面还是记忆能力方面，父母的受教育时间越长，孩子的发展速度也就越快。在此次研究的样本中，对于一个 21 个月大的孩子来说，父母受教育时间在 16 年以上的，他们的记忆能力要比父母受教育时间在 11～14 年的孩子高 0.85 个标准差。而这样的差距在语言能力方面也有 0.77 个标准差。也就是说，父母本身的教育水平会显著影响孩子在对外界语言刺激进行反馈以及表达自己时的能力。

父母对孩子的影响，从孩子 21 个月大开始就已经能够观察到了。事实上，富裕家庭的孩子不但语言能力和记忆能力更好，他们的大脑也跟穷人家的孩子不一样。

诺布尔教授等 25 名研究者针对家庭收入与大脑结构的关系展开了研究，这项研究 2015 年发表在《自然神经科学》（*Nature Neuroscience*）上。研究者从洛杉矶、圣地亚哥、波士顿、檀香山和纽约等城市招募了1099名参与者。这些人3~20岁不等，祖先遗传因子检测结果表明，这些参与者包含了非洲、印第安、中亚、东亚、欧洲、大洋洲等遗传因子。研究者通过问卷调查的方式了解了参与者的家庭收入状况、父母受教育程度等信息，并通过磁共振成像取得了他们的大脑图像数据。

研究结果表明，家庭收入和父母受教育程度这样的因素跟人的大脑结构有关系。具体来说，控制基因和年龄的影响之后，父母受教育程度、家庭收入和大脑皮层的表面积存在正相关关系。大脑皮层是形成人类思维能力的重要部位，皮层表面积越大，思维能力也就越强。

父母越有钱，受教育程度越长，孩子的大脑皮层面积也会越大。在阅读、语言、空间定位等方面的能力就越突出。

另外一个会受到影响的能力就是自控能力。穷人家的孩子在这些能力上存在弱势。

有趣的是，只要父母收入在平均数以上，收入高一点低一点影响都不太大。而如果父母收入低于平均数，那么收入对于孩子大脑的影响就会更加明显。

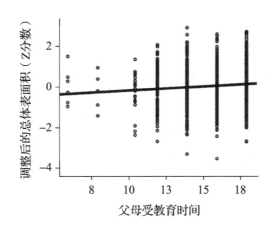

图4-4 父母受教育时间与孩子的大脑皮层面积显著相关

如果父母的收入不高，受教育程度也不高，要怎样抚养才能让孩子不受到负面影响呢？

我们来看看家庭收入会影响孩子的第一种能力，语言能力。Noble 教授的研究也发现，有钱家庭的孩子在生命中的头几年，平均能多听到 3000 万个口语单词。也就是说，有钱家庭中的语言交流更加丰富多彩。因此，想让孩子变得更加聪明，应该和孩子多用丰富的词语交流，跟孩子一起阅读，有效影响他们的语言能力。

我们再来看看家庭收入会影响孩子的第二种能力，自控能力。现在手机上有一些 APP 号称自己可以提高孩子的自控能力，社会上也有很多针对自控能力的培训班，但是这些脱离现实的训练方法往往收效甚微。要训练孩子的自控能力，还是需要回归到日常生活中来。首先，培养孩子规律的作息习惯和规律的饮食习惯；其次，让孩子多做家务劳动；最后，让孩子参加体育锻炼，很多体育锻炼都需要大量刻苦的练习和集中注意力。

寒门难出贵子，这里说的是"难"而不是"不能"。掌握了正确的方法，辅助以不懈的努力，你也能够破茧而出。

参考文献

[1] NOBLE K G, ENGELHARDT L E, BRITO N H, et al. Socioeconomic disparities in neurocognitive development in the first two years of life ［J］. Developmental psychobiology, 2015, 57（5）: 535 – 551.

[2] NOBLE K G, HOUSTON S M, BRITO N H, et al. Family income, parental education and brain structure in children and adolescents ［J］. Nature neuroscience, 2015, 18（5）: 773.

第五章

金钱与道德评判

贫穷限制了你的想象力，那么金钱是否会限制你的道德水平呢？

01　金钱只是一个替罪羊

为了钱做错事，错的究竟是人还是钱？

有一句话叫作"金钱是万恶之源"，但其实原话是这样说的："对金钱的爱是万恶之源。"

很多坏事，本来是人做的，人们却认为是钱的问题，钱是那个引诱人犯罪的魔鬼。

想象一下，如果有人在出租车上捡到一个钱包，里面有 100 元，他私吞了不还给失主，你是不是觉得这个人非常不道德？但是如果钱包里有 10 万元，被一个人捡到私吞了，你会不会觉得这个人是受到了金钱的诱惑，可能他本人其他时候也没那么坏？

2012 年，我们做了这样一项实验。我们制作了三个视频。在第一个视频里面，一个人为了捡起地上的 50 元，把另外一个人狠狠地推倒在地；在第二个视频里面，一个人为了捡起 2000 元，把另外一个人推倒。在第三个视频里面，捡起的金额变成了 300 元。人物动作一模一样，唯一不同的是捡起来的金额。

理性来说，不管捡起的钱是多还是少，三种情况下，这个人给他人造成的伤害是一样的，应该受到一样的惩罚才对。

我们找了 184 个学生来判断这个人的道德水平以及应该对他做出什么样的惩罚。结果发现，看到有人为了抢到 2000 元推倒别人时，学生们觉得这个人其实也没有那么坏，给他的惩罚也没那么严重。但是如果看到有人为了 50 元推倒别人时，学生们就会觉得这个人真的很坏，应该狠狠地惩罚。而看到有人为了 300 元做坏事，学生们会认为这个人比为了 2000 元做坏事的人坏，但比为了 50 元做坏事的人善良。

也就是说，当看到有人为了一大笔钱做坏事时，人们反而失去了道德评判标准，更加责怪的是钱。为了探究学生们觉得钱和人哪个更"脏"，我们让一组学生拿着放大的钱的照片，另一组学生拿着捡起钱的照片，之后让他们用湿纸巾擦手，并暗中记录了他们擦手的时长。擦的时间越长，说明学生们觉得这张照片越"脏"。结果发现，看到有人为了 2000 元做坏事的那些人，他们拿着只有钱的照片 30 秒之后，用湿纸巾擦手时间平均是 28.11 秒。看到有人为了 50 元做坏事，他们拿着只有钱的照片 30 秒之后，用湿纸巾擦手时间平均是 21.06 秒。也就是说，看到人们为了一笔大钱做坏事，学生们觉得钱更加肮脏，但是觉得人更加干净。

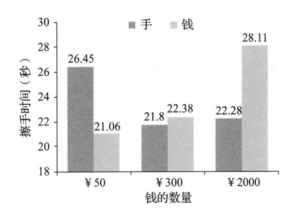

图 5-1　接触不同的照片后对擦手时长的影响

另外，我们还让这些学生评价了他们对金钱的态度，如"金钱是万恶之源""金钱是粪土"等。结果显示，看到有人为了一大笔钱做坏事之后，他们对金钱的态度产生了变化，更加认同金钱是邪恶的。

接下来，我们又做了一项研究。在这个研究里面，我们让参与者做了一个极其无聊的任务——跟另外一个陌生人在一起绕着一根针转动夹子 10 分钟。然后这名参与者会看到，研究者让这个陌生人去跟下一个要参加实验的人撒谎，说这个实验任务很有趣。在第一种条件下，参与者看到研究者给了撒谎的人 1 元钱"贿赂"；在第二种条件下，参与者看到研究者给了这个撒谎者 50 元"贿赂"；在第三种条件下，参与者没有看到撒谎。

随后，一半的参与者和这名撒谎者握手告别，另一半的参与者数 1000 元 5 遍。之后，研究者让参与者去洗手准备下一个实验。参与者不知道自己的洗手时间已经被记录了。结果发现，看到别人做不道德行为，与这个人握手，会觉得自己被"污染"，因此洗手时间会更长。看到有人为了 1 元撒谎的参与者，跟这个人握手之后的洗手时长是 9.13 秒，而看到有人为了 50 元撒谎的参与者，跟这个人握手之后的洗手时长是 6.99 秒。也就是说，看到别人为了一笔大钱撒谎，人们觉得这个人没有那么脏，但是看到别人为了 1 元就撒谎，人们反而觉得这个人更脏。

相比数 1000 元 5 遍，参与者觉得为了 1 元就撒谎的人的手更脏，与撒谎者握手之后洗手时间更长。但是为了 50 元撒谎的人，参与者觉得他的手比数 1000 元 5 遍更干净，此时，参与者数钱之后洗手时间比与撒谎者握手之后的洗手时间更长。

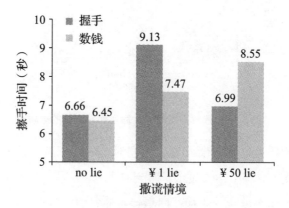

图 5 - 2　同伴为了不同金额撒谎对洗手时间的影响[1]

我们对人的态度会因为金钱诱惑的大小发生变化。那么我们对金钱的态度会不会发生变化呢？在这个研究中，有一些参与者之后并没有跟同伴握手，研究者让他们数了一些钱，之后再让他们去洗手。结果发现，看到别人为了50元撒谎的参与者，他们数钱之后洗手时间更长，也就是说，他们觉得钱更脏。

我们经常说金钱是万恶之源，在很多文化中，人们把金钱比喻成为一种肮脏的东西，例如粪便。弗洛伊德还认为我们对钱的态度跟我们小时候排泄粪便的行为有关系。认为金钱很脏，很不道德，这其实是人们在推脱道德责任，人们把本应该属于人的道德责任推卸给了金钱。有贪官落马后忏悔道"我没有掌握好党和人民给我的权力，成了权钱交易的牺牲品"，似乎错的是金钱太过诱人，自己只是因为忍不住金钱诱惑。这样一来，金钱就成了人的替罪羊。

参考文献

[1] XIE W, YU B, ZHOU X, et al. Money, moral transgressions, and blame [J]. Journal of consumer psychology, 2014, 24 (3)：299 – 306.

02　当钱与良心碰撞时，你是一个更好的人吗？

当钱与良心碰撞时，你的良心要卖多少钱呢？这是一个细思极恐的问题。

似乎每个人的良心都有一个价码。有些人为了多赚点金钱，不惜出卖自己的良心。

如果良心可以买卖，给你多少钱你才愿意卖呢？比如，至少要给你多少钱，你才愿意卖假药呢？或者至少要给你多少钱，你才愿意在一个小孩的手心扎一针呢？

良心又叫"自我道德观"。以美国弗吉尼亚大学心理学家乔纳森·海特（Jonathan Haidt）为首的研究团队提出了道德基础理论（Moral Foundations Theory）。他们对全世界的道德价值观进行搜集整理，经过反复实验论证，认为人类的道德基础可以分为五大类：关爱/伤害、公平/欺骗、忠诚/背叛、权威/颠覆、圣洁/堕落。前半部分代表这类道德的积极面，后半部分代表这类道德的消极面。

做人要有良心，凭良心做人、凭良心办事，是几千年来中国人为人处世的箴言。然而我们的良心能值多少钱呢？2007年，海特在《科学》（Science）上发表了一项研究，他列举了一些不道德的事情，让人们估计一下，别人至少需要给自己多少钱，才能说服自己做这些不道德的事。

在五个道德维度上，人们都需要给出一个自己的价码。例如：至少要给你少钱，你才愿意往一个不认识的小孩的手掌心扎一针；至少要给你多少钱，你才愿意接受一部偷来的手机；至少要给你多少钱，你才愿意说自己母校的坏话；我至少要给你多少钱，你才愿意当众打你父亲的脸；至少要给你多少钱，你才愿意光着身子在地上爬一圈并且学狗叫。这些形形色色的不道德事件，其实都属于刚刚提到的五类道德基础。

海特等人研究的是自己的良心价格。但是如果估计的不是自己，而是别人的出价呢？也就是说，人们会不会觉得自己的良心比别人的更值钱？

我们在 Mturk（一个网络付费调查平台）上找了一些参与者，要求一半参与者先估计自己的良心价格，再估计别人的良心价格，另一半参与者先估计别人的良心价格，再估计自己的良心价格。结果发现，人们会低估别人的道德出价，认为自己的良心比别人的良心更值钱，自己在道德上高人一等。

此外，我们还发现，不同类型的道德会产生不同的影响。在个体化道德（关爱、公平）上，自我和他人的良心估值差异更大；在集体化道德（忠诚、权威、圣洁）上，自我和他人的良心估值差异更小。也就是说，我们更加重视关爱和公平，在这两个维度上，我们觉得自己的良心比别人的更值钱。

更有趣的是，我们还发现，男性觉得自己的良心的价值和别人的差不多，但是女性认为自己的良心比别人的值钱多了。这大概是因为，对女性来说，是不是一个好人更加重要。但是对男性来说，是不是一个好人并不太重要，是不是一个有能力的人才更重要，所以他们不需要在良心上自我膨胀。

当钱与良心碰撞时，你的良心要卖多少钱呢？

参考文献

[1] HAIDT J. The new synthesis in moral psychology [J]. Science, 2007, 316 (5827)：998 – 1002.

[2] Graham J, Haidt J, Koleva S, et al. Moral foundations theory：the pragmatic validity of moral pluralism [J]. Advances in experimental social psychology, 2012：55 – 130.

03 "有钱能使鬼推磨"，但钱却不能做到这些事

金钱奖励也许可以让孩子读更多的书，却不能让孩子爱上读书。

在很多人的眼中，钱是一种强大的力量，只要给钱，就可以有效激励起人的动力。

1953 年，心理学家施瓦布（Schwab）曾做过一个有趣的实验：他要求人们尽可能长时间地挂在一根单杠上。结果人们平均能挂 45 秒。如果他用催眠术暗示人们，让他们相信自己可以坚持更久，那么人们就可以坚持到 75 秒。比催眠术更有效的是金钱奖励，当他告诉人们如果打破之前的纪录就能得到 5 美元（大概相当于今天的 30 美元）时，人们平均可以挂 110 秒。

2007 年英国伦敦大学学院比西格列（Pessiglione）等人发表在《科学》（*Science*）上的一项脑成像研究显示，在扫描仪里向参加实验的人快速呈现钱币图片之后，再让他们进行一项费劲的握抓任务，就会发现：即使人们根本没有意识到钱币图片的出现（当图片呈现时间足够短时，人们根本无法意识到图片出现），还是会使出更大的力气；金额越大，人们使的力气就越大。

金钱可以使人们发挥出巨大的潜力。这已经是我们习以为常的道理了。行为发生时就给予奖励，会增加这种行为发生的频率。这是一条经典的心理学原则，经常用在马戏团的动物训练上，或者实验室的白老鼠身上。

有钱能使鬼推磨，但是有钱却不一定能激励人们做到一些事情。

金钱无法让人们喜欢上一件事，这是因为金钱等外部奖励会扼杀人们的内部动力。

　　安安是一个 8 岁大的小学生，她非常喜欢阅读，经常几个小时都沉迷在阅读之中。最近，她所在的小学实施了一个阅读奖励计划，阅读完指定书单，就会得到 20 元。这样的奖励计划激励了安安去读更多的书吗，但是，她还会像从前那样享受阅读吗？不会。因为她觉得自己读书只是为了拿到奖励，从而减少了在阅读中获得的兴趣。一旦这个奖励计划结束，安安读书的动力就会降低，读的书可能变得比以前更少。

　　1976 年卡内基梅隆大学的格林（Greene）以及斯坦福大学的斯腾伯格（Sternberg）、莱珀（Lepper）三位学者做了一个非常经典的研究。他们让小学老师给孩子们玩 4 种新的数学游戏。在刚开始的 13 天里，他们观察孩子们到底多喜欢这些游戏，会玩多长时间。结果发现，孩子们喜欢这些游戏，平均每天会玩 15~25 分钟。

　　之后，老师引入了一个奖励计划，孩子们可以通过玩数学游戏来获得小星星积分。玩游戏的时间越长，得到的积分就越多。在实施奖励计划的阶段，孩子们平均每天玩游戏的时间增加到了 23~30 分钟。

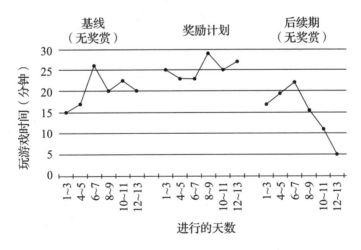

图 5-3　三个阶段中孩子们平均每天玩游戏的时间

　　但是，当这个奖励计划结束之后，孩子们玩游戏的动力就荡然无存，平均每天玩游戏的时间越来越短，最后降到了 5 分钟。也就是说，引入奖励破坏了孩子们对这些游戏的兴趣。最初非常爱玩的游戏，不需要任何奖励就会主动去玩。一旦引入奖励，游戏就变成了一种"工作"，如果这个工作没有报酬，那么孩子们就不会再做了。

1973 年，Lepper、Greene 还有美国科学院院士尼斯贝特（Nisbett）也做了一项金钱奖励对孩子行为影响的实验。他们让 3~5 岁的孩子用一种特别的颜料笔画画，这对于年幼的孩子来说是挺新鲜的游戏。他们会私下给一些孩子发优秀证书，奖励他们用这种特别的笔画画，而另外一些孩子没有收到这个奖励。

之后，他们让这些孩子自由地在教室里玩一会，而这种特别的笔就随意地放在教室里。他们想要知道哪些孩子更可能会在自由活动的时间去玩这种笔。结果发现，那些收到奖励的孩子的玩笔时间要远远低于没有收到奖励的孩子。

安安本来是因为兴趣而阅读，这在心理学上叫作内在激励（Intrinsic Motivation）。而阅读奖励计划使得安安改变了动机，她开始为了获得奖励而阅读，这在心理学上叫作外在激励（Extrinsic Motivation）。一旦安安被外在激励所驱使去阅读，她拥有的内在激励就会削弱，变得没有以前那么喜欢阅读了。这叫作过度理由效应（Over-justification effect）。也就是说，当人们认为自己的行为是由外在激励引起时，就会削弱自己的内在激励。

有些家长经常埋怨孩子学习热情低下。在中小学阶段时，他们还勉强在老师和家长的各种激励手段下学习，可是一旦进入大学，外在激励消失之后，他们就失去了学习的热情。家长可能不知道，正是因为中小学阶段的那些外在激励手段剥夺了学生本来应该在学习中享受的乐趣。他们认为自己只是在为了分数，为了家长和老师的认可而学习，不是因为享受学习而学习。当然，这并不是说家长不能使用奖励手段。当内在激励很高时，并不适合引入外在激励来激励；当内在激励本来就缺乏时，引入外在激励才很有用。如果安安本来就不喜欢阅读，那么这个阅读奖励计划就能够让她养成阅读的习惯。

成年人的世界也是如此，金钱常常会削弱人们的内在激励。

美国退休人员组织曾经询问一些律师，是否愿意为需要帮助的退休人员服务，报酬很低，大约只有一小时 30 美元。律师们表示无法接受。但是，当询问这些律师是否愿意免费为需要帮助的退休人员服务时，表示愿意的律师占了绝大多数。为什么 0 美元比 30 美元更加有吸引力呢？因为提到钱，律师就会使用市场规范来做决定，但是没有提到钱，他们用的就是社会规范。

我们在广州亚运会上做过一项调查也可以说明这个问题。调查中随机一半的人被询问是否愿意无偿做亚运会的志愿者，而另一半的人被询问是否愿意为了每天 50 元的酬劳做亚运会志愿者，结果后者的意愿更低。这也就是为什么人们总是更加喜欢自己的业余爱好，却不喜欢自己的工作。首届 NBA 终身成就奖得主，著名球星比尔·拉塞尔就说过："当我开始思考自己要不要以打球来赚钱养家糊口之后，篮球这项运动就对我来说失去了部分魔力。"

参考文献

[1] GREENE D, STERNBERG B, LEPPER M R, et al. Overjustification in a token economy [J]. Journal of personality and social psychology, 1976, 34 (6): 1219 – 1234.

[2] LEPPER M R, GREENE D, NISBETT R E. Undermining children's intrinsic interest with extrinsic reward: A test of the "overjustification" hypothesis [J]. Journal of personality & social psychology, 1973, 28 (1): 129 – 137.

[3] PESSIGLIONE M, SCHMIDT L, DRAGANSKI B, et al. How the brain translates money into force: a neuroimaging study of subliminal motivation [J]. Science, 2007, 316 (5826): 904 – 906.

04 为什么金钱不能用来买文凭、移植器官？

俗话说，金钱不是万能的。什么样的东西是用金钱换不来的？即使换来了也会让人们觉得不公平呢？

在市场经济里，很多东西都可以花钱买到。例如，在游乐园里你可以花钱买快速票，不用排队就能够插队快速玩到你想玩的项目。但是同样是排队，如果是等待器官移植，你认为应该允许人们花钱插队吗？

事实上，如果等待的是移植器官，人们就不太赞成花钱插队的做法。2016 年中国的器官捐赠人数刚超过 4000 人，却有 30 万条生命在等待移植。通过黑市交易优先购买器官会引起公众的愤怒。

但是你有没有想过，时间和金钱，不都是资源吗？为什么排队花时间换取器官移植就比花钱插队换取器官移植要感觉更加公平呢？

如果不是花钱，而是花名气或者"刷脸"呢？前段时间曝出的某明星学位掺水事件，广大网友都愤愤不平，认为这对那些勤勤恳恳才获得博士学位的人来说不公平。文凭可以靠努力换得，却不能用名气去换取。但是努力和名气也同样是资源，为什么文凭就只能用努力去换，而不能用名气去换呢？

金钱、时间、智力、努力、名气，这些都是资源，到底哪一种更加适合用来作为交换工具呢？

美国艺术与科学院院士、哈佛大学讲席教授桑德尔（Sandel）曾发问："越来越多的东西被明码标价，那么钱到底可以买什么？"2011 年夏天，他来到了中国，印象最深刻的却是医院里贩卖门诊号的"黄牛党"。

他描述到，夜晚的北京协和医院门诊大厅一楼聚集着一群票贩子，价值

14 元的门诊号被抬到几百元，这对于一个月收入不到 1000 元的中国农民来说这是多大的负担。几乎每天在中国医院发生的这一幕被细心的桑德尔记录下来，他在 2012 年出版了一本书《金钱不能买什么：金钱与公正的正面交锋》，其中就探讨了这个问题：一个万物都明码标价的世界是否有错？金钱能否用来交换任何东西？

在这个物质的时代，金钱几乎是万能的。人们可以用金钱买到排队的优先权，可以用金钱买到学历文凭，也可以买到更多碳排放的权利，甚至是代孕服务。这公平吗？

来自加州大学洛杉矶分校安德森管理学院的研究人员沙迪（Shaddy）和来自芝加哥大学布斯商学院的副教授沙（Shah）指出，人们经常用来交换的资源有 6 种：金钱，时间，精力（简单的脑力活），体力（简单的体力活），人脉（投票、举荐等），社会影响（私人关系等）。有些时候，人们觉得用金钱交换很公平，有些时候，人们觉得要用时间交换才公平。为什么呢？

这两位研究者认为，这 6 种资源的区别在于两点：第一，这种资源是否在人群中公平分配；第二，这种资源的多少是否容易衡量。

他们收集的数据结果表明，分配最公平的资源是时间，而且时间也比较容易衡量（仅次于金钱）。金钱是分配最不公平的资源，但也是最容易衡量的资源。人脉和社会影响这两种资源的分配也不是那么公平，而且也不太好衡量。

表 5 - 1　人们对 6 种资源特征的评估

资　源	特征偏好		综合得分
	感知公平性	衡量容易度	
金钱	1.74	5.29	3.51
时间	3.66	5.04	4.35
精力	3.19	4.43	3.81
体力	2.92	4.86	3.89
人脉	2.44	4.45	3.44
社会影响	2.24	4.03	3.14

　　正是因为时间非常公平，而且也很容易衡量，所以花时间等待经常被看作最公平的办法。在很多重要的事情上，例如器官移植，物质短缺年代购买食物，都不能采取花钱插队的办法，而只能采取花时间排队等待的办法，否则就会激起人们的愤怒。另外，金钱在很多情境下也可以用来交换，金钱虽然分配不太公平，但是非常容易衡量，钱多钱少一目了然，因此成了不错的交换工具。但是其他几样东西，例如精力、体力、人脉等，就是不太理想的交换工具了。

　　看到这里，你应该明白了为什么很多东西不能用钱来买。那是因为金钱的分配本身就不太公平。如果在一个金钱分配公平的社会里，花钱买文凭也不太容易激起愤怒。如果你是一个辛勤劳动的"科研人员"，你也会对用名气就能换到文凭的做法感到不公平。因为名气，既不是公平分配的，又不容易衡量，实在不是一个好的交换工具。

参考文献

［1］GINO F, MOGILNER C. Time, money, and morality［J］. Psychology science, 2014, 25（2）: 414 – 421.

［2］SANDEL M J. What money can't buy: the moral limits of markets［J］. International review of economics, 2013, 60（1）: 101 – 106.

［3］SHADDY F, SHAH A K, VAN OSSELAER S. Deciding who gets what, fairly［J］. Journal of consumer research, 2018.

05 当你中了巨奖，意外之财会怎样改变你?

多少人梦想一夜暴富，之后过上无忧无虑的生活。可是一夜暴富之后，你的心理会产生什么改变呢?

1992 年大卫（David）幸运中得美国"强力球"彩票头等奖，奖金为 2700 万美元（当时约合人民币 1.6 亿元）。相信不少人要感叹："这么多钱，怎么花得完!"然而，2001 年仅 58 岁的大卫就在肯塔基州一家临终关怀医院去世。原来，在暴富之后短短 5 年内，他花光了全部财产。他染上了各种恶习，吸毒使他和前妻都患了肺炎，到临终时还欠了朋友几千美元。事实上，这样的情况屡见不鲜，令我们不禁思索：意外之财真的来得快，去得也快吗? 这种钱又会给我们带来什么样的改变呢?

彩票中奖得到的钱是典型的意外之财（Windfall money），也就是天上掉下来的馅饼。当然，除了彩票中奖和赌博所得，在路上捡到的钱、突然被赠予的钱都可以称为意外之财[1]。

俄亥俄州立大学的阿克斯（Arkes）教授等人在 1994 年通过对大学生的问卷调查发现，如果人们中奖得到 105 美元，他们会将这些钱马上花掉，用来购买一些享乐型商品，例如最新款的手机[2]。但是，如果这 105 美元是通过周末加班得到的血汗钱，他们会把这些钱存入银行账户，舍不得花。也就是说，意外之财会让人更加冲动地买买买。

这也解释了为什么有些国家会制定退税政策。2008 年 4 月底，受次贷危机和全球经济衰退的影响，美国财政部开始寄发退税支票，此举正是为了刺激消费，拉动内需。也许有人会疑惑，这部分钱本来就是我们缴纳出去的，为什么退税会刺激消费呢？实际上，虽然税金是我们缴纳的，但是当多缴纳的部分被退回来时，我们就感觉像地上捡到的一样，让人又惊又喜，赶紧挥霍出去。

除了冲动的享乐型消费，意外之财还会导致我们对风险的关注度降低。辛苦工作得到的钱更少被用于从事风险投资或赌博游戏，然而如果钱是偶然得到的，我们就更有可能放手一搏。

研究者把大学生分为两组，其中一组人之前就知道自己参与实验会获得 3 美元的劳动报酬，因而这 3 美元被视为工作所得；另一组人到达现场后很意外地从研究者手里拿到 3 美元，对他们来说，这 3 美元就像是意外之财了。两组大学生都需要参与一个掷骰子的赌博游戏，他们可以选择用这 3 美元的一部分来下赌注，如果赢了就会得到双倍赌注的返还，如果输了赌注就会被没收。

实验结果显示，认为这 3 美元是工作所得的那一组人平均下注 1 美元，而意外获得 3 美金的那一组人平均下注高达 2.16 美元。不难看出，意外之财削弱了人们对风险的关注度，让人们变得更偏爱冒险。同样是 3 美元，为什么会出现这样的现象呢？还记得我们之前讲到的一个重要概念"心理账户"吗？

心理账户由诺奖得主、芝加哥大学行为科学教授塞勒（Thaler）于 1985 年提出，描述了人们在心里无意识地将财富划归到不同的账户进行管理的现象[3]。不同的个体对心理账户的设置不同，并且在使用不同心理账户中的金钱时还会坚持专款专用的原则。

举一个简单的例子。2008 年美国油价大幅下降，按照经济学原理，理性的人们会把从加油上省下的钱用于其他开支，导致其他消费额上升。但情况并不是这样，研究者发现，即使油价下降，人们在油费上的开支并没有减少——他们购买了价格贵、品质更好的油。这是因为人们心中有一个账户是油费，即使油价跌了，也不太会想到省下来的这笔钱完全可以用来买点别的。

意外之财在我们的心理账户里并没有被放到家常账户（House-hold account）中，不需要用来支付家庭日常收支，可以被随时用来支出，这导致了我们花意外之财时更大手大脚。

意外之财除了会让我们消费起来更冲动、更偏向享乐，还有一个意想不到的作用——让我们更慷慨。彻丽（Cherry）等学者早在 2004 年就利用"独裁者"游戏证实了这个观点[4]。

研究者让一组人到达实验室后直接收到 10 美元（意外之财），而另外一组人需要完成一个考试才能收到 10 美元（血汗钱）。当人们拿到这 10 美元时，研究者告诉他们，需要把这 10 美元分配给他们自己和另外一个参与实验的人；想怎么分就怎么分，对方并没有发言权。结果发现，血汗钱组中 79% 的人完全不愿意将 10 美元分给别人，而意外之财组中只有 23% 的人完全不愿意分钱给别人，大部分的人都选择从 10 美元里拿出一部分给别人。

辛苦赚来的血汗钱会让我们觉得这个钱是自己应得的，从而不愿拿出来帮助别人，凝结在金钱中的人类劳动促使人们产生自利动机；而意外之财会让我们觉得这是靠运气得到的，可能并不是自己应得的，因此会更加乐于捐献。

2013 年，来自哥德堡大学的卡尔森（Carlsson）等学者在中国人民大学的超市门口进行了一项现场实验。其中一半的大学生发现超市正在举行大酬宾活动，他们被抽中成为幸运顾客，并获得了 10 张 5 元的现金（意外之财）。另外一半的大学生在超市填写了一份关于超市塑料袋使用情况的调查问卷后，也拿到 10 张 5 元的现金（劳动报酬）。收到现金后，大学生们会看到一个中国扶贫基金会的捐赠广告。他们可以把想要捐献的金额放入信封并投入一个捐赠箱，而剩下的钱则属于他们自己。统计结果显示，意外之财组的大学生的平均捐赠金额为 18.6 元，相比之下，劳动报酬组的大学生平均只捐出了 9.5 元。更令人惊讶的是，劳动报酬组只有 2% 的大学生捐出了全部报酬，而意外之财组有 14% 的大学生慷慨解囊，把 50 元全部捐出。如此看来，意外之财能让我们变得更加慷慨，而劳动报酬却会让我们更加自私。

2016 年 1 月 13 日，美国强力球彩票再次开出史无前例的大奖——15 亿美元，这次的大奖得主是一对夫妻——妻子莫琳·史密斯和丈夫大卫·卡茨米德。那么这对夫妻突然拥有 15 亿美元之后的生活是怎样的呢？记者暗中观察发现，他们仍然住着老旧的房屋，开最普通的家庭轿车。当被问及奖金究竟被用到何处时，这对夫妻笑着回答："做了一些投资，也捐赠了几家慈善机构，用作对癌症的研究以及解决儿童饥饿等。""我们知道，一有钱就堕落的例子太多了，有钱并不能等同于幸福。"

一夜暴富是许多人的美好期望，可一旦中了巨奖，很容易被这笔快钱冲昏头脑，搞得我们不知所措。钱来得快，去得也快，肆意挥霍的话生活很快就会回归破败。当然，还有一种办法虽然钱去得快，却能为我们带来持续的幸福，那就是培养一颗慈善的心灵。

参考文献

[1] CARLSSON F, HE H, MARTINSSON P. Easy come, easy go-the role of windfall money in lab and field experiments [J]. Experimental economics, 2013, 16 (374)：190－207.

[2] ARKES H R, JOYNER C A, PEZZO M V, et al. The psychology of windfall gains. [J]. Organizational behavior & human decision processes, 1994, 59 (3)：331－347.

[3] THALER R. Mental accounting and consumer choice [J]. Marketing science, 1985, 4 (3)：199－214.

[4] LEVAV J, MCGRAW A P. Emotional accounting：how feelings about money influence consumer choice [J]. Journal of Marketing Research, 2009, 46 (1)：66－80.

06　有钱人和穷人，谁更小气？

你可能意想不到，有钱人可能比穷人更加小气。尤其是在贫富差距悬殊的社会环境下，有钱人还会变得更加小气。

在港台剧里，我们经常可以看过那些有钱人挥金如土、豪车豪宅、美女相拥，仿佛钱如纸一般，想怎么花就怎么花。但现实生活里，好像并不是这样。我们经常听到身边的人说，越有钱的人就越小气。比如，让有钱人请客很难，找有钱人借钱很难。有钱人一定更大方吗？

你应该也听过很多美国富人慷慨捐赠的慈善故事，比如说"股神"巴菲特。根据福布斯 2017 年发布的年度美国慈善富豪榜，巴菲特连续三年位居榜首，2016 年捐款达 28.6 亿美元。然而每个有钱人真的都这么慷慨大方吗？事实可能并非如此。2011 年美国全国性的慈善捐款调查数据显示：20% 最富有的美国人，平均用 1.3% 的收入做慈善事业；而相比之下，处在收入金字塔最底层的 20% 的美国人，则平均用 3.2% 的收入做慈善。

2010 年，来自美国加州大学伯克利分校的社会心理学家皮弗（Piff）等人通过一系列研究也表明，有钱人不一定比穷人更加大方。

皮弗等人找来了 124 名有收入差距的参与者做了一项实验，其中有些人的年收入达到了 20 万美元。研究者让参与者完成一个金钱分配的游戏。研究者给参与者一定数额的钱，让他们自行选择把这些钱分给自己和一个不认识的搭档。结果发现，与高收入参与者相比，低收入参与者会将更多的钱分给自己的搭档。也就是说，与有钱人相比，穷人反而表现得更加慷慨。

这是为什么呢？通常我们认为，穷人钱更少，面对生活环境带来的压力，应该更加关注自身福利，在金钱分配游戏中应该表现得更加小气才对。皮弗等人在研究中也给出了答案，他们认为：穷人依赖社会关系度日，看重人际关系，反而更能体谅别人，有更多的同情心，所以相对慷慨；有钱人通常以自我为中心，更重视自己的利益、欲望和幸福，容易忽视旁人的需求，所以相对吝啬。

想必大家都很熟悉《欧也妮·葛朗台》的故事。对金钱的贪得无厌使老葛朗台成为一个十足的吝啬鬼：尽管拥有万贯家财，可他依旧住在阴暗、破烂的老房子中，每天亲自分发家人的食物、蜡烛。在他眼中，金钱就是一切，没有了钱就什么都完了。这不禁让人发问：每个有钱人真的都这么小气吗，还是某些特定的有钱人才会很小气？

2015 年的一项研究表明，不是所有的有钱人都小气，只是在某种经济环境下的有钱人才会更小气。来自多伦多大学的科特（Côté）、豪萨（Housea）和斯坦福大学的维勒（Willer）发表在《美国国家科学院院刊》（PNAS）上的这项研究考察了经济环境，尤其是宏观的经济不平等程度对有钱人的影响。

研究者先用问卷调查了 1498 个人，结果发现，收入水平和慷慨程度没有显著的联系。也就是说，并不是所有的有钱人都很小气。重要的是，研究者发现：只有在经济高度不平等的地区，有钱人才会表现得极度小气；在经济不平等程度较低的地方，有钱人则没有表现出不慷慨，而是"一反常态"，更加大方。

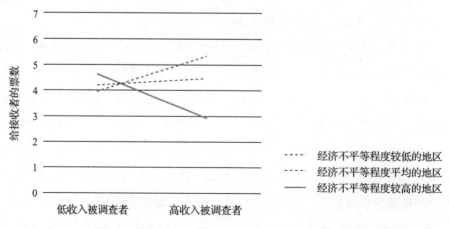

图 5-4　收入水平和经济不平等程度存在交互效应

研究者又进行了一项实验。他们让 704 位参与者把 10 张抽奖券分配给自己和另外一位陌生人，给别人分得越多就说明这个人越慷慨。其中一半的人在分配抽奖券之前看了一些经济不平等的数据，另外一半的人则看了一些经济平等的数据。结果发现：观看了经济不平等数据的参与者中，有钱人比穷人会更加小气；观看了经济平等数据的参与者中，有钱人和穷人的慷慨程度差不多。也就是说，有钱人更加小气，是因为经济不平等造成的。

为什么经济高度不平等的地区会出现"有钱人更小气"这种现象？研究者认为，生活在经济不平等地区的有钱人，会觉得自己跟其他大多数人不是同一个阶层的，自己属于特权阶级。这种感受会让他们不想对其他人伸出援手。另外，在经济高度不平等的地区，有钱人会更加担心失去自己的特权，因此会更加吝啬，以保住那种由钱带来的权。

有钱人在把钱分给别人这件事上的确很小气，那么当他们花钱买东西时会更大方吗？有研究表明，与普通人相比，有钱人花钱购物时更加大方。来自美国佐治亚大学的米斯拉（Misra）等人发现，人们收入越高，越愿意多花 10% 的钱购买无农药的新鲜农产品。来自冰岛的旅游专家雷尼斯托提尔（Reynisdottir）等人的研究也发现，人们的家庭收入越高，越愿意为自然旅游景点的门票花钱。

但有趣的是，有钱人并不是在所有的购买上都表现得很大方。来自美国乔治梅森大学的瓜尼亚诺（Guagnano）及其同事在 1994 年就发现，对于可以减少环境破坏的消费品，人们的收入和支付意愿之间没有任何关系。瓜尼亚诺在 2001 年进一步发现，人们收入越高，并不一定越愿意花钱购买再生纸产品。此外，来自英国巴斯大学的乔根森（Jorgenson）等人在 2000 年也发现，对于可以减少雨水污染的措施，家庭收入对支付意愿没有影响。

总结一下：有钱人的捐款比例更小，更不愿意花钱帮助别人。另外有钱人也更不愿意花钱购买环保产品。有钱人小气是经济环境造成的，在贫富差距悬殊的地区，有钱人会更加小气。

📌 参考文献

[1] PIFF P K, KRAUS M W, COTE S, et al. Having less, giving more: the influence of social class on prosocial behavior [J]. Journal of personality and social psychology, 2010, 99 (5): 771 – 784.

[2] COTE S, HOUSE J, WILLER R. High economic inequality leads higher-income individuals to be less generous [J]. Proceedings of the national academy of sciences of the United States of America, 2015, 112 (52): 15838 – 43.

[3] MISRA S K, HUANG C L, OTT S L. Consumer willingness to pay for pesticide – free fresh produce [J]. Western journal of agricultural economics, 1991, 16 (2): 218 – 227.

[4] REYNISDOTTIR M, SONG H Y, AGRUSA J. Willingness to pay entrance fees to natural attractions: an Icelandic case study [J]. Tourism management, 2008, 29 (6): 1076 – 1083.

[5] GUAGNANO G A, DIETZ T, STERN P C, et al. Willingness to pay for public goods: a test of the contribution model [J]. Psychological science, 1994, 5 (6): 411 – 415.

[6] GUAGNANO G A. Altruism and market-like behavior: an analysis of willingness to pay for recycled paper products [J]. Population and environment, 2001, 22 (4): 425 – 438.

[7] JORGENSEN B, SYME G. Protest responses and willingness to pay: attitude toward paying for stormwater pollution abatement [J]. Ecological economics, 2000, 33 (2): 251 – 265.

07　有钱人的道德水平更高还是更低?

"穷生奸计，富长良心""无商不奸，为富不仁"穷人和有钱人，到底谁的道德水平更高呢?

穷生奸计，富长良心? 衣食足则知荣辱? 我们总觉得经济变好之后人们的道德水平也应该相应提升，但我们也经常看到一些有钱人只顾自己利益的新闻。中国古话中也有"无商不奸"和"为富不仁"的说法。

有钱人更加自私自利吗? 经济学上有一个经典概念叫作边际效用递减。比如，当你只有 100 元时，100 元对你来说是很大的诱惑，可以让你铤而走险去做坏事。但是当你有了 10 万元之后，100 元对你来说便无足轻重，掉在地上你都不愿意费事去捡。从这个理论出发，经济学家提出了"高薪养廉"的方法。如果人们收入很高，就不会为了钱去做坏事，道德水平也会提高。

这样来说，有钱人的道德水平真的更高? 心理学的一些研究考察了这个问题。2012 年，来自加州大学伯克利分校的心理学家匹弗（Piff）等学者在《美国国家科学院院刊》（PNAS）上发表了这样一项研究。研究者在一个十字路口旁假装成行人，当车子通过时，这位行人看起来好像要过马路。那么，这些车子会停下来给行人让路吗?

研究者一共记录了 152 名司机的行为。这些司机当中有的开着豪华汽车，有的开着普通汽车。结果发现，开着豪华汽车的人做出闯过人行横道且不礼让行人行为的概率是开着普通汽车的人的 4 倍，开着豪华汽车的人违规超车的概率是开着普通汽车的人的 3 倍，这些都违反了加州法律。这也表明，有钱人在开车时更不顾及行人，而且他们也会更多地不遵守交通法规，表现得自私自利，只顾着自己赶路。

在接下来的一项研究中，研究者找了 129 名本科生，让其中一半的人跟社会顶层的人比较，让另外一半的人跟社会底层的人比较。可以想象，如果把自己跟有钱的企业家比较，人们会觉得自己是穷人；但是如果把自己跟街头的流浪汉比较，人们会觉得自己是有钱人。然后研究者给每个参与者一罐糖果，告诉他们可以任意拿走一些，剩下的糖果会送给隔壁一间教室的孩子们。结果发现，感觉自己是有钱人的人比觉得自己是穷人的人多拿了 2 倍的糖果。也就是说，当人们认为自己有钱之后，就会变得更加自私，不愿意把糖果留给别人。

研究者还在 Mturk（一个网络在线调查平台）上找了 90 名参与者，做了一个问卷调查。研究者设计了 12 个问题，测量了参与者在工作中从事不道德行为的倾向。结果发现，有钱人更有可能偷偷从收银台拿走 20 美元现金。此外，有钱人更有可能做出忽悠顾客的行为，比如向顾客滥收费用等。这也表明，有钱人会为了钱做出更多不道德的行为。

为什么会出现这种情况呢？研究者认为，这是因为有钱人更加以自我为中心，他们只想着自己的利益，觉得自己比别人更加重要。例如过马路时，有钱人会觉得自己的时间更加重要，所以不愿意停下车子给别人让路。

其实，就算不是有钱人，当看到钱或者想到钱时，人们也会变得更加自私，更有可能做出不道德的行为。

来自北卡罗来纳大学的吉诺（Gino）和华盛顿大学的皮尔斯（Pierce）曾做的一项研究就发现：大量金钱的存在会增加人们为了谋取私利而从事不道德行为的倾向。

研究者找来了 53 名参与者，将他们随机分为两组。金钱富有组的参与者进入第一个教室，里面有两张桌子，摆满了 7000 张 1 美元现金。研究者从这些钱中拿出 24 美元给参与者。金钱稀缺组的参与者进入第二个教室，桌上只有 24 张 1 美元，研究者把这些钱给参与者。

　　然后，研究者让参与者完成一项单词拼写任务，一共 8 轮，每轮都需要在 2 分钟内拼写一些英文单词。如果参与者能够在一轮中拼写正确 12 个单词，就能拿到 3 美元。有趣的是，参与研究的人需要自己对照字典来给自己拼写的单词打分，然后根据自己打的分数来领取酬劳。也就是说，这给了一些人可乘之机——可以谎报自己的成绩，来领取更多的报酬。结果发现，金钱富有组的参与者更有可能在单词拼写任务中作弊并夸大自己的表现。也就是说，看到一大笔钱会让人们做出更多不道德的行为。

　　为什么在钱多的情况下人们会更加不道德呢？研究者又测量了参与者的情绪。结果发现，与金钱稀缺组相比，金钱富有组的参与者有更多的嫉妒情绪。从而促使自己为了谋取私利做出不道德的行为。

　　为了进一步说明为什么有钱人会更自私自利，皮弗等人又做了一项研究。他们在 Mturk 上找了 108 名成年人完成一份问卷。参与者要想象自己是一名招聘人员，需要和一名求职者进行薪水谈判。这主要考察参与者是否会在谈判中为了利益而说谎。此外，这项研究还测量了参与者对贪婪的态度。结果发现，有钱人相信贪婪是一种积极的品格，而这种信念增加了他们在谈判中说谎的可能性。

　　所以说，金钱不是万恶的，对金钱的贪婪才是万恶之源。

▶ **参考文献**

［1］PIFF P K, STANCATO D M, COTE S, et al. Higher social class predicts increased unethical behavior ［J］. Proceedings of the national academy of sciences of the United states of America, 2012, 109（11）: 4086 – 4091.

［2］GINO F, PIERCE L. The abundance effect: unethical behavior in the presence of wealth ［J］. Organizational behavior and human decision processes, 2009, 109（2）: 142 – 155.

08   经济学会让人的道德水平下降吗？

经济、金融常年是高考志愿的热门专业，相关专业也站在了学科"鄙视链"的顶端。有趣的是，学习这些专业可能会让你产生意想不到的变化。

"鄙视链"在现代生活中可以说是无处不在，就连大学各个学科之间都存在鄙视链。据说这条鄙视链的方向是这样的，商科 > 法学/医科 > 工科 > 理科 > 文科 > 艺术。看起来，金融、经济站在了鄙视链顶端，傲视群雄。多少人后悔高考没有多考几分学习金融、经济。可是有研究表明，经济学会产生一些副作用。

研究发现，经济学家更不愿意帮助别人。

1993 年弗兰克（Frank）和季洛维奇（Gilovich）等人曾给各个学科的大学教授邮寄了调查问卷，想要了解他们是否有过给慈善机构捐款的经历。结果发现，虽然经济学教授的平均收入比其它学科的平均收入高，但是有 9.3% 的经济学教授没有给任何慈善机构捐过款，远远高于平均水平的 1.1%。

那么，究竟是经济学让人更加不愿意帮助别人，还是不愿意帮助别人的人选择了经济学？

为了解决这个问题，季洛维奇在康奈尔大学进行了一项实验。他们选择了两门不同类型的经济学课程和一门天文学课程。这两门经济学课程一门是普通的微观经济学，另外一门是强调博弈思维的经济学。这项实验分别在学期初和学期末进行了两次，让学生估计自己捡到一个装有钱的信封会物归原主的可能性。结果发现，经过一个学期知识的"洗礼"，两门经济学课程的学生在学期末变得比学期初时更加不诚实了。普通的微观经济学使学生拾金不昧的倾向下降了 25%，而强调博弈思维的经济学课程导致学生拾金不昧的倾向降低了 29%。但是学了天文学的学生似乎就没有这个"副作用"。

为什么经济学会有这样的"副作用"呢？研究者认为，恰恰是经济学引以为豪的各种收益模型、博弈思维的熏陶，造成学习经济学的人更多地关注个人利益，强调成为一个"理性"的经济人。推崇绝对理性，计算成本收益让经济学走上学科"神坛"，却也让学习它的人突破了道德的"底线"。

经济学不只让人在捡钱、捐赠这些"小事"上变得有点自私，这些小事背后反映的还有个人对公共利益的关注。

1981 年美国威斯康星大学的马维尔（Marwell）和艾姆斯（Ames）曾对比了经济学的学生和其他学生在公众利益上的选择。他们采用了著名的"搭便车"实验（Free-Rider Experiments），这项实验要求人们进行个人利益和公共利益的博弈。假设你得到一笔钱并被要求存入两个账户，一个是私人账户，一个是所有游戏参与者共同创建的公共账户。存入私人账户中的钱在游戏结束之后全部归你所有，而存入公共账户中的钱最终会乘上三后平均分配给每一个参与游戏的人。你会如何分配这笔钱？

研究者发现，相比非经济学的学生来说，经济学的学生会少放 29% 的钱到公共账户中。也就是说，他们会更多地考虑到个人利益，更少地考虑到公共利益。

"一个和尚有水吃，两个和尚挑水吃，三个和尚没水吃"似乎也不是什么新鲜事了，但是如果其中有和尚是学经济学的，"没水吃"的情况只怕会更加严重。如果我们每个人都只顾个人利益，其实最终损失的是所有社会成员的利益。

关注公共利益的要求其实出现在我们生活的各个方面：为了公共环境，我们会不会更多地选择更加环保的交通方式？考虑到共享单车是为大家服务的，我们是不是应该小心使用不去破坏？但是经济学可能会导致人们只顾着个人利益，忘却了集体利益。

参考文献

［1］FRANK R H, REGAN G D T. Does studying economics inhibit cooperation? ［J］. The journal of economic perspectives, 1993, 7 (2): 159 – 171.

［2］MARWELL G, AMES R E. Economists free ride, does anyone else?: experiments on the provision of public goods, IV ［J］. Journal of public economics, 1981, 15 (3): 295 – 310.

［3］PRUCKNER G J, SAUSGRUBER R. Honesty on the streets: a field study on newspaper purchasing ［J］. Journal of the european economic association, 2013, 11 (3): 661 – 679.

［4］POPPEN P J, AUTOR D H. Does studying economics discourage cooperation? watch what we do, not what we say or how we play ［J］. Journal of economic analysis & policy, 2014, 10 (3): 177 – 86.